黄河之跷

黄河流域山西社火高跷的传承与保护

唐冠珍 著

中国戏剧出版社

CHINA THEATRE PRESS

图书在版编目（CIP）数据

黄河之跷：黄河流域山西社火高跷的传承与保护 /
唐冠珍著. -- 北京：中国戏剧出版社，2023.3
ISBN 978-7-104-05331-6

Ⅰ.①黄… Ⅱ.①唐… Ⅲ.①社火－研究－山西②高
跷舞－研究－山西 Ⅳ.①K892.18②J722.213

中国国家版本馆 CIP 数据核字（2023）第 041883 号

黄河之跷

黄河流域山西社火高跷的传承与保护

责任编辑： 邢俊华
责任印制： 冯志强

出版发行： 中国戏剧出版社
出 版 人： 樊国宾
社　　址： 北京市西城区天宁寺前街 2 号国家音乐产业基地 L 座
邮　　编： 100055
网　　址： www. theatrebook. cn
电　　话： 010-63385980（总编室） 010-63381560（发行部）
传　　真： 010-63381560

读者服务： 010-63381560
邮购地址： 北京市西城区天宁寺前街 2 号国家音乐产业基地 L 座

印　　刷： 北京九州迅驰传媒文化有限公司
开　　本： 880mm×1230mm 1/32
印　　张： 10.125
字　　数： 236 千
版　　次： 2023 年 3 月　北京第 1 版第 1 次印刷
书　　号： ISBN 978-7-104-05331-6
定　　价： 78.00 元

目　录

绪　论

一、核心概念的界定

非物质文化遗产（Intangible Cultural Heritage），是指各族人民世代相传，并视为其文化遗产组成部分的各种传统文化表现形式，以及与传统文化表现形式相关的实物和场所。非物质文化遗产是一个国家和民族历史文化成就的重要标志，是优秀传统文化的重要组成部分。2000 年左右，我国正式启动非物质文化遗产（以下简称“非遗”）保护和传承工程；2003 年 10 月，联合国教科文组织第 32 届大会通过了《保护非物质文化遗产公约》；2011 年，《中华人民共和国非物质文化遗产保护法》正式颁布实施。

高跷，也叫高跷秧歌，是一种流传于全国各地的汉族民间舞蹈，亦指表演高跷时使用的木棍。高跷因舞蹈时脚踩踏木跷而得名。高跷一般以舞队的形式表演，舞队人数不等，舞者多扮演某个古代神话或历史故事中的人物，服饰多模仿戏曲行头，常用道具有扇子、手绢、木棍、刀枪等，形式有踩街和撂场两种。撂场有舞队集体边舞边走各种队形图案的“大场”和两三人表演的“小场”，男女对舞，边舞边唱。高跷也可分为文跷和武跷，文跷重扭踩和情节表演，武跷重炫技功夫。

二、国内外研究现状

1. 本课题国内研究现状述评

党的十八大以来，围绕传承和弘扬中华优秀传统文化，习近平总书记发表了一系列重要论述。2013 年 3 月 7 日在中央党校建校 80 周年庆祝大会暨 2013 年春季学期开学典礼上，习近平指出："中国传统文化博大精深，学习和掌握其中的各种思想精华，对树立正确的世界观、人生观、价值观很有益处……"可以看出，社火"非遗"高跷作为中华优秀传统文化的重要组成部分，值得学术界持续性关注和研究。

近十年以来，国内学界对国家级"非遗"高跷的研究论题主要集中在舞蹈表演形态、"非遗"进校园、人类学意义探究、舞蹈生态学剖析四个领域。赵林春的《山西民间舞》（三晋出版社，2012 年）对山西"非遗"舞蹈进行了规范化教学体系整理；卫艳蕾的《鼓之舞之：山西晋南鼓舞的人类学研究》（中国文联出版社，2017 年）视觉新颖，以严谨规范的人类学范式观照于晋南鼓舞，极具参考价值；刘彦俊、段铁成主编的《阳城史话》（2005 年）对国家级"非遗"阳城高跷走兽做了基本梳理与定位，具有重要的奠基意义；汤顺霞的硕士论文《苦水高高跷及其二月二龙抬头社火的调查》（2010 年）从文化人类学的角度对苦水高高跷展开全面表述。之后，汤顺霞出版了专著《苦水高高跷·华夏文库民俗书系》（2018 年），该书对苦水高高跷整体构成机制的研究趋于完整；《踩在木棍上的东方芭蕾——国家级非遗名录项目海城高跷》（《侨园》，2019 年）概述了海城高跷在国内外的表演历程；李响在第四届人文学科和社会科学研究国际学术会议中作了《海城高跷秧歌在高校的传承与发展》的报告；《辽西高跷秧歌的传承与发展》（李岚，2014 年）对辽西高跷秧歌及其传承、发展做了介绍；等等。

据不完全统计，山西“非遗”传统高跷舞蹈项目数量多达 20 余种，晋南、晋东南、晋中、晋北各区域高跷舞蹈本体形态差异性大，风格种类繁多，文化内涵丰富，是学术研究的宝贵资源。例如，邢娜的硕士论文《山西太原庙前高跷的传承研究》、岳慧洁的硕士论文《文化空间视野下晋中社火踩高跷的文化价值及传承研究》、陈丽的硕士论文《定襄高跷艺术特征研究》等都对山西“非遗”高跷进行了挖掘整理。同时，山西其他“非遗”高跷——高跷秧歌、响铃高跷、集义高跷、飞岭高跷、元王高跷、神农高跷、西黄头高跷顶桩、浮山高跷、垣曲武高跷等项目散见于山西“非遗”名录、国家级非物质文化遗产系列丛书、各类县志、村志中。

2018 年 3 月，国务院办公厅发布《关于促进全域旅游发展的指导意见》，明确要求文化旅游融合推动在博物馆等文化场所开展有关文化、文物展览等活动的传承与建设。2019 年 9 月 20 日至 22 日，中国艺术研究院舞蹈研究所、云南艺术学院主办了“‘非遗’传统舞蹈生存现状研讨会”，大会对“非遗”传统舞蹈的概念内涵、生存现状、保护传承、未来发展以及学科体系建构等展开讨论，给出了新思路、新方法和新格局导向。

2. 本课题国外研究现状述评

国外关于社火高跷的研究均以宏观性的民俗文化和传统村

落视角研究。1989 年，联合国教科文组织通过了《保护传统文化和民俗的建议》，强调民俗是文化遗产和生活文化的主要部分和重要性，强调政府在保护民俗文化中应扮演决定性的角色。2005 年，国际古迹遗址理事会（ICOMOS）通过《西安宣言》，该宣言提出，过度开发农业、旅游等会对历史遗迹或文化遗产的真实性、整体性与价值构成威胁，政府、机构等应制定相关规划进行保护、监督与管理，将有形与无形的文化遗产纳入规划范围内。部分研究学者对于民俗文化的保护进一步提出露天博物馆建设的议题，均认为露天博物馆对于地域生活形态、文化形态、艺术形态相关的非物质文化遗产的展示内容研究，具有一定的可行性。

我国非物质文化遗产的活态传承与发展内容的研究也包括认同露天博物馆构造的现实性。例如，刘梦颖在《爱沙尼亚露天博物馆及其乡土建筑保护的模式与经验》（2015 年）中，强调露天博物馆实现了物质和非物质文化遗产的立体空间架构，是对自然环境和文化载体的保护；蒋凡在《露天博物馆的发展与现实意义研究》（2017 年）中，提出露天博物馆的广义和狭义之分，指出露天博物馆以展示传统文化为目的，具有公共教育性；吕建昌在《从铁桥峡、洛厄尔到埃森：英美德三国露天工业遗址博物馆的经验》（2015 年）中，认为露天博物馆有利于对遗产实施整体性保护；刘畅的《文旅融合下欧美露天博物馆的形态及特征探究》（2020 年），在文旅融合背景下分析露天博物馆的特征，指出其具有非物质文化遗产可持续性活态传承的重要功能，此研究成果创新性强，学术视觉独特。

这些研究为我国民俗社火文化遗产的保护与发展提供了理

论基础，具有十分重要的借鉴意义。

三、研究内容

1. 本体研究

实地调研黄河流域山西段社火“非遗”高跷发生的整体机制，剖析蕴藏其中的思维、行为方式、民风民俗等精神层面的内容，把握其播布区域脉络及其文化本质。

2. 活态演变与传承现状研究

分析黄河流域山西段社火“非遗”高跷的资源利用途径，区分“非遗”传统高跷与“非遗”传统高跷资源再利用的关系，明确两者不同层级与性质的关联性，梳理其活态演变的主客观因素，归纳其传承现状困境中的深层原因。

3. 当代发展新模式研究

新模式包括原生性本体活态传承模式、文旅融合下活态传承模式、文教融合下活态传承模式。

四、研究方法

1. 田野调查法结合文献查阅法

田野采风工作是本课题研究的基础，通过考察黄河流域山西段所属地域不同县市、村落空间场域，访谈民间艺人、群众，挖掘有关文化遗址，走访相关文化部门等方式，获取第一手资料；进一步研习文献资料，提取某个特定高跷本体形态，从特定空间和特定身份两个层面界定、分析、构建高跷表演的空间场域、观众观赏的心理场域、同语族语系的族群人的身份场域等客观限定的关系形构，综合分析“非遗”高跷形态蕴含的观念、信仰、习俗、礼仪等与劳动生活相关的文化本质。

2. 共时与历时相互参照法

立足于传承角度，引入舞蹈生态学中历时性和共时性的横、纵向研究思路，多维度分析高跷与自然、环境、地域等客观因素之间的关系，进一步研究高跷与人类生活习惯、审美偏向、民俗民风之间的关系，揭示黄河流域山西段社火“非遗”高跷的演变规律及传承现状。

3. 典型案例结合问卷调查法

针对三种当代发展新模式，拟构建以典型高跷形态为主体的多维质量评价形式，通过问卷调查形式，反馈新路径模式的可行性。

五、研究意义

本课题研究充分利用文化传习机制，整理黄河流域山西段社火“非遗”高跷的文化资源，深入剖析新时代、新视觉、新产业下山西“非遗”高跷活态传承的困境，重塑当代“非遗”高跷发展的新理念、新路径，具有一定的现实性、学术性和推广性。

第一章　黄河流域山西段综述

第一节　黄河概述

黄河是位于中国北方地区的大河，属世界长河之一，中国第二大河流。黄河全长约 5464 公里，其流域面积约 752443 平方公里，水利部网站黄河网则记为“流域总面积 79. 5 万平方公里（含内流区面积 4. 2 万平方公里）”。黄河流域冬长夏短，冬夏温差悬殊，季节气温变化分明。

黄河发源于青藏高原巴颜喀拉山北麓的约古宗列盆地，自西向东分别流经青海、四川、甘肃、宁夏、内蒙古、陕西、山西、河南及山东 9 个省（自治区），最后流入渤海。黄河流域降水量小，以旱地农业为主，冬干春旱，降水集中在夏秋七八月份。

黄河中上游以山地为主，中下游以平原、丘陵为主。由于河流中段流经中国黄土高原地区，因此夹带了大量的泥沙，所以它也被称为世界上含沙量最多的河流。但是在中国历史上，黄河下游的改道给人类文明带来了巨大的影响。

黄河是中华文明最主要的发源地，中国人称其为“母亲河”。每年都会携带 16 亿吨泥沙，其中有 12 亿吨流入大海，剩下4亿吨长年留在黄河下游，形成冲积平原，有利于种植。

黄河流域是我国开发最早的地区。在世界各地大都还处在蒙昧状态的时候，我们勤劳勇敢的祖先就在这块广阔的土地上斩荆棘、辟草莱，劳动生息，创造了灿烂夺目的古代文化。

黄河是世界上一条具有鲜明特色的河流。地理自然方面，水少沙多，水情复杂多变，地上河世界罕见；人文历史方面，黄河是中华民族的主要发祥地之一，流域内文化十分丰富，被称为中华民族的“母亲河”。

第二节　黄河自然属性

一、历史变迁

黄河的孕育、诞生、发展受制于地史期内的地质作用，以地壳变动产生的构造运动为外应力，以水文地理条件下本身产生的侵蚀、搬运、堆积为内应力。在成河的历史过程中，运动不息，与时俱进。黄土高原的水土流失与黄河下游的泥沙堆积在史前地质时期就在进行，史后受人类活动的影响与日俱增。根据多方面的研究可知，古黄河有三个发展阶段：第三纪至第四纪的早更新世为古黄河孕育期，第四纪中更新世（距今115万年—10万年）古黄河诞生成长期，晚更新世（距今10万年—1万年）黄河形成海洋水系。

历史上，黄河上中游平原河段河道也曾经有过演变，有的变迁还很大。如内蒙古河套河段，1850年以前磴口以下，主要分为两支，北支为主流，走阴山脚下称为乌加河，南支即今黄河。1850年西山嘴以北乌加河下游淤塞断流约15公里，南支遂成为主流，北支已成为河套灌区的退水渠。龙门—潼关河道摆动也较大。不过，这些河段演变对整个黄河发育来说影响不大。黄河的河道变迁主要发生在下游。

历史上黄河下游河道变迁的范围，北到海河，南达江淮。据历史文献记载可知，黄河下游决口泛滥 1500 余次，较大的改道有 20 多次。

二、含沙量世界第一

黄河是世界上大河中挟带泥沙最多的河流，无论是河流的含沙量还是全年的输沙量，都堪称世界第一。黄河的水量不及长江的 1/20，沙量却是长江的 3 倍，黄河下游的多年平均含沙量达到 33. 6 千克每立方米，个别区域的河流还由于泥沙含量较高而形成了泥浆流。

表 1 – 1 国内的一些河流的水量和泥沙量

河流	所在国家	站名	年输沙量/亿吨	实测年来水量/亿立方米
黄河	中国	陇县	15. 6	464
长江	中国	大通	4. 78	9211
永定河	中国	三家店	0. 82	14. 2

三、强烈的侵蚀和堆积

黄土高原总面积 42 万平方公里，横跨黄河、长江、海河三大流域，其中有 37 万平方公里属于黄河流域，构成黄河中游的主体。在这里黄河有着众多的支流，黄土的质地均匀疏松，有很强的透水性，内部含有少量的石灰质硬核，还有不少的垂直裂缝，这样两方面的结合使得它特别容易被侵蚀，形成了黄土高原大部分地表千沟万壑的景观，而被侵蚀的泥沙被源源不断带到了黄河中，大量的泥沙沿着黄河向黄河下游输送，必然会在下游发生堆积。据考古发现，广大的华北大平原就是黄河下游泥沙堆积产生的。后期随着小浪底水库发挥作用，下游的泥沙量减少，相应的下游河道的淤积量也有所减少。黄河的年输沙量世界第一，所以黄河三角洲的推进速度也是世界第一，随着黄河不断流入渤海，陆地面积逐渐向沿海方向推进。

四、独特的冰情

黄河流域冬季盛行西北季风，气候干燥寒冷，气温一般都在0℃以下，由于河道主要依靠沿途的支流补给，流量较小，因此在冬季很多河道容易冰封。河道冰封后，上游来水受阻，使得河槽内蓄水量增加，水位上涨，待到解冻开河，这部分水量急剧释放并向下游推进，沿程水量越积越多，就形成了黄河的冰凌洪水，称为“凌汛”，也称“冰排”。

第三节　黄河流域山西段概况

一、黄河流域山西段自然属性

山西是黄河“几”字弯的中游节点，黄河山西段流经 4 市 19 县，全长 965 公里，占黄河流域干流河道总长度的 17.6%，占中游河道总河长的 80%。流经山西段的具体如下：黄河北从忻州市偏关县的老牛湾进入山西境内，到芮城县的风陵渡而东折，南从运城市的垣曲县碾盘沟出境，黄河流经了山西省的忻州市、吕梁市、临汾市、运城市，其中包括忻州三县—偏关县、河曲县和保德县，吕梁四县—兴县、临县、柳林县和石楼县，临汾四县—永和县、大宁县、吉县和乡宁县，运城八县（市）—河津市、万荣县、临猗县、永济市、芮城县、平陆县、夏县和垣曲县，流域面积9.7万平方公里，占黄河流域总面积的12.2%，占黄河中游流域总面积的28%，占全省总面积的62.2%。

山西省是国家生态安全格局黄土高原—川滇生态修复带的重要组成部分，汾河作为山西的母亲河，是黄河流域第二大支流，干流全长694公里，集水面积3.94万平方公里，占全省面积的1/4之上，是山西省第一大河流。

二、黄河流域山西段自然地理概况

本节从气候、地形地貌、水文、生物、矿产资源等方面分析研究黄河流域山西段的自然环境概况。

1. 气候

研究区属温带大陆性季风气候，气候四季分明，冬季寒冷干燥，夏季炎热且降水集中。研究区年平均气温在8℃—15℃之间，年平均降水量为500毫米，同时降水量的季节和年际变化较大，易发生旱涝灾害。南线地区，特别是中条山脉以南地区是山西热量资源最丰富的地区。研究区光照充足，年平均日照时间在2500小时左右，且山区多于平地、北线多于南线，尤其晋西北沿黄河地区年日照时数均在2700小时以上。研究区全年无霜期为150天左右。研究区昼夜温差较大，尤其北线地区。研究区主要气象灾害有干旱、冻害、风害等。

2. 地形地貌

研究区邻近黄土高原腹地，黄土覆盖深厚。境内山峦起伏、沟壑纵横、地形复杂多样，山地丘陵、平原、谷地、峡谷、高原等交相辉映。研究区中北部地区以山地丘陵为主，河谷相间，土地贫瘠，尤其晋西北沿黄河地区地形支离破碎，山地丘陵区面积占地区总面积达96%以上。运城沿黄河县市以平原、山地为主，总体地势平坦，土壤肥沃。研究区地貌格局整体呈现北高南低、东高西低的特征。地势起伏较大，海拔最高处2201米，最低点204米，平均海拔约1202米。研究区土壤类型多属褐土性土壤，丘陵褐土作为重度敏感群区，土壤易受侵蚀，水土流失、沙化、贫瘠化和盐碱化现象严重，尤其晋西北沿黄河地区由于缺乏降水，植被稀疏，所处纬度及海拔也较高，土地尤为贫瘠，水土流失极其严重。

3. 植被分布

山西地区的黄河段南北跨度约600千米，使得研究区自然景观从南到北呈现出了明显的过渡性质——由暖温带落叶阔叶林景观向半干旱区的温带草原景观过渡。同时，研究区杂粮作物、野生药材、牧草种类、野生动物种类繁多，是山西重要的动植物基因库，已知的野生动物有近400种，其中，国家级珍稀物种有近50余种，已知的牧草种类也有百余种。植被资源方面，南线地区温带阔叶栎林分布广泛，北线地区以寒温性、中温性针叶林和温带草原植被为主，过渡地段有针阔叶混交林。南北线生物资源差异较为显著，北线，特别晋西北沿黄河地区，森林覆盖率、野生动植物种类低于南线地区，植被相对稀疏。

4. 水文

山西处于黄河流域中游，境内河流均属黄河水系。黄河山西段流量较大，支流众多，沿岸水土流失严重，泥沙含量陡增，是黄河水体变色的主要区域。黄河山西段径流量季节变化明显，汛期为夏秋时节，有结冰期、凌汛期。部分河段比降大，黄河流速快，水能资源丰富，气势宏伟壮观。同时也有部分河段平缓宽阔，流速减缓，因而也出现了恬静优雅的九曲黄河景观。

5. 矿产资源

该区域的矿产资源以煤炭为主，其次，铁矿、铜矿、铝土矿等金属矿产富集，金属矿产主要有石灰石、石英等。煤炭资源集中分布在河曲—保德、吕梁和临汾沿黄河地区；垣曲一带集中了山西九成以上的铜矿；吕梁、忻州沿黄河地区富集铝土矿。

第二章　黄河文化山西段综述

第一节　黄河文化

黄河孕育了中华文明，早在石器时代，就形成了中国最早的新石器文明，比如蓝田文明、半坡文明出现在黄河支流渭河，龙山文明出现在山东半岛等。6000 多年前，流域内已开始出现农事活动。大约在 4000 多年前，流域内形成了一些血缘氏族部落，其中以炎帝、黄帝两大部族最强大。后来，黄帝取得盟主地位，并融合其他部族，形成“华夏族”。世界各地的炎黄子孙都把黄河流域认作中华民族的摇篮，称黄河为“母亲河”，视黄土地为自己的“根”。

从公元前 21 世纪夏朝开始，4000 多年的历史时期中，历代王朝在黄河流域建都的时间绵延 3000 多年。中国历史上的“七大古都”在黄河流域和近邻地区的有安阳、西安、洛阳、开封四座。殷都（当时属黄河流域）遗存的大量甲骨文，开创了中国文字记载的先河。西安（含咸阳），自西周、秦、汉至隋、唐，先后有 13 个朝代建都，历史长达千年，是有名的“八朝帝王都”。东周迁都洛阳以后，东汉、魏、隋、唐、后梁、后周等朝代都曾在洛阳建都，历时也有 900 多年，洛阳被誉为“九朝古都”。在相当长历史时期内，中国的政治、经济、文化中心一直在黄河流域。黄河中下游地区是全国科学技术和文学艺术发展最早的地区。公元前2000年左右，流域内已出现青铜器，到商代青铜冶炼技术已达到相当高的水平，同时开始出现铁器冶炼，标志着生产力发展到一个新的阶段。在洛阳出土的经过系列处理的铁锛、铁斧，表明中国开发铸铁柔化技术的时间要比欧洲各国早2000多年。中国古代的四大发明——造纸、活字印刷、指南针、火药，都产生在黄河流域。从诗经到唐诗、宋词等大量文学经典，以及大量的文化典籍，也都产生在黄河流域。北宋以后，全国的经济重心逐渐向南方转移，但是在中国政治、经济、文化发展的进程中，黄河流域及黄河下游平原地区仍处于重要地位。黄河作为中华民族的母亲河，具有悠久的历史，其多元化的发展影响着中华民族的文化，也是中华民族文化的主体部分。黄河文化，或称“黄土文化”，概指产生发展于黄河流域的一种地域性文化。在黄河流域上下，有着无数的遗存和遗址，从旧石器时期、史前时期等，一直到近代，都显示出中华民族的灿烂文明和光辉历史。

一、史前时期的古文化

1. 蓝田猿人

在距今100多万年前的旧石器时期，黄河流域就有了能直立行走的猿人居住，1963年和1964年发现了蓝田猿人的下颌骨、头盖骨和部分面骨，经过实验测定，推测其生活的年代大致距今115万年。

2. 仰韶文化

1921 年，在河南省渑池县的仰韶村发现了一个新石器遗址，在该遗址出土了石斧、石锛（bēn）、石刀、石铲、石箭头、各类陶制的生活用具，这个遗址可追溯至公元前 5000 至公元前 3000 年左右。

仰韶文化时期的主要特征是以农业生产为主，主要种植粟等植物，同时在这个时期内出现了渔猎、饲养家畜等生产活动。仰韶文化前后存在了约 2000 年，是中华民族原始文化的核心部分。它不断吸收着周围其他文化的某些因素，同时又影响着它们，为中华民族文化奠定了基础。

3. 轩辕黄帝

中华民族是炎黄子孙。“炎”指的是炎帝神龙氏，“黄”就是指黄帝轩辕氏。他们都是伏羲氏的后裔，生活在距今约 5000 年的时间里，也就是仰韶文化的后期，“炎”和“黄”是当时两大部落的首领。黄帝一族生活在渭河中游（现陕西省区域），炎帝一族一开始也生活在那里，后来两大部族之间发生战争，炎帝一族被打败，迁居到南方。

随着生产力的不断发展，黄河流域后来又先后出现了大汶口文化、龙山文化、齐家文化。它们的遗址分别在山东省藤县、山东省济南和甘肃省的广河齐家坪，时间约为公元前 4300—前 2000 年，属于新石器时代晚期。齐家文化时期青铜开始出现。

二、尧、舜、禹的传说

经过漫长的史前时期，在距今 4300 年左右，黄河中游地区开始形成占统治地位的部落联盟，即传说中以尧、舜为帝的王国。其都城在平阳（今山西临汾）。尧让位于舜，舜又禅让于禹，禹死后自己的儿子启继位，并且一代代传下去，建立起了我国历史上第一个奴隶制的国家——夏王朝，这是真正的文明古国的开始。

夏王朝先建都在平阳，后又搬迁到安邑（今山西运城）和原（今河南省济源市内），夏朝人的活动范围大致在今河南省西部、山西省南部，沿黄河东至今天河南、河北、山东三省交界的地方，都为黄河流域范围内。从夏王朝建都（公元前2070年）至今天，在4000多年的时间里，中国经历了多次的历史变迁，但是直到北宋时期，主要的王朝的都城大都是建立在黄河流域。

一国的都城是国家的中心，它在政治、经济和文化的发达程度上无疑比其他地区高。黄河流域作为中国的政治、经济和文化中心一直持续了3000多年。

禹是黄河流域3000年政治、经济、文化中心的创始人，其被后人传诵的最大功绩当数治水。距今4100多年前，出现了一次世界性的气候异常，黄河中下游也发生了大洪水。当时称帝的尧和舜先命一名叫“鲧”的人去治水，也就是禹的父亲。鲧修筑堤坝去防堵洪水，由于洪水太大，造成治水失败。后舜又命禹去治水，禹以疏导为主，给洪水广开出路，最后归入大海，经过前后13年的不懈努力，治水终于取得成功。

三、黄河文化的发展阶段

黄河文化的发展大致可以划分为三个阶段。

1. 第一阶段

先秦至秦汉时期，这是黄河文化作为一种主体文化的形成时期。在整个先秦时期，黄河流域各地域文化争奇斗艳，异彩纷呈，如新石器时期上游的马家窑文化、中游的仰韶文化、下游的大汶口文化，以及最后风靡整个黄河流域的龙山文化。进入文明社会之后又有夏文化、商文化和周文化相继兴起，至春秋战国，秦文化、三晋文化和齐鲁文化并立争雄，最终确立了齐鲁文化在黄河文化中的主导地位。到秦汉皇朝政治的大一统，经过了长达数千年之久的内部消化整合，黄河文化始熔铸为一个统一的文化主体，其主要表现为以农业经济为基础的政治的大一统、汉民族的形成和儒学的正统化。

2. 第二阶段

魏晋南北朝、隋唐时期，这是黄河文化发展的时期。在这一时期，黄河文化以先进的经济文化，不断吸收消化来自北方的游牧文化，并对南方江淮流域和珠江流域持续地进行文化输出，使黄河文化的影响不断扩大，最终形成了以黄河文化为核心，经济文化高度发达，地域空前辽阔，集众多民族为一体的强盛的唐皇朝。

3. 第三阶段

宋元及明清时期，这是黄河文化和其他地域性文化的融合时期。唐中期以后，黄河流域逐渐失去了在经济方面的领先地位，但黄河流域在政治上依然是统治中心，在文化上依然保持着传统的优势，因而在民族文化的融合中依然起着主导作用。只是其作为一种原来具有鲜明特征的地域性文化形态，已逐渐丧失了其独立性，最终融入了统一的中华文明之中。

四、黄河文化的特征

1. 经济特征

黄河文化是一种典型的农业文化。在古代中国的大地上，基本上可分为三大经济区域。在北方和西北方广袤的草原上，存在着一种游牧狩猎的经济文化，逐水草而迁徙的流动生活是其主要特征。在长江流域及其以南地区，则存在着一种稻作农业和渔採文化，稻作和渔採的结合，“民食鱼稻，以渔猎山伐为业”，使其具有水文化的特征。而在黄河流域，却存在着一种旱地粟作文化，丰厚的自然禀赋，给农业发展提供了优越的条件，加之长期的农业实践，使黄河文化成为一种成熟的高度发达的农业文明。黄河文化具有土文化的特征，粟和陶则是这种黄土文化的典型代表。与草原文化和南方水文化相比，黄河文化是一种典型的农业文化，在文明发展程度上表现出一种先进性和早熟性。生活在这一文化氛围中的人务实，求安定，强调天人和谐，重视经验传统。农业文化是黄河文化最基本的特征。

2. 政治特征

黄河文化具有一种正统性。农业的定居生活使聚族而居成为一种传统，社会生活中的宗法关系表现得非常典型，在此基础上产生的礼乐制度及其理论化的产物即儒学的出现，造成了一种占支配地位的观念形态。这种观念形态随着政治上的不断强化，成为一种不可替代的正统思想。以这种正统思想为核心的黄河文化始终是中国古代文化的正统所在。这种正统文化强调“华夷之辨”“以夏变夷”，表现出一种强烈的优越感和同化力。

3. 文化特征

黄河文化是一种包容性极强的文化系统。黄河文化作为中国古代主体文化，其本身就是综合各种文化而形成的。如新石器时代的龙山文化，就是综合了大汶口文化和仰韶文化的产物，大汶口文化综合了青莲岗文化和东夷土著文化，而仰韶文化则是河南裴李岗文化、河北磁山文化和陕甘大地湾文化结合的结果。进入文明时代，经过夏、商、周三代的因革损益，最终形成了以周文化为核心，以黄河流域为根据地的华夏文化。春秋战国的政治割据，为黄河流域各地域性文化的发展提供了契机，秦文化、三晋文化、齐文化、鲁文化各放异彩，其结果是齐鲁文化取得了主导地位。至秦汉，综合各地域性文化的黄河主体文化，既有秦晋文化务实际、重法治的特点，又保持了齐鲁文化富理想、重伦理的特征。在以后漫长的岁月里，黄河文化又不断吸收了主要来自西方和北方的少数民族，如羌、匈奴、羯、氐、鲜卑、乌桓、柔然、高车、突厥、回纥、契丹、女真、蒙古等的文化，又南下与江南的百越、巴蜀、楚文化相结合。这种博大精深的包容性，使之成为中华古代文化当之无愧的代表。

第二节　黄河文化山西段概况

山西黄河，从忻州偏关县老牛湾流入，至运城市垣曲县马蹄窝流出，蜿蜒 1008 公里，基本涵盖了黄河中游，沿途造就了无数的自然美景，也造就和孕育出独特的黄河民俗风情。可以这样说，黄河流经的每一片土地都给当地老百姓的衣食住行、节庆、社火等民俗活动留下了独特的黄河印记。这些民俗文化与人们的生活息息相关，最直观、最生动地反映出黄河流域老百姓的精神面貌与文化状态。

一、山西黄河流域的衣食住行

黄河人的衣食住行与当地的自然地理环境密不可分。黄河流域的先祖们依河居住，多事农桑，服饰以简单实用的布料衣物为主，且色彩单一。秋冬天，河边风大，为抵御寒冷，常在棉衣之外套上一层用动物皮毛（以羊皮为主）制成的大衣或坎肩。黄河流域是典型的旱作农业区，降水量较少，因此人们以适应少雨干旱气候的麻、稷、麦、黍、菽五谷制品为主要食物，小米饭、小米粥都是老百姓喜爱的食物。而由小麦磨成的面粉，制作的各种饼类、馒头、面条等面食都是每家每户每日必须吃的主食。居住在黄河流域的半坡先民，常利用天然山体或者土岭（窑洞）建造房屋。这些依山而建的窑洞，因具体地形而取舍，都具有冬暖夏凉的优点。山西、陕西、豫西、陇东都有穴居的习俗，成为黄河中游地区居住的一大特色，是黄河文化的重要组成部分。山西黄河流域多山地，道路崎岖，出行不便。在过去，百姓出门选择乘坐耐劳的骡子或驴。毛驴不仅供人骑乘，也可用来驮运货物。

二、山西黄河流域岁时节庆的民俗

黄河是华夏民族的母亲河，更是山西人的母亲河，黄河文化陶染着三晋文化，这条大河犹如一条绚丽的黄丝带，串联起山西黄河边上一颗颗明珠。

山西是岁时节庆的民俗最早出现的地区之一。自夏代在晋南地区发祥，就开始奉行夏代历法。晋北地区少数民族众多，居民长期胡汉杂居，少数民族汉化，汉族民俗也受到少数民族影响，各地形成独具特色的地方民俗，这也为山西境内各地的民俗文化增添了不一样的风采。

山西民间有“四大节，八小节，二十四个毛毛节”的俗语，春节、端午节、中秋节、冬至节是一年中最为重要的四个节，此外元宵节、二月二、清明节、五谷节、中元节、重阳节、寒食节和腊八节都尤为重要。元宵节要举行旺火彩灯、高跷舞蹈、锣鼓说唱、杂技等活动。二月二“龙抬头”、清明上坟祭祖、十月送寒食等都是山西境内民俗的生动体现。节日的祈福庆祝仪式也很讲究，虽然是同一个节日，却往往百里不同风，十里不同俗，各地的民俗纪念形式各异。

山西民歌、舞蹈、鼓乐、戏曲、社火表演种类丰富，数量繁多，历史悠久，风格独特，生动地反映了山西这块土地上的民情、民生、民俗。在山西沿黄河地区，从北到南，船夫号子、山曲儿、舞蹈、伞头秧歌、临县三弦、威风锣鼓、乡宁花鼓、高台花鼓、背冰亮膘、九曲黄河阵等民俗活动数不胜数。每逢过年过节、喜庆丰收、迎亲嫁娶、集会游行，人们便以乐舞社火庆祝，这些民俗活动深受人民的喜爱，已经成为黄河流域劳动人民生活中不可缺少的精神伴侣。

三、山西黄河流域的黄河风景

1. 老牛湾：黄河舞出近乎360°的回旋

长城与黄河第一次握手的地方在哪里？老牛湾！老牛湾

位于山西省忻州市下辖的偏关县。老牛湾为中国最美的十大峡谷之一，河谷两岸壁立千仞，河道碧波万顷，河岸之上长城耸立，烽火台台台相望。包子塔湾是整段峡谷最摄人魂魄之处，泛舟漂移，两岸鬼斧神工、断壁悬崖，黄河在此回头，做了一个近乎360°的华丽回旋，有人形象地称之为“中国的科罗拉多”。

2. 娘娘滩：黄河湿地的“水上人家”

位于河曲县城东北7.5公里处黄河河道上的娘娘滩，因岛上建有娘娘庙，故名“娘娘滩”。娘娘滩处晋、陕、内蒙古三地交界处的黄河中，面积仅0.16平方公里，是个“凸”形小岛。人在岛上可以听到晋、陕、内蒙古三地的鸡鸣。娘娘滩地势平坦，岛上居住着30多户人家，屋舍都被桃、李、杏、海红、海棠树遮盖着，绿树成荫，恰似如画仙境。

3. 碛口古镇：黄河边上的商贸重镇

碛口古镇位于临县，黄河之滨，西接陕、甘、宁、内蒙古，东连太原、北京、天津。碛口是中国历史文化名镇，2006年被列为世界百大濒危文化遗址之一。黄河和窑洞两大特色给碛口古镇披上了一层浓厚的人文色彩。来到这里，游人可逛明清建筑，观水蚀浮雕，望黄河落日，赏纯净星空！

4. 石楼黄河第一湾：黄河在这儿画了一个圈

“天下黄河第一湾”位于石楼县。黄河在晋陕大峡谷段，总体流向为由北向南，而自辛关黄河大桥以南6公里处陡然向东，转了一道极为奇特的大圆弯。若从高处俯视，该弯西窄东宽，尾部圆满，宛如葫芦状，两面基本对称。站在马家畔观看，第一湾远窄近宽、远低近高，水流形成酷似360°的圆圈。

如果选择 7、8 月黄河汛期前来，山间的绿色与黄河水的金黄色正好形成强烈的对比，非常抢眼。

5. 壶口瀑布：黄河水如千军万马奔腾怒吼

世界第一大黄色瀑布——山西壶口瀑布位于吉县城西 45 公里。在此黄河河宽由 300 米收窄为 50 米，飞流直下，骇浪翻滚，如千军万马奔腾怒吼，声传数十里外，其排山倒海的雄壮之势，素有“不观壶口大瀑布，难识黄河真面目”的盛誉。壶口景色，四季各异，严冬时江水歇息，冰封河面；春来则凌汛咆哮，如雷贯耳；盛夏则大水盈岸，颇为壮观；秋季则浩浩荡荡，彩虹通天。

6. 风陵渡：黄河金三角的璀璨明珠

风陵渡，在芮城县西南端，距县城 30 公里，与河南、陕西省为邻。风陵渡正处于黄河东转的拐角，山西、陕西、河南三省的交通要塞。自古以来就是黄河上的大渡口之一，备受商家青睐，成为黄河金三角的一颗璀璨明珠。

综上所述，山西位于黄河中游，是黄河文化保护、传承、弘扬的重要承载区，全省黄河流域非遗资源分布广泛、品类多样，以历史起源早、传承链条完整著称，涉及中华人文始祖文化、根祖文化、农耕文化、民族交融文化、晋商文化等重要文化形态。千百年来，山西社火高跷以粗犷、剽悍、雄奇、自然的地域特色，表现了黄河儿女纯朴、率直、激昂、豪迈的情怀。黄河文化顺应新时代的要求，守正创新，不断提升、回归与重建，不断地走向新的发展阶段。黄河文化中的民间舞蹈饱含区域性民族民俗特色，尤其是社火类舞蹈，往往提供给我们看似平缓实则矛盾的审美情感，她柔和而写实，俏皮而暗含思想，使百姓日常生活的热闹场景有了艺术性的视觉审美感受，也使我们多了一份反观自身、思索人生、反省民族性格的心理审美感受。

截至目前，在各具特色的国家级非物质文化遗产和山西省省级非物质文化遗产传统舞蹈类别中，高跷有 11 种，有着广泛深厚的群众基础，是山西民间舞蹈文化中重要的民俗艺术活动。

第三章　非物质文化遗产综述

非物质文化遗产，是指各族人民世代相传，并视为其文化遗产组成部分的各种传统文化表现形式，以及与传统文化表现形式相关的实物和场所。非物质文化遗产是一个国家和民族历史文化成就的重要标志，是优秀传统文化的重要组成部分。根据联合国教科文组织的《保护非物质文化遗产公约》定义可知，非物质文化遗产是指被各社区群体，有时为个人，视为其文化遗产组成部分的各种社会实践、观念表达、表现形式、知识、技能及相关的工具、实物、手工艺品和文化场所。这种非物质文化遗产世代相传，在适应周围环境和与自然和历史互动的过程中，不断创新、创造，为这些社区和人民提供持续的认同感，以加强对文化多样性和人类创造力的尊重。

舞蹈是人类的精神写照，是一个国家、民族和群体文化的代表，是其整体文化的组成部分。传统舞蹈是中华民族文化艺术的重要表现形式，是中国传统文化的一颗璀璨明珠。“非物质文化遗产是一种随着时代的迁移而更容易消失的文化记忆。”传统舞蹈（民间舞蹈）项目被列入中国各级非物质文化遗产保护名录。因此，运用非物质文化遗产的视角对传统舞蹈进行总结，有利于把握传统舞蹈的文化内涵，反映其传承过程，为传统舞蹈的生存与保护提供合理的参考。

第一节　世界“非遗”环境的标准典范引领

1997 年 11 月，联合国教科文组织通过建立《人类口头和非物质遗产代表作》的决议，并于1998 年11 月审议通过《宣布人类口头和非物质遗产代表作条例》。

《人类口头和非物质遗产代表作》的评选从 2001 年开始，在 2001 年、2003 年和 2005 年共评选了三批。2003 年联合国教科文组织通过《保护非物质文化遗产公约》（以下简称《公约》），其中，非物质文化遗产是指，“被各社区群体、有时为个人视为其文化遗产组成部分的各种社会实践、观念表述、表现形式、知识、技能及相关的工具、实物、手工艺品和文化场所。这种非物质文化遗产世代相传，在各社区和群体适应周围环境从及与自然和历史的互动中被不断地再创造，为这些社区和群体提供了持续的认同感，从而增强对文化多样性和人类创造力的尊重”。《公约》对于我国非物质文化遗产保护工作的开展具有指导意义，也为我国国家名录的建立提供了重要标准和根据。由《公约》可知，非物质文化遗产包括以下方面：口头传统和表现形式，包括作为非物质文化遗产媒介的语言；表演艺术；社会实践、仪式、节庆活动；有关自然界和宇宙的知识和实践；传统手工艺。

2008 年，《人类口头和非物质遗产代表作》改由《人类非物质文化遗产代表作名录》代替。新名录于 2008 年公布第一批，即为《人类口头和非物质遗产代表作》三个批次的合计。此后，教科文组织根据成员国申报的名单进行评选，不断更新这一名录。其记录着人类社会生产生活方式、风俗人情、文化理念等重要特性，是全人类共同的宝贵财富。截至2020年12月，联合国教科文组织非物质文化遗产名录（名册）项目共计584个，涉及131个国家。其中，《人类非物质文化遗产代表作名录》492项，涉及128个国家；《急需保护的非物质文化遗产名录》67项，涉及34个国家；《保护非物质文化遗产优秀实践名录》25项，涉及18个国家。中国入选联合国教科文组织非物质文化遗产名录（名册）项目总数达42项，其中包括34个项目（含2个跨国联合申请项目）被列入《人类非物质文化遗产代表作名录》，7个项目被列入《急需保护的非物质文化遗产名录》，1个项目被列入《保护非物质文化遗产优秀实践名录》。中国是世界上入选“非遗”项目最多的国家，法国与日本分别以23个项目和22个项目分列第二、三位。

联合国教科文组织在“非遗”保护公约中设定了五个门类，所有表演艺术为一类；结合国情，中国的“非遗”名录中设有十类，“传统舞蹈”自成一类。

因而可见，名录中“非遗舞蹈”的前提首先是传统舞蹈，所以说“非遗舞蹈”的具体范畴大于名录之中的舞蹈，即入名录之列不是目的，保护传统舞蹈才是根本。笔者在查阅了现有“非遗舞蹈”的部分成果后认为，现有关于“非遗舞蹈”的概念界定主要强调了“非遗舞蹈”“名录化”，即对于“非遗舞蹈”来说，是否被收入非物质文化遗产名录（以下简称“名录”）中是其首要的判断标准，即“国家级非物质文化遗产名录上的民族民间舞蹈是中华民族创造的优秀的精神文化财富”。与其相似但直接提出“非遗舞蹈”制度性认证的观点，认为“非遗舞蹈，就是作为非物质文化遗产的舞蹈。非遗舞蹈是人类口头遗产和非物质遗产的一部分，即被有关国家和机构依照《公约》的规定选入和认定的非物质文化遗产的舞蹈”。这一叙述包含了“非遗舞蹈”的两层内涵，即强调在民间原生场域下自然传衍的传统舞蹈以及依据《公约》标准遴选出的能够代表《公约》精神、符合国情与时代意志的舞蹈。

在自然场域传衍和名录认定的基础上，也有学者关注到了“非遗舞蹈”本身的动态性：“被列入‘非遗’名录的舞蹈项目就是‘非遗’传统舞蹈，否则便不能被称为非遗’……有些项目虽然并未被列在‘非遗’名录之中，但并不影响其成为传统文化优秀项目的载体，只是其尚未被列入‘非遗’名录而已。因此这两种传统文化在价值上彼此是平等的。”看来，“非遗舞蹈”重在文化价值方面，并非单单取决于是否“列入名录”。并且，从“列入名录”这一动作来看，“非遗舞蹈”的认定和保护工作是长期的、过程性的和开放的。刘青弋根据联合国教科文组织的《保护非物质文化遗产公约》和《中华人民共和国非物质文化遗产法》（简称《非遗法》）对“非遗”的界定，认为“非遗舞蹈即世代相传的传统舞蹈文化遗产”。因此，如何将“非物质文化遗产舞蹈”视为对传统舞蹈的继承和发展，不同类型的“非物质文化遗产舞蹈”面临哪些问题？从传统舞蹈所处的特定区域及其传播的历时性来看，“非物质文化遗产舞蹈”的时空变化为研究集体自发的传统舞蹈奠定了基础。石裕祖在《民族民间舞蹈文化传承规律及发展趋势》一文中对民族文化特定区域的舞蹈表演和旅游舞蹈进行了全面的实证研究，认为这可以深化和发展民族民间舞蹈传承的理论和实践，也为民族舞蹈的跨学科研究开辟了更重要的研究空间。

第二节　中国“非遗”实施的法律保护由来

在不同的国家，列入非物质文化遗产的项目并不完全相同，因为每个国家都有不同的民族、历史、文化，甚至国情，因此，各国对非物质文化遗产的具体分类并不完全一致。但是，联合国综合了各国的非物质文化遗产情况。由联合国教科文组织颁布的《保护非物质文化遗产公约》中，非物质文化遗产的分类几乎涵盖了世界各国的基本情况，而中国学者提出的非物质文化遗产分类几乎是基于本公约确立的体系。我国对非物质文化遗产的分类没有统一明确的分布。不同的学者从不同的维度进行了各种分类，如王文章在其《非物质文化遗产概论》中提出十三大类分法，向云驹在其《人类口头和非物质遗产》中提出四大类分法，周耀林等人在撰写的《论我国非物质文化遗产分类方法的重构》中提出宏观、中和、微观的分类方法等。对于非物质文化遗产的分类呈现众说纷纭的状态。

关于非物质文化遗产的概念，人们普遍认为，非物质文化遗产是指各种群体、团体，有时是个人视为其文化遗产的各种实践、表演、表达形式、知识体系和技能以及相关的工具、物品、手工业和文化遗址。非物质文化遗产包括在民间流传已久的诗歌、神话、史诗、故事、传说、民谣和谚语，传统音乐、舞蹈、戏剧、民间艺术、杂技、木偶、皮影等民间表演艺术，生活礼仪、年岁活动、节日庆典、民俗体育以及其他与生产生活相关的风俗习惯，关于自然和宇宙的民间传统知识和实践，传统手工技艺，以及与上述文化表达相关的文化遗址。根据其生产工艺可分为三类。第一类是为了适应和改造自然环境而产生的，如自然科学、哲学、宗教、艺术等；第二类是为了适应社会环境而产生的，如语言、文字、道德、法律、风俗等；第三类是在创造物质文化的过程中产生的，如制造和使用仪器的方法、仪器。这些都承载着所有国家的历史记忆。这些记忆可能在时间和环境变化的过程中被风雨所模糊，也可能处于频繁灭绝的状态，都需要人们有意识地加以保护。

我国于 1985 年成为《保护世界文化和自然遗产公约》缔约国。这可以说是我国开始重视文化遗产的标志。但多年来人们更多地在关注文化遗产向世界教科文组织的申报。而改革开放以来，随着农村人口向城市的转移，处在农村的非物质文化遗产面临濒危、失传的重大危机。非物质文化遗产的保护问题引起了社会各界的广泛关注。直到 2004 年国务院办公厅以国办发〔2004〕18 号文件形式转发文化部、建设部、文物局等部门《关于加强我国世界文化遗产保护管理工作意见的通知》，并提出了存在的五个问题："一是一些地方世界文化遗产保护意识淡薄，重申报、重开发，轻保护、轻管理的现象比较普遍；二是少数地方对世界文化遗产进行超负荷利用和破坏性开发，存在商业化、人工化和城镇化倾向，使世界文化遗产的真实性、完整性受到损害；三是管理体制不顺，管理层次总体偏低，有的地方机构重叠，职能交叉；四是保护管理法制不健全，存在有法不依和无法可依的情况；五是保护管理经费严重不足。"但在同年又颁布了全国人大常委会关于批准《保护非物质文化遗产公约》的决定。

紧接着在2005年国务院颁布了《关于加强我国非物质文化遗产保护工作的意见》和《国务院关于加强文化遗产保护的通知》，依据上述规定，2006年国务院公布了《第一批国家级非物质文化遗产名录的通知》，同年颁发了《国家级非物质文化遗产保护与管理暂行办法》，这些法规的制定使我国的“非遗”保护才有了一定的起色，也为体现国家意志的非遗保护法的制定奠定了基础。2011年2月25日第十一届全国人民代表大会常务委员会第十九次会议通过了《中华人民共和国非物质文化遗产法》，至此，非物质文化有了法律的保护。而传统舞蹈也在“非遗”工作推进的浪潮中得到了重视，然而，非物质文化遗产传统舞蹈的保护、继承和发展不可能一蹴而就，这需要大量的工作者在后期继续跟进和行动。在这种背景下，中国非物质文化遗产传统舞蹈的生存现状受到了人们的关注。来自31个省（市、自治区）的专家学者积极参与对中国非物质文化遗产传统舞蹈的概念内涵、生存现状、保护与传承、未来发展、学科体系建设等相关问题的深入研究。

结合《公约》对于非物质文化遗产的定义和分类可知，表演艺术是非物质文化遗产的重要组成部分。《公约》中虽然没有对传统舞蹈进行具体的表述，但我们可从联合国教科文组织非物质文化遗产的名录保护实践中找出相关解释。联合国教科文组织公布的《人类非物质文化遗产代表作名录》中有关传统舞蹈项目所属的类别是：表演艺术、礼仪与节庆活动。联合国教科文组织名录保护中对于传统舞蹈项目代表作名录的划分，将传统舞蹈与表演艺术、礼仪与节庆活动紧密地联系了起来，为《非遗法》依照《公约》对于非物质文化遗产的分类提供了依据。《非遗法》中明确提出了非物质文化遗产包括传统舞蹈，这也是我国在名录保护实践中总结的分类范围。非物质文化遗产在我国国家名录中的分类较为详尽。2006 年，第一批国家名录将 518 项归属于十个类别：民间文学；民间音乐（注：第二批将“民间音乐”更名为“传统音乐”）；民间舞蹈（注：第二批将“民间舞蹈”更名为“传统舞蹈”）；传统戏剧；曲艺；杂技与竞技（注：第二批将“杂技与竞技”更名为“传统体育、游艺与杂技”）；民间美术（注：第二批将“民间美术”更名为“传统美术”）；传统手工技艺（注：第二批将“传统手工技艺”更名为“传统技艺”）；传统医药；民俗。

国家名录如此分类，一方面是基于保护实践工作的现实，另一方面旨在建立符合我国国情的保护体系。虽然国家名录包括 10 个类别，但诸多项目存在两个或多个类别信息相互交叉的现象。例如，民间文学讲述民俗和医药知识，民俗活动依托载歌载舞形式得以实践。因此，国家名录的类别之间是有联系的，这也进一步说明《人类非物质文化遗产代表作名录》把传统舞蹈项目代表作名录划为表演艺术、礼仪与节庆活动类（其中更多的被划为表演艺术类）是非常准确的。

第三节　山西“非遗”保护的相关政策规定

山西不仅被称为“中华文明的摇篮”，而且还是民间舞蹈的海洋。民间舞蹈文化不仅仅是一种娱乐，它的形式和内容还在历史的变迁中沉淀着人们的思想和情感痕迹，告诉人们自己的生活方式和状态。民间舞蹈的内容包括原始社会的狩猎生活、战争经历、图腾信仰和生殖崇拜，并渗透着各种民俗、祭祀和仪式活动的遗存。它被称为某一区域文化生态环境的活化石。

为了认真贯彻《关于加强我国非物质文化遗产保护工作的意见》，山西省就进一步加强非物质文化遗产保护工作制定了相关的政策。首先，要在科学认定的基础上，建立省、市、县三级非物质文化遗产代表作名录体系。省级非物质文化遗产代表作名录由省人民政府批准公布，并报国务院备案；市级非物质文化遗产代表作名录由各市人民政府批准公布，并报省人民政府备案；县级非物质文化遗产代表作名录由各县人民政府批准公布，并报所属市人民政府备案。其次，在遗产研究、认定、保护、传播方面要注重非物质文化遗产的学术研究。各市、县（市、区）要组织辖区文化单位、科研机构、大专院校及专家学者对非物质文化遗产的重大理论和实践问题进行研究，注重科研成果和现代技术的应用，做好非物质文化遗产的认定工作。组织有关力量对非物质文化遗产进行科学认定，鉴别真伪，加强对非物质文化遗产实物的保护工作。经政府授权的有关单位可以征集非物质文化遗产实物、资料，并予以妥善保管。要采取有效措施，防止珍贵的非物质文化遗产实物和资料流出境外。对非物质文化遗产载体也要予以保护，对已被确定为文物的，要依照《中华人民共和国文物保护法》的相关规定执行。2012 年 9 月 28 日，山西省第十一届人民代表大会常务委员会第三十一次会议通过《山西省非物质文化遗产条例》，切实可行的法律措施以及相关政策规定为非物质文化遗产提供了高效力的保护，作为非物质遗产的民间舞蹈，也受到了法律的保护，使这一民间艺术遗产的研究学习和传承有了保障。

第四章　非物质文化遗产中的传统舞蹈

习近平总书记指出，要推动文化产业高质量发展，健全现代文化产业体系和市场体系，推动各类文化市场主体发展壮大，培育新型文化业态和文化消费模式，以高质量文化供给增强人们的文化获得感、幸福感。在互联网技术迅猛发展的大背景下，数字化催生了文化产业新业态和新模式，推动了文化产业跨行业、跨要素融合发展。山西“非遗”传统舞蹈的保护工作取得了一些成就，但与非物质文化遗产名录中的传统舞蹈相比，散落在民间的还未被列入非物质文化遗产名录的传统舞蹈，亟须我们加大力度对其进行记录和保护。

第一节　山西省“非遗”传统舞蹈

非物质文化遗产传统舞蹈是山西省十大类非物质文化遗产之一。它是山西人民在历史生产生活中创造的一种具有山西文化特色的艺术形式。它是一种反映山西人文风格和民俗风情的艺术形式。它是一种有着明确根源的传统文化遗产，已经传承了100多年。山西“非遗”传统舞蹈的文化生态和基础性保护工作成效显著。20世纪80年代，被誉为“中华文化的万里长城”的国家社会科学重大项目、艺术科学国家重点项目“十部文艺集成志书”中的《中国民族民间舞蹈集成·山西卷》，普查到山西有1062项传统舞蹈，后专家对同类型舞种的筛选分析与研究后将其归为234种，由于当时受到纸质记录形式的限制最后入卷的只有65种。在此基础上，自2006年山西省开展非物质文化遗产保护工作开始，目前被列入国家级非物质文化遗产代表性项目名录的传统舞蹈有13项，被列入省级非物质文化遗产代表性项目名录的传统舞蹈有82项。

本书以山西传统舞蹈为研究对象，通过梳理非物质文化遗产高跷在生产生活实践、仪式和节日中的表现，探索山西传统舞蹈的类型，研究非物质文化遗产的分类保护，以期为非物质文化遗产的分类保护提供参考。王克芬的《中国舞蹈史》从考古历史遗迹中阐述了远古时期与舞蹈有关的记录，“为了繁殖种族，人类必须有孩子。劳动和再生产是人类最基本、最重要的社会活动。从劳动中衍生出来的舞蹈必然与人们的生活息息相关，并渗透到人类生活实践的各个方面”。可见，舞蹈是人类固有的，与人们的生活实践密切相关。它是一种通过有节奏、精练和标准的人体动作和形状来表达特定思想和情感的艺术。传统舞蹈是传统舞蹈文化的一种形式。王克芬结合非物质文化遗产的相关概念，阐述了非物质文化遗产视角下传统舞蹈的定义，认为它不仅是一种艺术形式，也是一种传统的文化表达形式。

据不完整统计，我国发掘整理的舞蹈表现方式就有17000多项，目前国家名录中传统舞蹈共131项，其中，第一批（2006年）民间舞蹈41项，第二批（2008年）传统舞蹈55

项，第三批（2011 年）传统舞蹈 15 项，第四批（2014 年）传统舞蹈 20 项。从国家名录中可看出，第一批对于舞蹈类的称谓是“民间舞蹈”，自第二批起改为“传统舞蹈”，在具体称谓上更改的还有“传统音乐”“传统美术”等。调整名录类别名称表明，国家级非物质文化遗产代表作项目的评审更加严谨、准确。事实上，对于第一批国家名录“民间舞蹈”名称的调整，表明了我们在非物质文化遗产研究和保护实践工作中对“舞蹈”类别属性和项目特性的把握更加严谨，它准确地将传统舞蹈和民族民间舞蹈区分开来。非物质文化遗产中包括了很多非民间性项目，比如用于祭祀的傩舞，历史悠久，成型于周代的宫廷“大傩”之礼，是古代遗存的宫廷舞蹈。因此，把傩舞划分为民间舞蹈是不准确的。所以，国家名录将其由“民间舞蹈”更改为“传统舞蹈”，使我们在非物质文化遗产研究保护方向上、研究保护范围上更加的明确。

中国是一个多民族国家，悠久的历史和灿烂的文明是中华民族的丰富文化遗产。作为非物质文化遗产的重要组成部分，它包括传统艺术活动、风俗习惯等文化表现形式，以及与这些形式相关的文化空间。传统舞蹈作为人类运动和情感的载体，是非物质文化遗产的重要研究内容。民间舞蹈是传统舞蹈中与民俗和事物关系最密切、最生动、最生动的部分，尤其与时代民俗、生活礼仪和祭祀信仰关系密切。其揭示了传统舞蹈与民俗的有机结合规律和身体发育规律。山西传统舞蹈研究需要结合舞蹈动作、舞蹈形式及其所依赖的民俗文化空间进行全面的研究和保护。因此，民间舞蹈是我国非物质文化遗产中连接民俗与传统舞蹈的重要纽带。然而，近年来，由于文化生态环境的变化，一些优秀的传统民间舞蹈艺术正濒临消亡，迫切需要通过不同的手段，科学有效地保护和传承。

表 4－1　山西非物质文化遗产舞蹈篇级别分类表

遗产级别	序号	遗产名称	流传地区	类别
国家级	1	高跷走兽	山西运城稷山县	高跷类
	2	左权小花戏	山西左权县	秧歌类
	3	翼城花鼓	山西翼城	花鼓类
	4	天塔狮舞	山西临汾襄汾县	其他类
省级	5	常青双人高跷	山西晋中灵石县	高跷类
	6	寿阳竹马	山西寿阳	
	7	土滩秧歌	山西晋中榆社县	秧歌类
	8	原平凤秧歌	山西忻州	
	9	汾阳地秧歌	山西吕梁	
	10	临县伞头秧歌	山西吕梁	
	11	踢鼓秧歌	山西朔州	
	12	迓鼓	山西晋中昔阳县	花鼓类
	13	平定武迓鼓	山西阳泉	
	14	武乡顶灯	山西长治	彩灯类
	15	绞火龙	山西晋中太谷县	神鬼类
	16	寿阳爱社	山西晋中	
	17	朔州喜乐	山西朔州	
	18	丰收舞	山西朔州	其他类
	19	静升民间独龙杆	山西晋中灵石县	
	20	榆社霸王鞭	山西晋中	

续表

遗产级别	序号	遗产名称	流传地区	类别
市级	21	宁武小秧歌	山西忻州	秧歌类
	22	神池硬架子	山西忻州	
	23	五寨八大角秧歌	山西忻州	
	24	沁源花鼓	山西沁源	花鼓类
	25	九莲灯	山西晋城①高平市	彩灯类
	26	新店龙灯舞	山西长治	
	27	龙灯魔女舞	山西运城	
	28	二鬼摔跤	山西忻州	神鬼类
	29	拉骆驼	山西朔州	其他类
	30	西华门舞狮	山西太原	
	31	瞪眼家伙	山西沁源县	
	32	大宁吉亭云车	山西临汾	
县级	33	土沃老花鼓	山西晋城沁水县	花鼓类
	34	端灯	山西怀仁县	彩灯类
	35	上明龙灯	山西吕梁	
	36	担灯	山西怀仁县	
	37	五鬼盘叉	山西晋城临川县	神鬼类
	38	青龙圪栏棒	山西晋城沁水县	其他类
	39	徐沟背铁棍	山西清徐县	
	40	抬阁	山西阳高县	
	41	扛妆故事	山西阳城县	

① 晋城即晋城市，下同。

第二节　山西省“非遗”传统舞蹈的传承与保护建议

信息时代正在改变公众阅读信息的方式。科学、规范、智能的非物质文化遗产互联网平台，成为承载非物质文化巨大遗产的时空媒介，实现了非物质文化遗产项目更广泛的大众传播。受特殊时代的影响，山西传统舞蹈常常会失去传统表演的空间和民间活动的时间。由于非物质文化遗产传统舞蹈对人体的高度依赖性和大量传承主体的老龄化，非物质文化遗产传统舞蹈的记录和保护面临着巨大的挑战。作为具有山西历史文化基因的非物质文化遗产传统舞蹈，应适应数字化转型，捕捉科技表达，探索一条多角度开展的新路径，运用新技术、新技术、新平台，采用新方法，全方位科学保护和传播山西非物质文化遗产传统舞蹈。

建立非物质文化遗产传统舞蹈标本库。山西省非物质文化遗产传统舞蹈初步普查 1964 年 96 项，1983 年 1062 项，1987 年 1523 项（复审），2007 年 46 项。这些原始数据和“非物质文化遗产”开始保护后的数据都有利于数字化的转化和保存。将以往非物质文化遗产调查获得的照片、视频、文件、文物等相关信息联网，是山西省文化遗产标本库初步建设的重中之重。

建立非物质文化遗产传统舞蹈基因库。山西非物质文化遗产传统舞蹈具有多样性、地域性、历史性等特点。同时，它还具有民族精神、审美情趣、观念形态等文化内涵。它有着自己独特的精神追求和文化基因。抓紧对列入各级非物质文化遗产名录的山西非物质文化遗产传统舞蹈进行专项调查和深入研究，积极探索历史文脉清晰的山西非物质文化遗产传统舞蹈，未列入《非物质文化遗产名录》的特色文化价值和开发价值。如果将这些文化元素、文化符号和精神符号按照一定的规则进行标识、归档和整理，就可以形成山西非物质文化遗产传统舞蹈文化的基因库，为山西文化遗产的创造性转化和创新发展提供基本指标。

建立非物质文化遗产传统舞蹈素材库。以山西省非物质文化遗产传统舞蹈数字化成果为基础，运用各种新技术，提取文化元素，分类标注，形成山西省非物质文化遗产传统舞蹈素材库。借助山西省非物质文化遗产传统舞蹈素材库，我们可以为山西省文化旅游空间提供文化内容和素材，为山西省舞蹈艺术和文化生产提供素材，从而促进传统文化旅游产业的转型升级，推广新的文化业态，推动文化旅游产业转型升级。

打造非物质文化遗产传统舞蹈的“云平台”。在社会的特殊时期，“云”聚合平台以多种形式出现，如“云”课堂、“云”会议、“云”毕业答辩等。虽然山西非物质文化遗产的传统舞蹈暂时还没有开启这种“云”传播的新模式，但在网络实地调查中发现，一些个人在网络平台上发布有山西非物质文化遗产传统舞蹈，这也体现了山西非物质文化遗产传统舞蹈的艺术魅力和传统魅力。山西国家级非物质文化遗产代表性传统舞蹈在互联网上传播后，引发了山西人的浓浓乡愁，是中国文化身份和精神共鸣在互联网和云端的典型展示。

要使非物质文化遗产传统舞蹈数字化，必须加快构建“云”平台，全方位、多角度，立体展示山西非物质文化遗产传统舞蹈。这种数字化展示不仅可以提高山西省非物质文化遗产的文明程度和文化展示水平，而且有助于丰富山西省非物质文化遗产文化的表现力，增强山西省非物质文化遗产文化的感染力，促进山西省非物质文化遗产的传播。

表 4－2　山西非遗传统舞蹈申报名录

序号	项目名称	申报地区或单位
1	天塔狮舞	山西省襄汾县
2	高跷走兽	山西省稷山县
3	翼城花鼓	山西省翼城县
4	平定武迓鼓	山西省平定县
5	万荣花鼓	山西省万荣县
6	土沃老花鼓	山西省沁水县
7	稷山高台花鼓	山西省稷山县
8	麒麟采八宝	山西省侯马市
9	临县伞头秧歌	吕梁市临县
10	稷山高台花鼓	运城市稷山县
11	踢鼓秧歌	朔州市
12	寿阳爱社	晋中市寿阳县
13	汾阳地秧歌	吕梁市汾阳市
14	朔州喜乐	朔州市
15	背铁棍（抬阁、挠阁）	太原市清徐县、晋中市祁县、运城市万荣县、忻州市代县
16	原平凤秧歌	忻州市原平市
17	榆社霸王鞭	晋中市榆社县
18	武乡顶灯	长治市武乡县

续表

序号	项目名称	申报地区或单位
19	二鬼摔跤	忻州市体育运动学校
20	屯留瞪眼家伙	屯留县文化事业发展中心
21	盐湖龙灯舞	盐湖区金井乡贵家营村
22	平定皇纲	平定县文化馆
23	盂县牛斗虎	盂县秀水镇南白水村
24	昔阳迓鼓	昔阳县文化艺术中心
25	阳泉文迓鼓	阳泉郊区文化馆
26	昔阳拉话	昔阳县文化艺术中心
27	寿阳竹马	寿阳县文化馆
28	阳城旱船	阳城县文化馆
29	翼城孝义旱船	翼城县文化馆
30	翼城浑身板	翼城县文化馆
31	翼城堡子河蚌舞	翼城县文化馆
32	侯马麒麟舞	侯马市新田乡乔村村委会
33	响铃高跷	隰县文化馆
34	阳城裤马	阳城县文化馆
35	扛桩闹故事	阳城县文化馆
36	青龙圪栏棒	沁水县文化馆
37	西华门舞狮	太原市民间文艺家协会
38	唐城花灯秧歌	安泽县唐城镇唐城村民委员会
39	白店秧歌	侯马市新田乡白店村委会
40	风火龙舞	长治市襄垣县非物质文化遗产保护中心

续表

序号	项目名称	申报地区或单位
41	漾杠箱	晋城泽州县大箕镇南河底村
42	霍家山龙灯	晋城沁水县文化馆
43	渔翁逗海蚌	忻州市繁峙县繁城镇北城街村
44	左权小花戏	晋中市左权县开花调艺术团
45	独龙杆	晋中市灵石县静升镇静升村
46	跑莲灯	晋中和顺县文化馆
47	翼城转身鼓令伯转身鼓	临汾市翼城县文化馆临汾市襄汾县令伯村委会
48	花腔鼓	临汾市襄汾县赵康镇赵雄村委会
49	亮宝（蒲州伞秧歌）	运城市永济市文化馆
50	霸王鞭（西石霸王鞭）	运城市垣曲县古城镇西石村
51	九莲灯（冶底九莲灯）	晋城泽州县南村镇冶底村
52	竹马（左权县五里埃）	晋中市左权县辽阳镇五里埃村村委会
53	高跷（集义高跷） （庙前高跷） （元王高跷） （神农高跷） （飞岭高跷）	太原市民间文艺家协会（迎泽区） 长治市沁县文化馆 晋城高平市文化馆 临汾市安泽县府城镇飞岭村 运城市闻喜县文化馆
54	秧歌（水船秧歌） （旱船秧歌） （踢鼓秧歌） （地秧歌） （地灯秧歌）	吕梁市柳林镇青龙社区文化活动中心 吕梁市离石区文化馆 大同市大同县文化馆 大同市南郊区文化馆 临汾市汾西县文化馆

第五章　高跷综述

第一节　高跷的民间传说及历史介绍

踩高跷俗称缚柴脚，亦称“高跷”“踏高跷”“扎高脚”“走高腿”，是一种我国北方盛行的民间艺术表演。在一些民间节日里，舞者经常用绑在脚上的长木高跷表演。由于地域不同，他们的角色有不同的风格和高度。高跷技艺精湛，活泼多样，深受群众喜爱。

一、民间传说

民间有一种传说，说是以能言善辩著称的春秋战国时期的晏婴，一次出使邻国，邻国国人嘲笑他身材矮小，他就装一双木腿，顿时高大起来，弄得那国君臣啼笑皆非。他又借题发挥，把那国君臣挖苦一顿，使他们很狼狈。踩高跷活动由此流传民间。另有一种传说，是把踩高跷与同贪官污吏作斗争联系在一起。从前，有座县城叫两金城，城里和城外的人民非常友好，每年春节都联合办社火，互祝生意兴隆，五谷丰登。不料来个贪官，把这看作一个发财的机会，就说，凡是进出城办社火，每人都要交三钱银。人们不交，他就关城门，挂吊桥。但仍难不住聪明的人，他们就踩着高跷，翻越城墙，过护城河，继续欢度春节，乐在其中。

二、历史起源

据说踩高跷这种形式，原来是古代人为了采集树上的野果为食，而给自己的腿上绑两根长棍发展起来的一种跷技活动。而大多数学者认为，关于高跷的起源与原始宗族的图腾崇拜和沿海渔民的捕鱼生活有关。根据历史学家的旧证据，尧舜时代以鹤为图腾的丹珠族在祭祀时会像鹤一样踩高跷跳舞（见孙作云《谈丹珠》）。根据中国古代学者的说法，古代汉字中有相似的汉字，二者可以相互印证（方起东《甲骨文中的商代舞蹈》）。

古代文献《山海经》中有“长股国”的描述。从古人的笔记，可以看出“长股国”与踩高跷有关。根据“长腿人常用长臂在海里捕鱼”这句话不难想象在浅水中捕鱼时脚上绑着长木高跷，手里拿着由长木制成的原始捕鱼工具的情景。更有趣的是，生活在广西防城沿岸的京族渔民仍然有在浅水区踩高跷捕鱼的习惯。晋人郭璞评论道：“乔国可能在过去存在，但今天的继承人就是这样。”清人吴仁臣（音译）评论道：“长谷人都是长腿人，他们的脚上都插着木高跷。”在《朔丹注》中，人们认为高跷起源于原始图腾信仰，并被用于宗教祭祀仪式。它们也从杂技表演演变为扮演歌剧角色的舞蹈形式。尧舜时代的丹朱是一个以鹤为图腾的氏族。高跷舞与古鹤图腾族的舞蹈有着直接的联系。最近，一些学者认为甲骨文中的一个词可以解释为“像人的脚在长方形棍子上跳舞”。这个解释如果建立起来即可确定，到商代晚期，这种独特的民间高跷舞蹈形式就已出现。这是对图腾崇拜的补充。此外，在非洲扎伊尔部落的宗教仪式上，也有踩高跷的表演。一个巫师把一根长长的木高跷绑在腿上，慢慢地走着，用手慢慢地跳舞。这应该是“图腾崇拜论”和“宗教仪式论”的又一佐证。

艺术源于自然。事实上，踩高跷是人类与自然条件斗争的产物。劳动起源理论可以基于金人郭璞的另一个注释：长臂国的人在赤水的东部，他们的身体和普通人一样，但他们的手臂有三英尺（1 英尺 =0. 3048 米）长。“换句话说，长腿的人经常带着长臂的人去海里捕鱼。”由此我们可以想象，足长是用木高跷绑着的，手长是用一根长木头做成的渔具，这与生活在“广西方城三岛”的京族渔民踩着木高跷在浅海撒网的形象非常相似。此外，20 世纪 30 年代的《易风》杂志报道，武昌的筷子街和铁笼街由于位置低，经常被淹没。当洪水泛滥时，那里几乎所有的居民都踩着高跷行走。这也是认为高跷来源于工作生活记录的另一个原因。

三、历史发展

高跷本属我国古代百戏之一种，早在春秋时已经出现。在公元前五百多年，高跷就已流行。表演者不但以长木缚于足行走，还能跳跃和舞剑。高跷分高跷、中跷和跑跷三种，最高者一丈①多。

① “寸、尺、丈”均为长度计量单位。1 寸等于 1/30 米。10 寸等于 1 尺，10 尺等于 1 丈。由于高跷为非物质文化遗产，故本书在研究时沿用了长度计量单位“寸、尺、丈”。

汉魏六朝百工技艺中高跷被称为“跷技”，宋代叫“踏桥”，清代以来称为“高跷”，用1至3尺长的条木制成，上有木托。表演的人将双脚分别绑在木棍上，化装成各种人物，一人或多人来往逗舞，由唢呐伴奏，表演有趣的动作或故事。北京称为“高跷会”。黄河流域则称“扎高脚”，有文跷、武跷之分。文跷主要表演走唱，有简单的舞蹈动作。武跷则表演倒立、跳高桌、叠罗汉、劈叉等动作。

据古籍记载，古代的高跷皆属木质，在刨好的木棒中部做一支撑点，以便放脚，然后再用绳索缚于腿部。表演者脚踩高跷，可以做舞剑、劈叉、跳凳、过桌子、扭秧歌等动作。北方的高跷秧歌中，扮演的人物有渔翁、媒婆、傻公子、小二哥、道姑、和尚等。表演者扮相滑稽，能唤起观众的极大兴趣。南方的高跷，扮演的多是戏曲中的角色，关公、张飞、吕洞宾、何仙姑、张生、红娘、济公、神仙、小丑皆有。他们边演边唱，生动活泼，逗笑取乐，如履平地。

四、时代现状

今人所用的高跷，多为木质，表演有双跷、单跷之分。双跷多绑扎在小腿上，以便展示技艺；单跷则以双手持木跷的顶端，便于上下，动态风趣。其表演又有文跷、武跷之分，文跷重扮相与扭逗，武跷则强调个人技巧与绝招。各地高跷，都已形成鲜明的地域风格与民族色彩。豫北武技高跷，起源于明清之际，是中国独树一帜的舞蹈艺术。山西省内各地的高跷高度不一，低的低至数寸，高的高至十八尺。在山西芮城、新绛等县，高跷的高度达到一丈五尺甚至一丈八尺。平时，高跷以四尺左右的高度为多见。高跷在山西的延传历史悠久，在晋中一带榆社县出土的北魏石棺上也可看到高跷杂技的图画。虽然高跷无文字记载，但最迟也应从北魏开始。在山西表演高跷的行列中，分成文高跷和武高跷两种。文高跷重于扭和踩，武高跷以表演特技为主。

浮山县的武高跷，头跷为指挥，二跷是领队，戏曲人物居中，最后由丑汉压阵。首先是踩着鼓点扭秧歌步，然后表演“过仙桥”“跳桌子”“跳双凳”“大劈叉”等各种难度大的动作。垣曲县境内的胡村一带，高跷主要是表演特技。这里的高跷表演，不但有盍拐、碰拐、背拐、跌叉、跳桌、翻跟斗等技巧动作，而且还有抬二节、抬三节、坐抬、立抬、组合抬等高难度抬法，并能构成“马拉车”“过天桥”的造型。这个县的高跷难度最大的是“上虎梯”。新绛县境内的柏壁村和交口县双池镇的“扑蝴蝶”，是既有故事情节，又有许多高难度动作的高跷节目。这个节目由三人表演，女青年饰演旦角，挑着蝴蝶前行，男青年饰演小生，持扇扑蝶，小丑摇动拨浪鼓，嬉戏追逐，甚为活泼、生动，趣味性很浓。这三人在表演中，有“蹲走”“跳桌子”“鹞子翻身”“越头跳”“后滚翻”“单腿跳”等技巧动作。稷山县的高跷走兽是由两人表演的连体高跷。高跷表演者脚绑木跷，腰缚兽皮，前系兽头，上身扮演与之相应的人物，组成一组造型，在乐曲锣鼓声中边舞边前进。夏县等地的三人合踩的四只跷、四人共绑五只跷的“连腿高跷”，表演中要求配合默契，难度是很大的。在原平、平定、定襄等境内的高跷，边扭秧歌步，边变换队形，然后进行评说和演唱，叫作“高跷秧歌”。在隰县的千家庄，还有在跷腿衔接处拴上个小铃铛的“响铃高跷”表演方式。

一、高跷走兽

高跷走兽艺术是山西省稷山县清河镇阳城村庙会文化活动的一种表演形式。它盛行于清朝雍正初年，出现在规模盛大的庙会活动中，经久不衰，至今已有三百多年的历史。

高跷走兽由兽头、兽身和表演人员组成，表演时二人足踩高跷同做骑兽状，演员负重荷，按曲牌节拍行走。辅助配乐由锣鼓、花鼓等打击乐器组成。人及兽的造型奇特，在鼓乐声中列阵行进时，气势宏伟，十分壮观。现有的走兽形象基本都由古时形象流传下来，虽经多次修补，但原貌仍存。其兽头和兽身由技术很高的艺人做出模型再用麻丝、麻纸、细绳、细竹、铁丝、布料等缝制和绑缚而成，并涂以五颜六色，外形威武而精美。稷山县清河镇阳城村分为南、北阳城，北阳城的走兽包括独角兽、貅狼、麒麟、黑狸虎、梅花鹿、貘等。

高跷走兽这一民间舞蹈活动丰富了人民群众的精神文化生活，促进了人与人之间的团结和谐，同时还体现了当地老百姓祈盼风调雨顺、农业丰收的美好愿望。时下，高跷走兽这一民间舞蹈活动面临青黄不接的状况，亟待采取有效措施，实施抢救和传承。

二、海城高跷秧歌

海城高跷秧歌历史悠久，清代文献资料显示其可考的历史有三百余年。清末海城高跷日渐成熟，形成一支职业半职业的艺人队伍。艺人们身怀绝技，各有千秋，故其传承谱系蔚为壮观。从 1820 年的第一代传人小金子、大来子，到 1887 年第二代的红、粉、黄、蓝、白、青六朵菊花（艺名），1902 年第三代的张久荣（艺名白菜心），1940 年第四代的吴奎一（号抓地虎）、王凤翔（号滚地雷），1951 年第五代的王连成（号王小辫），1970 年第六代的陈士友（小生）、秦丽（小旦）等，这些都是杰出的高跷艺人。

海城高跷秧歌是民众十分喜爱的民间舞蹈，欢腾、奔放、热烈、火爆是其基调，优美、抒情、风趣、诙谐是其特色，二者融合构成海城高跷秧歌的艺术特征，衍生出“扭、浪、逗、相”四大技法要素。在海城高跷秧歌的表演中，气势恢宏的大场和轻快戏闹的小场包括了音乐、舞蹈、杂技、戏曲等多种形式，构成以舞蹈为主体的综合性民间广场艺术。海城高跷秧歌不仅在当地，而且在国内外都有广泛影响。1988 年它在全国广场民间舞蹈大赛中一举夺冠，1997 年以来多次参加国内外各种盛大演出，其表演独树一帜，显示出东北地区高跷秧歌的特色。海城高跷秧歌历史上曾辉煌一时，并一直在民间传承不绝，但是由于一些老艺人相继去世，其表演技艺正面临失传的危险，亟待抢救和保护。

三、辽西高跷秧歌

据可考史料知，辽西高跷秧歌已有二百多年的历史。辽西高跷秧歌的特点是跷高，最低的 90 厘米，依次升高，最高的可达 240 厘米，演员须坐在房檐上绑跷腿。因跷高并富弹性，故舞者为保持全身平衡，双臂必须上下不停摆动，才能表演自如，由此构成辽西高跷“大大舞”的基本动律。也因为跷高，辽西高跷秧歌形成了扔、跨、蹲、别、拧等技巧和美、浪、俏、哏、逗等形态，动作潇洒漂亮，场面热烈火爆，有扭中美、美中浪、浪中俏、俏中哏、哏中逗等突出的表演特色，充分展现了辽西人的豪迈性格。

辽西高跷秧歌有自己独特的传承方式。一为家族传承，如大薛乡三屯村第一代传人朱秀峰（1840 年出生）传了五代；一为师徒传承，如营盘乡范屯村第一代传人朱有余（1864 年出生）传了四代；三为自然传承，由于辽西高跷秧歌深受群众喜爱，许多爱好者在不断观看演出中自学成才，成为新军。辽西高跷秧歌具有重要的文化艺术价值，在当地及省内外有着广泛的群众影响。由于辽西高跷秧歌的一些老艺人相继去世，后继无人，其表演技艺特别是全国独一无二的“特高高跷”正面临失传的危险，亟待抢救和保护。

四、盖州高跷秧歌

盖州高跷秧歌是辽南盖州地区劳动群众自娱自乐的一种民间舞蹈形式，它是在古代民间杂技、踏跷和百戏基础上发展演变而成，主要在春节、庆典、庙会、祭祀等活动中进行表演。盖州高跷多以民歌小调、小戏唱段来表现爱情故事，也有反映劳动生活、神话传说以及历史故事等内容。其口头流传的小戏唱段约有 25 部，比如《放风筝》《锔大缸》《十八里相送》《王二姐思夫》等。

盖州高跷秧歌兴于明末清初，其传承发展可以分为以下几个时期：

①初级阶段。清康熙年间，秧歌与其他民间艺术一起传入关外，大多活跃在新春佳节及香火庙会上。

②发展阶段。清康熙四十二年（1703 年），盖州成为东三省最早的通商口岸，城内先后建立了福建、三江、山西、

山东四大会馆，成为商贾旅行、贸易、祭祀、娱乐的公益场所，秧歌频繁参加各种活动，有了较大发展，也有了一定的群众基础。

大约在乾隆年间，山西柳腔喇叭戏以及河北梆子、山西梆子、皮黄、昆曲等戏曲的传入，使当地的秧歌与锣鼓高跷相结合，逐渐转变为“戏出高跷”。到咸丰、同治年间，经过职业和半职业艺人的努力，戏出高跷在借鉴戏曲元素的基础上，逐渐形成了辽南高跷。辽南高跷主要包括辽（阳）、海（城）、营（口）、盖（州）等地的高跷，其中比较出名的是海城和盖州的高跷秧歌。

③迅猛发展。清末民初，迷阵山娘娘庙会的兴盛，推动了盖州高跷秧歌艺术的普及发展，可追溯的盖州高跷秧歌的传承谱系大概始于这一时期。

④断代时期。“文化大革命”期间，盖州高跷秧歌与其他艺术一样惨遭破坏，出现断代。

⑤重新发展。改革开放以后，盖州市委、市政府注重高跷秧歌这一民间艺术形式，盖州高跷进入繁荣发展时期。

21 世纪初，盖州市委、市政府将盖州高跷秧歌作为特色文化品牌之一，认真做好基地建设，支持盖州高跷秧歌发展。随着经济的进一步发展，盖州高跷秧歌也迎来了新的发展机遇，逐步走出盖州，走出辽宁，走向全国。

五、上口子高跷

上口子高跷是一种带有浓厚地方特色的民间舞蹈表现形式，为辽南高跷的一支，素有“辽南一枝花”之称，主要流传于盘锦市大洼区上口子村及大辽河沿岸地区。上口子高跷始于清康熙年间，其表演不受时间、地点、环境的限制，每逢节假日、庆典、婚礼、老人祝寿等，都可以看见上口子高跷的身影。上口子高跷的表演形式包括过街楼、大场、小场和清场。

过街楼，又称街趟、街浪、街荡，是在街头行进表演的群舞。大场是跷队集体表演的舞蹈，一般包括圈大场和走花场两部分。其中，圈大场又叫跑场，主要起招揽观众，开拓表演场地的作用。而走花场则是走各种队形图案，摆各种技巧造型。小场主要是带有情节性、戏剧性的舞蹈表演，一般包括单人场、双人场以及三人场。而清场又有逗场或情场之称，通常由两人表演，以男女之间逗趣为表演内容，反映男女爱情生活。

上口子高跷表演过程十分连贯，每个程序都衔接自然，既给人以视觉上的紧凑感，又能烘托隆重、热烈的场面，渲染气氛，感染观众。

六、独杆跷

独杆跷发源于新泰市羊流镇的大洼村，是山东地区一种特色的民间舞蹈表现形式，它大约产生于清代光绪二十三年(1897 年)，已有百余年历史。独杆跷的表演多在春节后期进行，一般是每年农历正月初十开始演出，正月二十左右收场。其伴奏乐器十分简单，一面鼓和一面锣即可。其节奏也较单一，表演的节奏快慢、表演的时间长短等均由演员本人掌握。整个表演是以上跷开始，以下跷结束。

独杆跷表演分踩街和摆场。踩街时，独杆跷扛着跷跟着“故事队”（包括龙灯、旱船、狮子、高跷等）行走。当遇到放鞭炮请他们表演其经典剧目《刘海戏金蟾》时，刘海做双踩跷、金蟾做蛙跳等动作行进。摆场时，刘海做各种较为复杂、难度又高的动作，如双踩、单踩、交叉踩、左单踩、右单踩、蹦跳踩等。金蟾做蛙跳、蛙滚、蛙爬、四爪朝天、四腿蜷等动作。早期的刘海和金蟾在舞蹈中加进了一些道白，现道白已消失，成为纯舞蹈、纯技巧的一种民间艺术形式。

七、高抬火轿

高抬火轿是河南的一种民间舞蹈样式，流传在沁阳市的万南村，其历史悠久，唐宋时期，当地居民就有踩高跷、抬花轿、闹新春的习俗。后经明代乐律学家郑王朱载堉改造，将踩高跷和抬花轿两种民间艺术融为一体，形成绝活，以其特有的艺术表现手段抬高了基层“轿夫”的卑贱地位和形象。

高抬火轿的表演内容主要有三种：第一类是模拟皇帝巡游的场景。表演所需人数众多，场面壮观，场景气氛热烈，参加表演的可达数百人，打着宫灯、纱灯、祥伞、棋子灯、回避牌、肃静牌等。另外，还有文武大臣、宫女数十人在轿两旁随行，轿前踩高跷的人员装扮成社会各阶层的人物，舞蹈内容主要反映一年四季风调雨顺、五谷丰登、安居乐业的喜庆欢乐场面。第二类是清官大老爷体察民情的场景。轿子周围是各种打扮的百姓，围着轿子踩鼓点表演。表演的舞蹈有“豆叶黄”“丰收乐”“王大娘钉缸”“嗑瓜子”“打棒槌”“见见花”等，唱的内容大部分是“醒世词”“情理词”和编写的内容。第三类是平常百姓娶亲嫁女的生活场景。轿内坐的是男扮女装的娇媚姑娘，表演过程中不时地向观众撒喜糖，这类表演形式最受观众喜爱。

八、苦水高高跷

甘肃省永登县苦水街高高跷，起源于元末明初，到现在已有近七百年的历史。它是一门永登县祖辈相传的民间表演艺术，也是农历二月二龙抬头社火中一个传统的保留节目，其跷腿的高度达3至3.3米，居中国之冠。苦水高高跷的表演历史悠久，相传从元末明初就已开始。苦水高高跷有个有趣的民间传说：在苦水街东，有一道岭叫长山岭，形象酷似一条巨龙。在明代以前，这里和大通河流域一样，山清水秀，绿树成荫。相传元末时期，朱元璋的军师刘伯温途经苦水时，发现长山岭是一道长龙，当即斩断了龙身，赶走了龙魂，至今长山岭还有“斩龙岘”的地名以纪念此事。刘伯温斩断龙脉后，绿色植被就枯萎了，长山岭成为荒山秃岭。苦水街的人们盼望龙魂回归，让长山岭重披绿装，就从元末明初开始兴起了二月二闹社火的习俗，而苦水高高跷就是从那时起逐渐形成的。

综上所述，社火高跷是一种广泛流传于全国各地的民间舞蹈。高跷一般以舞队的形式表演，舞队人数十多人至数十人不等；大多舞者扮演某个古代神话或历史故事中的角色形象，服饰多模仿戏曲行头；常用道具有扇子、手绢、木棍、刀枪等；表演形式有踩街和撂场两种，撂场有舞队集体边舞边走各种队形图案的“大场”和两三人表演的“小场”，角色间多男女对舞，有时边舞边唱。

各地高跷所使用木跷的高度从30厘米至300厘米，高低不一，从表演风格上又分为文跷和武跷。文跷重扭踩和情节表演，武跷重炫技功夫。每类高跷在各自的地域范围内都有极大的影响，但是普遍存在不同程度的生存困境。

表 5－2　山西省非物质文化遗产高跷统计表

高跷	批次/类型	申报地区或单位
定襄高跷秧歌	第四批（传统舞蹈）	忻州市定襄文化馆
太原庙前高跷	第三批（传统舞蹈）	太原市民间文艺家协会（迎泽区）
集义高跷	第三批（传统舞蹈）	太原市清徐文化馆
飞岭高跷	第三批（传统舞蹈）	临汾市安泽县府城镇飞岭村
浮山高跷	第五批（传统舞蹈）	临汾市浮山县众仁文化传媒有限公司
响铃高跷	第二批（传统舞蹈）	临汾市隰县文化馆
垣曲武高跷	第四批（传统舞蹈）	运城市垣曲文化馆
西黄头高跷顶桩	第五批（传统舞蹈）	晋城黄土情文化艺术有限公司
神农高跷	第三批（传统舞蹈）	晋城高平市文化馆
元王高跷	第三批（传统舞蹈）	长治市沁县文化馆

第三节　山西社火高跷的生存环境与发展现状

我国的非物质文化遗产随着全球、区域、局部的文化生态演替而不断发展，“融入现代生活”“创新性发展”等发展理念正在深入人心。山西传统舞蹈作为一种艺术表现形式，需要提高公众的艺术素养和审美需求以保护它。公共文化服务体系建设的目的是满足人们日益增长的精神文化需求，提升传统舞蹈在公共文化服务体系中的地位，提高社会对于传统舞蹈的关注度和参与度是传统舞蹈纳入公共文化服务保护体系的内在要求，也是满足人们文化生活需求的可靠保证。传统舞蹈在公共文化服务体系中的传承体现着公共文化服务的优越性，随着公共文化服务体系的不断完善，传统舞蹈的传承与发展迎来了新的机遇。

一、定襄高跷秧歌

定襄高跷秧歌是一种传统的民间舞蹈艺术，多用于元宵节和其他重大喜庆活动。据传，明洪武二年（1369 年），为庆祝推翻元朝统治和新王朝的诞生，刘伯温号召全国各地开展各种文娱活动，大造普天同庆的欢乐气氛，由南方士兵将江南一带的秧歌引入北方，于是产生了定襄高跷秧歌。

定襄高跷秧歌的基本内容包括跷子、走场、动作、表情、化装、扮相、服饰、道具、音乐伴奏等，一支秧歌队伍一般有三四十人，另有一引跷人。基本动作有坐轿式、骑马式、推车式、行进式、自由式等，舞技有弹跳、跨步、旋转、独立、探海、劈叉等，走场图样有小唐王乱点兵、凤凰展翅、乌龙绞柱、二龙出水、老龙摆尾、金砖墁地、周瑜点将、仙人搭桥、鹊桥相会、柳叶青、梅花盛开等。演员手里一般要拿扇子、马鞭、手绢、拂尘一类的道具，身披斗篷，穿礼装，也有扮戏剧人物的，另外还有“二不楞”“三强盗”“算卦先生”“媒婆”等丑角，该类型人物可不按规矩而在场上乱走、乱逗，滑稽可笑，起活跃气氛的作用。音乐以八音传统曲牌《大得胜》套曲为主，演唱曲目有《伍子胥过江》《三国调》《妓女告状》《水刮西包头》《放风筝》《观灯》《光棍哭妻》《走泥工》《送情郎》《探妹妹》等 300 余首。

定襄高跷秧歌具有悠久的历史渊源和表演传统，演唱节目保留了许多清末民初的民间乐曲。它将高跷与秧歌合二为一，既有锣鼓伴奏又有八音吹奏，既能演唱传统又可即兴发挥，具有重要的文化艺术研究价值。

二、太原庙前高跷

庙前高跷主要流传于太原市迎泽区庙前街附近，演出时间为每年阴历的正月、二月二、五月十三（伽蓝菩萨圣诞日，俗称关老爷磨刀日）、七月十五（中元节，俗称鬼节）等，约于清康乾时期兴起，属中跷类。庙前高跷演出剧目以晋剧的某些唱段或情节为主，扮演人物繁杂，以生动轻快、表演细腻的文跷见长，多用唱、念、扭、摆、舞、逗、颠、蹦等形式进行表现，也不乏武跷威武刚劲的表演。常见单体表演有金鸡独立、苏秦背剑、怀中抱月、蝎子倒钩、打蹲子、跌八叉、磕跷腿、鹞子翻身、风摆荷叶等；手头道具表演有挥扇、抡棍、挑担、打棒、舞剑、垂钓、甩袖、抖马鞭、耍烟袋等；群体组合有扑彩蝶、叠罗汉、编骆驼、攀杠子（上扁担）等；惊险表演有珍珠倒卷帘、鲤鱼跳龙门（跳越三层高凳障碍）、过（斜坡）独木桥、过天桥等。伴奏音乐为社火锣鼓（花鼓、铴锣、小钹等）或八音会。

三、集义高跷

集义高跷流传于太原市清徐县集义乡代李青一带，分文跷和武跷两种表演形式。其中，文跷有“走步”“蛇脱皮”“插队走”“凤凰展翅”“龙摆尾”等套路；武跷有“跳桌子”“跳双登”“单腿跳”“双腿跳”“盍拐”“碰拐”“翻跟头”

“鹞子翻身”“大劈叉”等惊险动作。其既可在大场中变换队形图案，也可以走街串巷演出。人物形象和装饰制彩均依民间故事、戏曲主题而定，演出剧目主要有《武松杀嫂》《西厢记》《拾玉镯》《清风亭》《送丑女》《西游记》《沙漠牵骆驼》等。

四、飞岭高跷

飞岭高跷流传于临汾市安泽县府城镇飞岭村，至今已有百余年历史。飞岭村现在的表演队伍有三十人之多，其中扮演的角色皆是大家耳熟能详的，如“老渔翁”“济公”“关公”“唐僧”“沙僧”“孙悟空”“猪八戒”“小猴”“许仙”“青蛇”“白蛇”“秦叔宝”“媒婆”“傻妞”等，演员们诙谐的表演给观众带来很多的欢乐和回忆。飞岭高跷有文武之分，文跷主要表演走唱，有简单的舞蹈动作，武跷则表演倒立、跳高桌、叠罗汉、劈叉等动作，是一种群众喜闻乐见的民间文艺活动形式。安泽历史悠久，文化底蕴深厚，飞岭高跷的产生和延续，正是安泽文脉的表现之一，对于地方戏曲、音乐、民俗、群众文化等各的发展都具有重要的研究价值。

五、浮山高跷

浮山高跷，历史悠久，据当地老艺人回忆，在唐时就有了高跷表演形式，每年正月，乡村的高跷都要到“天圣宫”闹红火。后来随着历代艺人不同的师承关系和各自的表演套路，形成了文武两个流派。前者普及全县，后者主要分布在高村、庄里、师家河、史壁一带，并且成了浮山高跷的代表性流派。

从种类上分，浮山武高跷有高高跷，一丈有余；中高跷，四尺左右；低高跷，一尺上下。高、中跷，均为成年人表演，低高跷表演者是儿童。三种高跷，表演时相互配合，有大人国和小人国之感，视觉上十分养眼。

浮山武高跷，表现内容十分丰富，早期多为武打色彩的戏曲故事，以歌颂劳动人民不畏强暴的精神为主旨，如《西黄庄》《西游记》等。到清末民初时，受陈彩彰农民起义的影响，武高跷表演发展到一个新阶段，新创了《操兵》《上炮楼》《攻碉堡》等内容，时代感更加突出。中华人民共和国成立后，各个时期涌现出来的战斗英雄成了武高跷表演的新角色，彰显了浮山人民不怕艰难、不畏牺牲、崇拜英雄的革命人生观和价值观。

艺术上，浮山武高跷很有特色。首先是场面宏大，行进表演，队形成两行排列，演员面带笑容，踩着鼓点扭秧歌步，以“蒜辫子”“二龙戏水”队形交替行进，生动传神。广场表演，头跷指挥，其装扮为丑汉，手持蒲扇，嘴含哨子。二跷为领队，大跨步地走圆场，打开表演场地。高跷队员按所扮行当顺序排列。进入表演，头跷和二跷带着大家不时变换队形，有“一条龙”“二龙出水”“蛇蜕皮”“走八字”“剪子花”“踩四角”“卷垫席”“双环套”“走五角”。每变换一两回队形，就来一个高难度动作，有“过仙桥”“跳桌子”等，常常是让观者心提到嗓子眼，只害怕演员出差错。其次是气氛热烈，表演者幽默、滑稽，扭胯时下身随脚步一顿一顿，节奏感很强，俏中带浪。武起来，险中见勇，惊心动魄。观众的欢呼声此起彼伏。

六、响铃高跷

隰县千家庄的响铃高跷源于清朝末年，因跷腿拴有响铃而得名，是当地百姓在春节、元宵节闹红火时的重要文艺形式，百余年来，受到当地民众的广泛欢迎。响铃高跷一般高为1.5米，最高的跷可达两米，演出时以小鼓、小锣、唢呐为伴奏乐器，表演者装扮成《水浒》《西游记》《白蛇传》等作品中的人物形象，进行跳桌子、上高台、叠罗汉、劈叉、拉骆驼等高难度动作表演。曲牌多用当地的民间小调，如《拜新年》《放风筝》《买扁食》《绣荷包》等。目前，各乡镇、村落都有自己的高跷队，一般人数都在百人以上。其中，千家庄高跷队以其新、奇、独、难的表演特点最被人称道，多次受邀赴各地演出。

七、垣曲武高跷

垣曲武高跷是运城市垣曲县坡底村世代相承的一种表演类艺术，相传起源于隋唐时期，发展传承至今，历史悠久，表演范围覆盖了大半个中国。“三天胳膊两天腿”，形象地描述了学习高跷时所要经历的苦，意思是学习高跷时胳膊和腿都要用力，胳膊疼上三天，腿疼上两天，高跷就自然而然学会了。武高跷在垣曲县分布甚广，主要流行于垣曲县新城镇坡底村和华峰乡胡村，尤其以坡底村最为著名。据传，武高跷起源于孩童们玩耍嬉闹时的娱乐游戏，后来，村人加入锣鼓伴奏、装扮脸谱，逐渐成为节庆活动中的固定表演形式，传承至今。

扑蝴蝶，需要三个人来完成，其中一人放蝴蝶，另外两人捉蝴蝶。放蝴蝶的人手中拿着一根长竿，竿子下面用绳子绑着一只蝴蝶道具，另两个人来抓蝴蝶。放蝴蝶的人是双拐，抓蝴蝶的人是单拐，抓蝴蝶的时候那俩人蹦着来抓，蹦着抓一会儿之后，放蝴蝶的人看他俩累了就把蝴蝶慢慢地往下落，落到地下，这俩人也就跟着把拐放到地下，然后用没有绑拐的腿站着歇一会儿，过一会儿，放蝴蝶的人又会把蝴蝶提起来，这俩人又继续开始抓蝴蝶。

二抬，就是下面俩人抬着一个人，总共是二层所以叫二抬。下面的俩人肩上背着一副杠子，用于让第三个人站上去，在上去之前需要一个人把那个要站上去的人先举上去，然后就放手不用再支撑了。当第三个人站上去后，下面俩人抬着走就是完成了这个动作。三抬是八个人抬两个人，然后俩人再抬上边的一个人，总共三层，最顶层必须是一个重量轻的人。三抬表演时常会拉竖条幅来庆贺新年或歌颂时政。三抬表演难度较大，常需要默契的配合和较好的臂力来完成。

开火车过天桥，在表演时人数少则 60 多则 100，众人把手搭在前人的肩膀上，一气呵成地走天桥，中间不能有断开，天桥是由木板搭成的，宽约 60 厘米，长度不定，完成这样一个大动作大约得 10 分钟。既然是开火车，便有火车头，火车头是由一个技艺娴熟的人带着头走，而且是倒着走。在表演的过程中，配乐较为缓慢，步伐就是小碎步，等到所有人都上了天桥，还要集体喊口号，口号多半是赞扬新时代和恭贺新年，一般跟着鼓点走就不会走错。单人过天桥，顾名思义就是一个一个人在天桥上完成动作，该表演配乐较快，节奏欢快，这对个人的节奏感要求较高，跟着鼓点走才不会走错，表演时每个人之间要空出一定的间距，这样子可以防止出错。

八、西黄头村高跷顶桩

高跷顶桩又称高桩故事，是一种综合性的、别具特色的高跷舞蹈。其是集合脚下踩高跷、高跷顶人、高跷抬阁、高跷走兽抬人为一体的演出故事形式，是晋城泽州县西黄头村特有的一种文化遗产。

西黄头村“高跷顶桩”形成年代不详，可能和西黄头村先祖的祖籍地有关，有300多年历史。西黄头高跷不算太高，也不算太低，均高1.5米。顶桩就是肩扛铁质道具，上面固定小孩。全国其他地方有和其一样的演出形式很多，叫法也不同。如山西叫背棍，河南叫托装或背装，其他地方也有叫扛桩或肘阁等。高跷抬阁是两人抬一人，或者数人抬一人，或多人抬多人的高跷表演。高跷走兽抬人是由两人表演的抬人高跷，将人与动物巧妙组合、精心装扮的表演。高跷顶桩是一种传统民俗文化，是众多表演形式的合成，并以踩高跷的形式展现。从西黄头村“高跷顶桩”可以看出数千年来高跷表演形式的多样化发展的结果。

西黄头村“高跷顶桩”由大小十支桩组成。其中，六支顶单人桩，一支顶双人桩，一支抬人桩，一支走兽桩，一支抬多人转桩。十支桩都是以踩高跷的形式表演。西黄头村“高跷顶桩”每支桩都按一定的故事情节打造而成，上身顶的桩支以精铁根据故事情节打造而成，其所抬桩支为木制，形象生动。每支桩共有5个人护卫，其中，有两个人手中拿一根4米长，前边V形铁叉样的长杠，前后各一个来护卫小孩，另两个人护卫踩高跷的人，另外一人开道。

演出装扮时，踩高跷人和所顶的小孩必须一起化装，一起着装。然后踩高跷者坐到事先摆好的桌子上，腿上捆扎上高跷，背上捆上铁质桩支，然后再穿上戏服。而小孩骑坐在铁桩上，再用布条将其腰和铁棍紧紧捆在一起，形成一个整体，插于踩高跷者背后的铁棍上。起步时，护卫小孩的人用棍叉着小孩腰部，护卫踩高跷人的人拉着踩高跷人的手一起将踩高跷者拉起，然后一干人就可以缓慢前进。行走中，上面的小孩有的还要做动作。一走就可走二三公里路。如果太远，就在中途放桌子将小孩取下来，休息片刻，然后再插上继续前行。为了演出安全，高跷顶桩前有两个人抬的“连体高跷”“大象桩”，上坐小孩拉象鼻开道；后有四个人抬的“转桩”，上坐四个小孩敲乐器；中间有两个人抬的“穿心国”，上坐一个小孩扇扇，来回穿梭渲染气氛。

九、神农高跷

神农高跷流行于高平市神农镇，迄今已有100余年的历史，每年正月十五元宵节期间演出。神农高跷表演内容为“香兰送闺女”，人物有老头、老妇、小舅子、伴娘以及四个轿夫和抬着的新娘子。他们身着彩衣，足蹬三米多的高跷，前面是八音会开道，边扭边跳并伴有语言逗趣，深受群众的喜爱，反映了山西地方嫁闺女的风土习俗。中间是武跷表演，演员脚踩两尺多高的跷，一袭黑衣，王婆叼着烟袋引逗出一片笑声，文丑头顶竖着小辫，风趣诙谐，憨态可掬，女旦抖动彩扇，众丑高难的跷功令人惊叹。演员们各种组合造型更令人目不暇接。由6人组成的“飞人”造型令人叫绝，中间三名男演员一字排开相互挽臂，两侧各挽一名女演员，同时另一名女演员坐骑在正中间男演员的脖颈上，三名男演员踩着急促的鼓点儿开始原地转圈，此时两侧身轻如燕的女演员便顺势飞了起来，场面煞是壮观。

十、元王高跷

长治市沁县元王高跷这一民间舞蹈形式历史悠久，早在北魏至北宋年间沁县就有踩高跷的习俗。元王高跷流传于郭村镇元王村周边一带，后流布于定昌镇西渠上村、段柳、长胜村及郭村的开村、南沟村等。

元王高跷锣鼓点快，节奏紧，能跳桌子、跳板凳，还能下大叉，表演各种高难度动作。扮相有各种戏剧人物，如《白蛇传》《西游记》等中的人物。踩法有走八字、穿插队、剪子股、蛇脱皮、正步踩、倒步踩、跳板凳、跳桌子、下八叉、过双桥、骑象等。在沁县南涅水石刻馆展出的北魏石刻中，有一件“百戏图”石刻造像，上面就刻有民间艺人踩高跷的图样，由此可见，沁县踩高跷民俗文化对百姓生活的深刻影响。元王高跷既是民间舞蹈，又接近于杂技表演，表演时鼓点节奏明快。这种高跷形式对民间舞蹈的发展有着深远的影响，具有重要的历史研究价值。在长治地区，踩高跷多在正月十五和其他一些传统的庙会上出现，表演人数不限，少则几人，多则几十人。高跷舞的基本动作是秧歌步。表演时，演员一般在八音会的伴奏下，边踩、边唱、边舞，做一些如“走圆场”“穿八字”“扭蒜瓣”“退车皮”“穿剪箍”等动作。扮演丑角的常常是一些技艺高手，其动作诙谐、幽默，如手持“彩蝶”、骑“假驴”等都是妙趣横生的表演。高跷从表演风格上又分为文跷和武跷，文高跷重于扭和踩，武高跷以表演特技为主，元王高跷就属于武高跷。

与其他乡村的高跷舞相比，郭村镇元王村的高跷别具特色，不但跷腿高，而且能表演一些高难度的特技动作，如“过断桥”“跳高凳”“跌八叉”等，踩法有“走八字”“穿插队”“剪子股”“蛇脱皮”“正步踩”“倒步踩”“过双桥”“骑象”等。

综上所述，非物质文化遗产多元化保护的目的是更好地继承和传播传统文化，让更多的人了解和感受传统文化的内涵。从目前山西高跷的发展现状和发展困境来看，传承力不足，传承方式主要是口头和个人；在传播方面，高跷主要参与线下文化节庆活动。这种传承和交流的方式不仅限制了技能的有效传承，也不能满足文化共享的需要。舞蹈手法的不同呈现和新媒体的运用，以及高跷数字博物馆和高跷专题网站的平台建设，使公众能够在不同的时间和空间随时学习高跷的独特技艺，传播山西高跷文化，共享高跷材料，促进文化交流。非物质文化遗产高跷与舞蹈艺术的多样性相结合，有效拓展了交流渠道，科学规范了保护和传承的方法，使其能够以新的视角、新的方式得到保护和利用，创造出一个共享的、可再生的活态传承空间。

第六章　晋北高跷

第一节　山西省忻州市地理环境

一、自然环境

忻州，简称“忻”，古称秀容，山西省辖地级市，国家卫生城市（区）、国家智慧城市，有“中国杂粮之都”“摔跤之乡”等美誉，素有“晋北锁钥”之称。相传汉高祖北上抗匈奴，兵困平城（今大同），突围时大军南撤，到忻口方摆脱追兵，高祖破愁而笑，六军欣然而归，因“欣”通“忻”，忻州之名由此而生。

忻州北邻大同、朔州、呼和浩特，南毗太原、吕梁、阳泉，西隔黄河与陕西榆林、内蒙古鄂尔多斯相望，东倚太行山，与河北石家庄、保定接壤。总面积2.515万平方公里，著名景点有五台山、雁门关等。1949年，置忻县专区；1958年底，与雁北专区合并为晋北专区；1961年，复设忻县专区；2000年，设立地级忻州市。截至2015年，忻州市下辖1个市辖区——忻府区，1个县级市——原平市，12个县——代县、繁峙县、静乐县、定襄县、五台县、神池县、五寨县、岢岚县、偏关县、河曲县、保德县、宁武县，191 个街道乡镇，4888 个行政村。截至 2021 年年末，全市常住人口 266.3 万人。人口中以汉族为主，少数民族主要有回族、黎族、满族、壮族、蒙古族、藏族、维吾尔族等少量分布。

忻州市有全国重点文物保护单位 20 处、省级重点文物保护单位 47 处，有三级以上文物藏品 2466 件，有国家级非物质文化遗产 11 项、省级 26 项，有杨家将、元好问、白朴、徐继畲、阎锡山等历史名人。忻州素有摔跤之乡、民歌海洋的美誉，有北路梆子、二人台、挠羊赛等传统品牌。忻州的佛教文化在世界占有重要的地位，边塞古战文化具有鲜明的地域特征，雁门关、宁武关、偏头关是现存物证，历史上为汉民族与北方游牧民族长期战争、交往、融合的地方。

忻州市是晋察冀、晋绥两大革命根据地中心腹地，也是高君宇、续范亭、徐向前、薄一波等老一辈革命家的故乡。抗日战争和解放战争时期，忻州参军参战者有数十万人，其中革命烈士 13165 名，南下、北上、西进的干部 2991 人。

二、忻州市行政沿革

表 6－1　忻州市行政沿革一览表

时间	忻州市隶属
春秋	属晋地
战国	属赵
秦汉	属太原、雁门、太平等郡
东汉建安二十年（215 年）	于九原县置新兴郡

续表

时间	忻州市隶属
三国魏时	雁门郡治自今朔州市境徙广武县，故治在今代县境
西晋元康中年	改新兴郡为晋昌郡
南北朝时期	北魏初年于肆卢县置肆卢郡
北齐	废永安、永定、新安、建安、广安、广宁、神武、齐、吐京诸郡，改武州为北灵州，后废，改廓州为北显州
北周	废繁峙、太平 2 郡及北显州
大象元年（579 年）	肆州治徙今代县境
隋开皇元年（581 年）	复置新兴郡
唐武德元年（618 年）	改新兴郡为忻州，改雁门郡为代州，建都督府
五代	后唐改武州为毅州，后废
北汉	于今繁峙县境置宝兴军
乾祐五年（952 年）	于今宁武县境置宁化军和固军
后周显德元年（954 年）	于雁门县置静塞军，故治在今代县境，后废
北宋	废宁化军和宝兴军
太平兴国四年（979 年）	废固军
太平兴国五年（980 年）	于岚谷县复置岢岚军，于宁化县复置宁化军
太平兴国六年（981 年）	于今静乐县境置静乐军
辽重熙九年（1040 年）	复于今五寨县境置武州，于今偏关县境置宁边州
宋熙宁三年（1070 年）	废宪州

续表

时间	忻州市隶属
熙宁十年（1077年）	复置
政和五年（1115年）	改宪州为汾源郡
金天会六年（1128年）	于雁门县置震武军，后废
天德三年（1151年）	改汾源郡为管州
大定二十二年（1182年）	岢岚军、保德军、火山军、宁化军均升为州
元太祖十四年（1219年）	升崞县为崞州，故治在今原平市境
元太祖十六年（1221年）	废岢岚州，并宁化州入管州
元至元二年（1265年）	睟州废入保德州
元至元四年（1267年）	宁边州废入武州
明洪武二年（1369年）	废武州，改崞、代、坚、台4州为崞、代、繁峙、五台4县，三年改管州为静乐县，七年改保德州为保德县
成化二十三年（1487年）	于代州置雁门道，嘉靖中年改雁门道为雁平道，明末废
清康熙十年（1671年）	复置雁平道
雍正二年（1724年）	升忻、代、保德3州为直隶州。清末废雁平道
1912年	各州、府均废，境内忻州、定襄、五台、代县等14县均直属省府
1914年	复置道，今忻州地区境内除岢岚属冀宁道外，其余各县均属雁门道
1949年	置忻县专区，专署驻忻县，辖忻县、代县、宁武、静乐、五台、定襄、繁峙、崞县、阳曲等9县

续表

时间	忻州市隶属
1952 年	将原兴县专区所属兴县、保德、河曲、偏关、神池、五寨、岢岚、岚县等 8 县划入忻县专区
1958 年底	忻县专区与雁北专区合并为晋北专区
1961 年	复设忻县专区，专署驻忻县。原晋北专区所属忻定、宁武、原平、繁峙、五台、静乐、兴县、河曲、五寨、保德、偏关等 11 县划归忻县专区。恢复 1958 年属晋北专区时撤销的忻县、定襄、代县、岚县（驻东村）、岢岚、神池等 6 县；撤销忻定县，忻县专区辖 16 县
1970 年	忻县专区改称忻县地区，地区驻忻县
1971 年	将兴县、岚县划归吕梁地区，忻县地区辖 14 县
1983 年	忻县地区改为忻州地区，忻县改为忻州市，地区行署驻忻州市
1993 年	原平县改为原平市。忻州地区辖代县、繁峙、五台、定襄、静乐、岢岚、保德、五寨、河曲、偏关、神池、宁武 12 县，代管忻州、原平 2 市
2000 年	经国务院批准撤销忻州地区和县级忻州市，设立地级忻州市。市政府驻新设立的忻府区。忻州市设立忻府区，以原县级忻州市的行政区域为忻府区的行政区域

第二节　定襄县地理环境

一、自然环境

定襄县在山西省中部偏北，忻县地区东南部。西汉置定襄郡，郡治在今内蒙古和林格尔之北，定襄郡下有定襄县，在今呼和浩特东南。今位于太原市以北，忻州地区东南部，总面积865平方公里。北面以将军山五台山余脉与原平市、五台县毗邻，东南以文山、系舟山与盂县、阳曲县接壤，西与忻府区相邻。定襄境内东、南、北三面环山，中部和西部为平川，形如簸箕。最高峰为柳林尖山，海拔2101米。西部和中部为忻定盆地。境内主要河流是滹沱河，由西向东横贯全境。定襄县地形由东向西呈簸箕形。定襄气候属大陆性季风气候。春季暖和，干燥多风；夏季炎热，雨水集中；秋季短暂，天高气爽；冬季寒冷，风多雪少。

定襄县，别名中国锻造之乡，为山西省忻州市所辖，位于山西省北中部。截至2021年末，全县下辖5个镇、3个乡、118个行政村。

二、定襄县行政沿革

表6－2　定襄县行政沿革一览表

时间	定襄县隶属
春秋后期，前541年后	晋
战国时期，前497年以后	属赵氏晋阳邑辖。不久析晋阳置狼猛，定襄属狼猛邑管辖

续表

时间	定襄县隶属
秦	狼猛邑属太原郡
西汉	析狼猛邑置阳曲县，属太原郡
东汉献帝建安二十年（215 年）	南移阳曲县于太原界，在阳曲故城置定襄县属新兴郡（治所在原平，即今忻州市）
西晋	在定襄境西北置晋昌县同属新兴郡
惠帝元康年间（291—299 年）	政新兴郡为晋昌郡，定襄县与晋昌县同属晋昌郡。不久，晋昌郡复名新兴郡
北魏太武帝始光三年（426 年）	蒲子县（故治在今山西隰县东北八十里蒲子村，今属山西交口县）侨置定襄境北
太平真君七年（446 年）	并晋昌入定襄县
孝庄帝永安二年（529 年）	定襄县属永安郡（郡治在定襄县城）
北齐武成帝年间（562—564 年）	移平寇县（原地在今忻州市东 5 公里）于定襄境内东南，后废定襄县和蒲子县
隋文帝开皇十年（590 年）	移交寇县于崞县，如此并入秀容县（今忻府区）属楼烦郡（治所静乐，即今静乐县）
唐高祖武德二年（619 年）	此地为刘武周所辖
玄宗天宝元年（742 年）	改忻州为定襄县郡（治所秀容），定襄仍属之
肃宗乾元元年（758 年）	改定襄郡为忻州，定襄县复属忻州
北宋神宗熙宁五年（1072 年）	并定襄入秀容县
哲宗元祐元年（1086 年）	复置安襄县，属忻州

续表

时间	定襄县隶属
金、元、明、清	定襄县均属忻州
1914 年 5 月	定襄属雁门道（大同）
1927 年	裁道，县直属省内
1938 年 1 月	晋察冀边区政府成立定襄县属晋东北行政公署
1941 年 1 月	晋察冀边区政府调整行政区划，定襄县属北岳区第一
1944 年 9 月	改属冀晋区第二专区。这期间，定襄县级建置未变。10 月，定襄与忻（东）县合并为忻定县，仍属冀晋二专区
1945 年 11 月	分置定襄县，隶属关系不变
1947 年 11 月	冀晋区改为北岳区，定襄属岳区第二专区
1948 年 8 月	华北人民政府成立后，定襄改属晋中区第一专区
1949 年 8 月	华北人民政府公布新的行政区划，定襄划归山西省忻县专区
1959 年 1 月	定襄与忻县合并为忻定县，县政府驻忻县城，属晋北专区，专员公署驻大同
1961 年	安置定襄县，属忻县专区（后改忻县地区）
1983 年 7 月	忻县地区改为忻州地区
2001 年	忻州地区改设忻州市，定襄属于忻州市

三、历史文化

北社东洪福寺，是全国重点文物保护单位。位于县城东北的宏道镇北社东村中，现存大殿为北宋政和末年（1118 年）或宣和初年（1119 年）所建。

薄一波故居，是老一辈无产阶级革命家薄一波的故居，坐落在定襄县蒋村。故居建于清朝末年，占地 283 平方米，属北方传统四合院落。

阎锡山故居，是曾任国民政府行政院长、统治山西近四十年的阎锡山的府宅。它始建于 1913 年，完成于 1937 年，是一座宏大的建筑群，共建有大大小小 30 余个院落，近千间房屋（现存 27 个院落、700 余间房屋），总占地面积 33000 平方米，既有黄土高原典型的民居和北方四合院的形式，又有晚清宫殿式建筑，现为山西省省级重点文物。

关王庙，俗称“无梁殿”，为全国重点文物保护单位。位于县城北关，定襄二中西侧。始建于宋徽宗宣和五年（1123 年），原为昭惠灵显王庙建筑群的西庑殿，金章宗泰和八年（1208 年）塑关羽像改制为武庙。2006 年 6 月 10 日被国务院公布为第六批全国重点文物保护单位。

西河头地道战遗址，位于定襄县城西 2.5 公里的西河头村，是与河北冉庄北京焦庄地道齐名的中国保存最完整的三大地道战遗址之一。1986 年被山西省人民政府公布为省级重点文物保护单位，1995 年被中共山西省委、省人民政府首批命名为爱国主义教育基地，1996 年被省教委命名为德育基地，1998 年被省委国际委员会命名为国际教育基地。

其他的文化景点还有凤凰山生态植物园、白佛堂、留念大寺、七岩山摩崖造像、徐向前故居、定襄河边民俗馆，等等。

第三节　定襄高跷秧歌的原生性传承

山西有句俗话说得好：“山西文风属二定，数完定襄数平定。”

清末民初，中国京津、东北、河北、山东、河南等地区社火高跷表演相继兴起。定襄高跷秧歌开始与定襄地秧歌相互融合，形式多元性演变，迅速发展。通过相关资料的查询与整理得出结论，定襄高跷秧歌是在清末民初时期基本定型的。

一、民国时期（1911—1949年）

清末民初直至20世纪前半叶，国政混乱，经济凋敝，民不聊生，民俗文化的成长与发展必然会受到一定的阻滞与破坏。1911年，阎锡山出任山西省省长（出生于山西省五台县河边村，今山西定襄县河边镇），阎锡山在山西执政的三十多年期间，发布“六政宣言”（水利、种树、蚕桑、禁烟、天足、剪发）和“三事”（种棉、造林、牧畜）新政，提出“保境安民”口号，尽量不参与军阀混战，为山西重工业发展创造了良好的环境。在阎锡山的管理下，推行“六政三事”，积极发挥民众作用的“用民政治”，提倡发展民德、民智和民财，山西出现了社会安定、经济发展的局面，河南、山东、河北等邻省的灾民大量涌入山西，寻求安居乐业之所。1921年，山西曾获“模范省”称号。社会平稳，人们的生活也安定了，城乡文化娱乐活动随之复苏繁荣起来。定襄高跷秧歌作为民间文艺活动的代表形式之一，出现了一个较为稳定的发展时期。

1. 唱秧歌的曲调

关于唱秧歌的曲调的来源，根据1984年01月01日出版的第23期《山西文献》期刊《家乡过去的生活概况》文章和1984年07月01日出版的第24期《山西文献》期刊《家乡过去的生活概况（续）》两篇文章的所述内容，可以得到分析的思路。作者续光清较为详尽地记叙了家乡20世纪二三十年代的生产生活杂俗。其中，第二部分第二节“家乡之乐”谈到了高跷秧歌演唱，文中叙述了在外务工的“耍手艺”① 在工作之余学得不少歌曲，逢年过节回到家乡之后，互相邀集演练，共同演唱。所唱内容分四季、五更、十二月兴叹，犹诗歌一唱而三叹之旨，如《叹五更》《走西口》《水刮西跑头》《刮野鬼》《五哥放羊》《十二月花开》等。这些歌曲深受民众喜爱，曲调好听，演唱时可以无乐器伴奏。在高跷秧歌表演走街的过程中，常常是锣、鼓、铙、钹等打击乐器作为前导发声来壮声势，演唱当作过门缓冲之用，二者互相配合，别具风采。对于高跷秧歌的唱秧歌形式，文中指出两种方式，一种是高跷，另一种是跑旱船。高跷常在白天表演，由青年男子装扮成各种男女人物角色，所踩木跷，约二尺或六七尺，可以表演跳板凳等特技，休息时可坐在墙头或房檐；跑旱船，均在夜间表演，多扮成白蛇传中的人物角色，表演者腰间乘挂纸糊之船，船面恰在衣襟之下，衣襟与船面间置以假式盘腿坐姿的裤与鞋袜装扮，视觉上呈现一种似坐在船上的样子。船前后有薄彩色纸所糊的灯碗，内燃蜡烛，可以照明。船旁有人扮作船夫，持桨做

① 耍手艺：家乡对各种技术工人的俗称。

摇船状，船随之前后摇晃似在水中荡漾。

据定襄县南王乡南王村人周登明先生的回忆，民国时期南王村共有三班子高跷秧歌队，他自幼耳濡目染也喜爱这一项活动，从十岁左右就开始跟大人们扭秧歌、唱秧歌。入了冬，村里张罗，会有派秧歌的①专门教大家学唱秧歌，集中学曲子排练。那时候主要学习快歌段子，例如《大观灯》《刘干妈》《偷山药》《听窗台》《奶娃娃》《劝孩童》《怀胎》等。

据定襄秧歌资深好家②巩善修先生回忆，受录乡是定襄著名的高跷秧歌演唱之乡，那里的男女老少随便拉出一个，都会大大方方来唱几句秧歌。东作村有一位老汉叫巩丑洋，是教唱秧歌的权威老手，教人们学唱《游花园》《奶娃娃》《缝小布衫》等，教唱秧歌一般都是在冬天农闲季节，一直到腊月过大年，大家聚集在秧歌房子③里学唱，一学就是一冬天，正月里就要蹬跷子表演了。

据定襄县宏道镇南门外村人张学明先生回忆，江南门外村纠首④陈申年是位资深秧歌迷，典型的好家。每年一进腊月，老汉连走路都带上节奏感了。他尾搭子⑤一挠，要甚就会来甚，既会引秧歌，又会派秧歌，更会唱秧歌。宏道一带唱秧歌以高跷小戏为主，例如，《奶娃娃》中的《拔萝卜》、《回关南》、《大钉缸》。表演时，走到一处，踩上跷子转上几圈就打

---

① 派秧歌的：对担任过秧歌队伍的组织者的称呼。

② 好家：老百姓把教人们唱秧歌的“师傅”称作“好家”。“好”就是喜好的意思。

③ 秧歌房子：老百姓把好家的家叫作“秧歌房子”。

④ 纠首：类似于“好家”的意思。

⑤ 尾搭子：马尾做的拂尘。方言中“尾”读 yi 音。

开表演场子了，随即打开嗓子开唱，一唱就是一前晌一后晌，表演不受地理限制，一张嘴一对跷，走到哪儿就踩到哪儿、唱到哪儿。1948 年冬，宏道镇见多识广、多才多艺、出口成章的郭永年先生自编了《支前》《归队》《打太原》等新段子，春节期间带着高跷队伍表演，一口气串了六个村，新词老曲子，很新鲜，边踩高跷边唱秧歌段子，赢来一片叫好声。宏道家唱秧歌风格儒雅，词语文明，与时俱进，深受赞扬。

2. 定襄高跷秧歌的表演周期

每年冬天，各村就开始召集人们共同学习唱秧歌的曲调，经过近两个月的集中排练，大家的演唱水平和踩跷技艺都渐渐成熟，进入新年，大家便伴着打击乐伴奏、踩着木跷子唱着秧歌曲调开始表演高跷秧歌了。表演周期比较长，正月里持续闹红火，正月十五之前在自己村表演，过了十五才开始跑村子。大年初一，班主就带领秧歌队全体队员，到观音庙、五道庙、关老爷庙、真武庙，点上蜡烛，焚纸敬香、磕头祷告，请各路神仙保佑高跷秧歌队顺利演出，保佑全村人人平安；正月初二，秧歌队休息不出动；初三正式表演，初五破五节，初八敬奉八仙，初十老鼠娶媳妇儿，十三、十四、十五灯山上转旺火①，二十小添仓，二十五老添仓，最后是二月二龙抬头，以上这些特殊的日子，秧歌队都是在自己本村子里表演。十五一过，开始跑村子，东至黄场峪，西至胡村、镡村、张村，北至

① 正月十五转旺火：在定襄县宏道一带比较有名，宏道一带村里各个灯山都有两个瘟神爷的牌位子，正月十五高跷秧歌队到灯山上转旺火，一出场就是先给瘟神爷表演，祈求村民全年安康，免遭病疫侵害，祈祷仪式结束之后把瘟神爷的牌位子送到村外烧掉，这就叫送瘟神。

大南邢、小南邢、赵村、龙门、留晖、东力村，都要跑遍了。

3. 定襄高跷秧歌的“身子”①

高跷秧歌队的演员们所扮演的比较固定的角色有：古戏《断桥》里的白蛇、黑蛇、许仙、法海，《西游记》里的孙悟空、猪八戒、唐僧、沙僧，领头的扮作《打渔杀家》里的萧恩形象。有时候也会根据故事剧情需要让男角儿演员戴上纱翅帽子扮成相公，女角儿演员戴上花冠扮成小姐。百姓对于“身子”的美的定义比较通俗化，认为“身子”的装扮看上去好看就行，而并不在意与人物角色的贴切程度。

旧社会，扭秧歌全是男人们的事，妇女不能踩高跷，也不允许踩高跷唱秧歌，这跟戏曲舞台上由男子扮演旦角的缘由一样。小姐“身子”都是由男人装扮的，年轻男人里那些眉眼长得周正、漂亮，身材也苗条条细杆的，脸上搽上粉，蒙头纱一戴，照样很喜人。定襄县南王乡南王村人周登明先生回忆说：“南王村有个青年叫张仁智，他是1915年出生的，扮起女人来非常漂亮。当年日本人还在，秧歌队去给炮楼上的日本人表演，日本人见了张仁智扮演的小媳妇儿，以为真是个花姑娘，扑上去抱住就想亲嘴，结果闹了个大笑话。”1945年，南王村人赶走日本人。1947年冬，村东西晋绥军的最后一个地楼被炸掉，南王村正式解放。共产党号召解放妇女，妇女们也就开始跟上男人们闹红火、扭秧歌了。东作村大约是从1955年之后才有女青年参加高跷秧歌表演。

综上所述，民国时期的定襄高跷秧歌，无论在滹沱河的南

---

① 身子：村民对高跷秧歌队的演员们所扮演的角色的称谓。

边还是北边，都比较重视并长于秧歌演唱的形式。后来，滹沱河北面的乡村慢慢转向了秧歌队的排阵与扭舞，而受录、季庄和宏道镇地区，则依然在传承着定襄高跷秧歌重唱兼舞的艺术传统。

二、新中国成立初期（1949—1957 年）

新中国成立初期，20 世纪 40 年代末至 50 年代末的十年间，迎来了中国农村社会生产资料所有制的改变，有效促进了农村社会经济的发展。经济的快速发展促进了这个时期相关文化的飞速传播，出现了相关的文化导向政策。定襄高跷秧歌在此经济、文化发展的推动下，迎来了新的发展机遇。

1. 农村经济所有制改革

1947 年 9 月，定襄全境解放；1917 年 11 月，土地改革运动；1950 年 3 月，第一个农业生产互助组出现在官庄村；1952 年，全县互助组增加至 2000 多个；1952 年 7 月，官庄、砂村先后办起了农业初级社；截至 1955 年，全县初级社发展到 243 个，覆盖全县近一半的农户；1955 年 12 月，出现高级农业合作社，并迅速在年底实现全县农业合作化；截至 1956 年 2 月，全县小社并大社，成立了 141 个高级农业合作社，入社农户达到总农户的 98%；1958 年 9 月，全县 152 个农业合作社又合并为 7 个人民公社，划分为 128 个管理区。

与此同时，具有一定私有性质的生产手段和交易办法，如社员自留地、家庭副业和养殖业、农村小商小贩、集市贸易等均被全部取缔，农村“一大二公”经济模式终于成形。进入 50 年代后期，随着 1956 年城乡生产资料所有制社会主义改造基本完成，我国开始进入社会主义初级阶段。

2. 文化政策推动

1951 年 4 月，毛泽东为新成立的中国戏曲研究院亲笔题词："百花齐放，推陈出新。"1951 年 4 月，政务院批准《文化部 1950 年全国文化艺术工作报告与 1951 年计划要点》，该报告和要点明确要求："争取在两年内做到每一个县有一个文化馆。在有条件的村镇设立农村俱乐部。文化馆、俱乐部确定以识字教育、时事宣传、文化娱乐及普及科学知识为主要任务。"

1954 年，文化部在《关于 1954 年文化工作的基本总结和 1955 年文化工作的方针和任务》中再次强调："农村俱乐部和农村剧团对推进农村互助合作和农业增产有重要的作用，各地应随着当地农村合作运动的发展……采取重点试办、积极和稳步发展的方针，开展农村俱乐部的工作，并应大力加强对它们的辅导。"

1955 年，山西省文化局发出指示，要求全省各地在农业合作化运动发展较快、群众文化活动发展得较好，并已取得俱乐部工作经验的地区，以较快速度发展。要求到 1956 年，做到全省平均每乡有一个俱乐部，在条件较好的地区，还应争取一百户以上的较大农业生产合作社都建立起俱乐部组织，并在全省一千个集镇建立中心俱乐部。为此，1955 年 12 月 25 日《山西日报》发表社论，要求在"1956 年底以前，全省要培养出两万五千个农村文化活动骨干分子，建立两万个农村俱乐部，在全省形成一个以农村俱乐部网为中心的农村文化事业网"。

3. 农村俱乐部、文化室热潮

这个时期，整个社会从上到下，越来越重视社会主义思想建设，农村思想文化建构成为重大的政治任务。在此政治、经济、文化综合发展的催促下，定襄县兴起了大办农村俱乐部、文化室的热潮。

定襄县南王村的周登明先生回忆："从 1952 年开始，南王村兴办了俱乐部，主要排演一些新的小戏。每到演出的日子，村公所就会组织村民、小学老师、学生、供销社职工参加排练和表演。当时表演的小戏节目主要有《白毛女》《种洋烟》《打春桃》《梁山伯与祝英台》《柳树精》。节目不仅有故事情节，还伴有演唱，形式属于新类别，大家很喜爱。"

据定襄县南作村著名秧歌演唱老艺人卜光前回忆，自 1955 年起，村里置办了俱乐部，主要是组织村民们进行娱乐活动，南作村的文艺表演形式很多，有高跷秧歌、唱秧歌和其他社火形式。后来，村里开始组织编排演戏的节目，俱乐部随之改为文化室，相对来说文化室的活动比较丰富。多种艺术形式共同发展，体现了百姓们追求新艺术，发挥极大艺术创造力的迫切热情。但是，在此百花齐放、百家争鸣的艺术氛围中，唱秧歌和高跷秧歌的表演依然存在，喜欢这种形式的人依然喜欢。

定襄县宏道镇南门村张学明先生回忆说，进入 20 世纪 50 年代后期，总路线、"大跃进"、人民公社"三面红旗"举得高，农村普遍建起了俱乐部，组织村民演戏，搞文艺宣传活动。到了 20 世纪 60 年代的"四清"运动中，又改为文化室，也是组织青年们进行学习、宣传、读书、演出。他认为："乡村文化娱乐形式是随着时代发展变化的，这段时间定襄农村都兴起舞台节目演出活动，对高跷秧歌有较大冲击，因为年轻人都是求新求变的。"

4. 文艺作品成果显著

各种文化政策出台，为全国各级政府、文化事业机构及全体文艺工作者指明了正确的社会主义文艺事业方针，明确了在新的社会制度下如何正确对待优秀传统文化的方向。

重视民族民间文化和乡土艺术的发展。老一辈舞蹈艺术家戴爱莲先生根据文化政策方针，积极带领多个舞蹈艺术研究者下乡采风，广泛收集整理和研究学习，将具有民族民间特色的舞蹈、音乐、曲调记录下来，之后研究小组多次研讨和梳理，进行正规、专业的整理和出版，中国民族民间舞教学体系由此应运而生。这一点，20 世纪 50 年代初期各地各级文化部门和大专院校大量印行的民歌、民族舞蹈、民间音乐出版物就可以证明。山西省曾先后举办过五次全省民间音乐舞蹈艺术观摩汇报演出活动，涌现出了 1000 多个优秀音乐舞蹈节目，其中的佼佼者还被选拔参加了全国民间艺术会演，深受音乐舞蹈专家和广大观众的喜爱和好评。

在这一时期，文艺工作者以中国广阔的大地为创作源泉，深入民间艺术生活，挖掘传统的民间音乐舞蹈素材，注重时代精神的体现，创作编排出了一批又一批反映社会主义新时代、人民大众新生活的独具民族特色和地方风味的民间音乐和歌舞作品，如：1952 年创作的大型民族歌剧《小二黑结婚》，1953 年 1 月由中央戏剧学院歌剧系首演于北京实验剧场，并为 1956 年第一届全国音乐周的上演剧目；1954 年中央实验歌剧院重新创作演出《刘胡兰》；1958 年，广西壮族自治区戏剧院根据民间传说故事创作彩调剧《刘三姐》，1960 年，在广西的“刘三姐文艺会演大会”上，许多剧团排演各种不同版本的

《刘三姐》，出现了“处处上演《刘三姐》，人人争看《刘三姐》”的盛况；1958 年，中国民族歌剧瑰宝《洪湖赤卫队》诞生，1959 年，该剧作为湖北省向国庆十周年献礼剧目首次进京演出，一炮走红；1956 年上海歌剧舞剧院创作《小刀会》，1960 年其被拍成彩色舞剧艺术片；1957 年创作演出民族舞剧《宝莲灯》，1959 年其被拍成电影；等等。上述作品是一个时代的印记，表现了当时文艺工作者践行文化政策方针的艺术创作思路，成为经久不衰的艺术经典。与此同时，这样的创作活动一直延续到 20 世纪 60 年代初。

5. 定襄高跷秧歌的新发展

百姓热衷于举办一些文化娱乐生活，定襄县周边各村镇张罗着踩高跷、唱秧歌、谱新曲。

定襄高跷秧歌的“身子”，不再限定男性女性，只要人们喜爱，踩跷扭秧歌技艺水平达到，无论男女，均可扮演“身子”。这时期，高跷秧歌队分为女队和男队，男队员多是身着长衫长袍，头戴礼帽，女队员多是上穿花袄或长衫，下穿色彩不一的各色长裙，头戴花冠。民国时期，秧歌队组建起来之后的费用主要靠提钱①。过十五时各个灯山上也要给钱，除了给钱，有的还要每人给两三个梨和果子。这一时期，由于农村整体经济水平提升，故文艺组织者——班主选定后，大家筹措资金也比较顺畅，钱多者多出，钱少者少出，队员的整体扮相也比较漂亮。

定襄高跷秧歌的“身子”角色，保留传统戏剧中的人物。

---

① 提钱：对村民们的集资方式称为提钱。“提”方言发 qi 音。

例如，男队的领头者常常是参照戏剧《打渔杀家》中萧恩的形象，《白蛇传》中的许仙、白蛇、黑蛇形象也都是秧歌队必演的人物。与此同时，百姓们推陈出新，为了更加红火热闹，增添了两位滑稽可笑的丑角，一位是扮相怪异、洋相百出的“二卜愣”①，一位是满头银丝、颤颤巍巍、风趣十足的“老妪”②。

定襄高跷秧歌串村子表演提前至正月十一，秧歌队在村中的主要街道扭过一遍又一遍后便出村演出。在传统的锣、鼓、铙、钹等打击乐器伴奏的基础上，开始使用清纯音色的八音会吹奏，响声嘹亮激昂，快慢吹奏适度，秧歌队踩着鼓点，紧随派秧歌者集体走场。男队员舞姿动作幅度比较大，技艺高超者可以在奔跑中扭动，显示了男性的矫健阳刚之美；女队员扭腰挽扇，婀娜多姿，娇艳妩媚，展示了女性固有的娇美姿态。定襄高跷秧歌队的表演，整体风格形式多样，曲调丰富，从一个村转接下一个村，八音会引导，派秧歌者带头，队伍壮观，每到一个村，村民也会跟着逗乐，跷上跷下扭动一片，欢声笑语不断，让人流连忘返，记忆深刻。

高跷秧歌队的扭场，增添了许多场子变化，扭场过程中，队伍展示各种队形图案，有绕八字、凤凰展翅、乌龙绞柱、五角挂灯、二龙出水、众星捧月等二十多种。丰富的队形变化，常常引来百姓们站在房屋高顶上观演。走场结束后，开始唱秧歌，由派秧歌者来点名，点名唱什么，由谁唱。但是由于高跷秧歌队需要多个村子跑，不能在一个村子停留太长时间，所以唱秧歌环节并不能让每个踩高跷的秧歌者都能唱一段，所以待

① 二卜愣：傻小子。
② 老妪：搞怪媒婆。

阳村有句人人皆知的歇后语："二才子有话——们丢红抹黑为了甚!"这句话的意思就是，有一天，队员二才子因为派秧歌者忘了点他唱秧歌，他感到十分委屈，回村后闹了情緒，对派秧歌者直抱怨："一天也没唱上一句，嗓子痒痒想吼几句，们丢红抹黑为了甚!"可见，唱秧歌是每个秧歌队员比较喜爱和期待的事情。

综上所述，新中国成立初期的十年间，定襄高跷秧歌的发展还是比较迅速的。这个时期，社会整体风貌都比较淳朴向上，社会文化娱乐形式基本是以民众自发自演自导的民俗艺术形式为主，定襄高跷秧歌是广大百姓抒发情感、交流文化、丰富冬闲季节生活的主要内容，是人们记忆中欢乐的源泉。

三、"文化大革命"前（1958—1965 年）

1958 年，提出"大跃进"口号之后，在全国农村范围掀起了全民大炼钢铁的群众活动；1959 年至 1961 年连续三年自然灾害，粮食成为影响全国的核心问题，人民口粮严重短缺，农村普遍饥饿，实施"瓜菜代"活动；1963 年至 1965 年，社队干部人人过关"四清"社教运动；等等。定襄各个村庄的群众春节期间组织高跷秧歌等传统娱乐表演活动的积极性和可行性大大下降，大部分农村大队都利用俱乐部、文化室排演具有强烈思想政治性的舞台节目。所表演的节目，多为自编自演与学习外来节目相结合，结合农村工作现实，宣传党和政府的有关方针、路线和政策，内容大多是反映农村新人新事。

1. 文艺作品成果

1962 年"七千人大会"和当年 7 月北戴河中共八届十中

全会之后，全党全国开始大抓阶级斗争，文化和文艺界为配合这一党的思想政治路线，也推出一大批反映阶级斗争的文艺作品。例如，八一电影制片厂根据同名话剧改编拍摄的故事片《槐树庄》，1963 年出版的长篇小说《东方红》（作者康濯），1964 年出版的长篇小说《艳阳天》（作者浩然）和《风雷》（作者陈登科），1964 年根据同名话剧改编上映的电影《千万不要忘记》，1965 年根据同名话剧改编拍摄的电影《青松岭》（1973 年曾重拍），等等。

2. 高跷秧歌作品成果

那个年代，电影和小说是人们最容易接受，影响也最为广泛的文艺形式，一部电影，一部长篇小说，可以反复观看，互相传阅，乐此不疲。这一风潮也极大地影响到了农村文艺活动的创作和演出，村村队队开始配合政治运动，编演或学演“大学毛著”，忆苦思甜，演反映阶级斗争，主要是贫下中农与地主富农破坏集体经济，拉拢腐蚀青少年的反革命行为做斗争的小戏演唱节目。定襄当时较为轰动的自编自演剧目，有待阳大队的《原形毕露》（作者牛兴业），南关大队的《三股黑风》（作者韩太明、丁全贵），县文化馆和县晋剧团的《漆郎山下》（作者曾中令）等。外来节目较为普及、常演不衰的有：辽宁省丹东市文工队王玉文作词、曹世才作曲，并于 1962 年发表于《上海歌声》的作品《不忘阶级苦》；1965 年天津音乐学院教授宋国生作词作曲，阳村牛兴业执笔编创的小戏手抄本《原形毕露》和《老两口学毛选》；1959 年西藏自治区歌舞团邓先恺作词、李才生作曲的作品《逛新城》；等等。

定襄高跷秧歌作为传统的群众表演活动，以抒发百姓生活、内心情感为主，表演风格充满了质朴、热闹的乡村气息，是百姓自娱自乐的活动，其与上述文艺作品所展示的新社会、新时代、新理念、新思想、新风尚性质存在差异，在此社会风向转变下，高跷秧歌逐渐受到了冷落。定襄县各个村里的高跷秧歌队参演人员越来越少，秧歌队不得不解散和停办，逢年过节不再组织闹红火，传统的高跷秧歌发展处于停滞阶段。

四、“文化大革命”期间（1966—1976 年）

1966 年 5 月 16 日，中共中央政治局扩大会议通过了毛泽东主持起草并亲自改定的《中国共产党中央委员会通知》（后简称“五一六通知”）。“五一六通知”要求全党：“高举无产阶级文化革命的大旗，彻底揭露那批反党反社会主义的所谓‘学术权威’的资产阶级反动立场，彻底批判学术界、教育界、新闻界、文艺界、出版界的资产阶级反动思想，夺取在这文化领域中的领导权。”

1. 文化风向转变

这一时期，“文化大革命”风暴骤起，过春节形成了学毛著、背语录、搞批判、忆苦思甜的“革命化春节”风气，而捏花馍、剪窗花、贴春联、放花炮、糊花灯、走亲戚、拜大年、上祠堂、祭家庙、垒旺火、给长辈磕头作揖等传统美好习俗，都被严格限制，或被坚决停止。各个民间传统节日习俗、封建迷信，更是严词批判，强令禁绝。民间节日、婚丧嫁娶等习俗，均被列入“四旧”行列，诬为反动的封建主义糟粕，打翻在地。乡村的高跷秧歌、跑船社火、八音吹奏传统二人台等优秀传统文化娱乐活动，自然也遭到灭顶之灾，被严格禁止，任何场合均不得演出。定襄高跷秧歌在经历了“文化大革命”前十年政治性风向的停滞之后又遭遇了十年的批判，其传承受到巨大的伤害。定襄周边所有村落，无论扭的、唱的、吹的，各种艺术人才都出现了断茬。

2. 高跷秧歌“迎九大”

1969 年 4 月 1 日，在北京召开党的第九次全国代表大会，全国人民都沉浸在“迎九大”“庆九大”的欢乐里。定襄县晋剧团接到表演定襄高跷秧歌的传统民俗节目的通知，届时剧团演员们开始学习踩高跷，日夜排练。同时，定襄县教育局、商业局、粮食局、厂矿企业等单位，定襄县的上东留村、南作村、南王村等乡村公社，都趁着“迎九大”“庆九大”的热潮，分别组织高跷秧歌队进行排练和表演。4 月 24 日闭幕之时，定襄街头组织“庆九大”展演，在激情饱满的表演队伍中，出现了久违的高跷秧歌队，人们踩上高跷，扮上工农兵、样板戏人物，伴随着熟悉的八音伴奏吹奏串起场子来，周围鞭炮奏响，无比热闹。定襄高跷秧歌在沉寂了近 16 年之后，又一次走入老百姓的视野，满足了老百姓表演和观看高跷秧歌的渴望之情。但是，这次“庆九大”的表演可谓是昙花一现，在“文化大革命”的政治背景下，高跷秧歌还属于“四旧”，“庆九大”之后再无高跷秧歌的表演了。

五、“文化大革命”后（1976—1983 年）

1976 年 10 月 6 日，“四人帮”被党中央彻底粉碎，标志着我国进入一个全新的历史发展时期。华国锋在 1977 年 8 月召开的党的十一大政治报告中指出：“社会主义文化要繁荣发展，必须认真贯彻执行百花齐放、百家争鸣的方针，古为今用、洋为中用的方针，推陈出新的方针。”“文化大革命”期间遗留的文化禁锢不断被打破，为传统艺术（包括乡土文化在内）人文价值层面的艺术活动的回归开拓出极大空间，全国都有一种拨乱反正，再次获得解放的感觉。定襄高跷秧歌也跟其他民间艺术一样，出现了一个由于压抑已久倏然打开而爆发式排演的阶段。这时期，全县各村各队父老乡亲都以极大的热情投入传统闹红火的潮流中，高跷秧歌全面恢复，在秧歌曲调、演唱秧歌、表演题材、表演形式等方面都有了极大的改进和创新。

1. 高跷秧歌的表演功用新定位

表演功用方面，总结“文化大革命”中“文艺宣传队”的政治宣传、思想教育形式的文艺演出经验，重新定位高跷秧歌的表演功用。传统民间艺术深深扎根于民间，具有个性化和民众普及化特点。对于广大民众来说，踩高跷扭秧歌是尽情宣泄、传递个人情感，拥有极高自我娱乐精神的乡土艺术舞蹈。其注重广大民众的参与性，你想扭就可以扭，想扮什么“身子”就扮什么“身子”，有一种原始的灵魂狂欢意味。高跷秧歌是对生命情感的高度表达方式，这种自由性无可替代。

2. 高跷秧歌的表演题材新内容

1977 年春节前后，高跷秧歌在定襄全境各个乡村、机关单位、厂矿恢复排练，组织表演人员占到全县生产大队的 85% 以上，大家为了在定襄县城元宵节文艺会演中大放光彩，都积极投入排练中。深受民众喜爱的民间业余舞台节目，《走西口》《碾糕面》《卖菜》《借冠子》《探病》等优秀传统剧目依然进行舞台表演。同时，定襄县文化馆发挥群众文艺爱好者的创作特长，组织全县创作人员创作新作品。一是新编一批揭露“四人帮”罪行，颂扬“抓纲治国”，歌唱社会主义新中国好的作品。例如，蒋村张松林的《咱们的定襄实在美》《十唱致富好》，南作村卜光前的《转旺火》《判不明》，上东留村郭海玉的《逛定襄》《劝后生》，县工会史丙生的《万元户招亲》，待阳村牛呈琼的《做调查》，齐效云的《相女婿》，等等。二是注重创作题材的时代化和多元化，创作反映全县经济建设成效、勤劳致富、计划生育、日常生活、家庭伦理等富有哲理和情趣的作品。例如，县文化馆曾中令的《听窗台》《聘闺女》，城关公社文化站陈川亮的《姐妹薅苗》《摔酒壶》，东霍小学教师李争奇的《借牛》，等等。这些作品都有一定的生活情感内涵，基本恢复了定襄高跷秧歌表达平民百姓心声的民间乡土文化属性，深受百姓的喜爱，在社会生产生活中广为流传，一直流行至今。

综上所述，“文化大革命”之后，定襄高跷秧歌迎来了新的发展阶段，全民思想大解放，文化共享大开放，使得定襄高跷秧歌在表演功用、表演队伍、表演形式、表演内容等方面都取得了较大的文艺作品成果，同时涌现出大批优秀的唱秧歌民间艺人和技艺高超的踩高跷艺人，使定襄高跷秧歌步入新的民间文艺征途。

六、改革开放后（1984—1990 年）

20 世纪中后期，中国迎来改革开放，定襄县作为一个传统农业经济大县，在转向城市发展的道路上，有了巨大的发展变化。一是农村开始实行家庭联产承包责任制，乡村、农民各户的自主权提高，调动了种植、养殖专业户的发展；二是以定襄传统的打铁锻造业为主建设乡镇企业，解决了农村闲散劳动力的再就业，使农民及家庭步入富裕之路。经济体制与生产关系的改变，促进了经济生产力的发展，人们物质生活水平提高了，对文化娱乐的精神生活要求也随之提高了。改革开放后，人们思想活跃，对外来文化也有了包容接纳的态度，多彩的精神生活迎来了新的机遇和挑战，高跷秧歌在很多方面进行了大胆的转型和创新，且成果显著。

1. 高跷秧歌的表演形式转型

定襄县文化部门每年都会组织高跷秧歌的唱秧歌培训会、研讨会、创作会、改稿会，集中编写《定襄秧歌演唱专集》，下发至各个乡镇、村庄和广大爱好秧歌的群众手中，供大家学习。1984 年，定襄县文化局、文化馆在传统的高跷秧歌表演形式上进行寸跷形式改编，木跷腿尺寸由原来的 1.2 米左右改为 5 至 8 寸之间，并且新编剧目《逛定襄》和《富民政策人人夸》，荣登舞台表演，惊艳了很多观众，受到赞美。时任《支部建设》主编的李元林先生，在看到传统高跷秧歌的创新转型形式之后，有感而发，书写《高跷秧歌上舞台——观定襄秧歌登台有感》赞颂之文，对高跷秧歌组织者、编创者和表演者给予充分的肯定，极大地鼓舞了大家进一步改进和提升高跷秧歌的信心和决心。

2. 高跷秧歌的专业训练转型

1985 年，定襄县文化局、文化馆开始遴选和组织青年高跷秧歌表演队，弥补当前表演者年龄普遍偏大的不足，均衡表演人员的年龄分布，并在服装、道具、化装、技术技巧、扭动姿态、身体体态、基本功、仪态仪容等方面进行了专业性的规范和改革，聘请专业的戏曲老师、舞蹈老师、高跷好家，对青年进行训练，强化青年演员的腿部、膝盖、腰部、肩膀、手腕等肢体部位和关节的肌肉控制力和柔韧性，尝试男女配合的双人表演形式，增加新的队列队形变化等，取得了较好的成效。后来，这些青年演员大多数成为定襄县高跷秧歌队伍中的骨干力量。

3. 高跷秧歌的竞赛式转型

1985 年，定襄县文化局、文化馆组织高跷秧歌的表演和竞赛二合一活动。元旦刚过，定襄县文化馆开始分配相关工作人员下乡了解各个村庄的情况，并进行摸底动员。进入腊月，定襄县成立了专门的组织机构，分别是以党政分管领导担任活动的正、副组长，下设办公室、节目评议小组、舞台演出小组、广场秧歌小组、街头花灯小组、焰火燃放小组、后勤保障小组和治安保卫小组，统一负责春节、元宵节期间全县城乡文艺活动的组织和安排。

定襄县城关、杨芳、官庄、神山、南王、蒋村、受录、季庄、宏道、河边 10 个平川乡镇，均派出一支高跷秧歌代表队参加表演，定襄县各机关单位共有 9 支高跷秧歌队。19 支高跷秧歌队，从正月十三起，白天黑夜轮番登场，在县城主要街道和广场表演，一直持续到正月十八，最后以全县高跷秧歌、彩车和其他文艺队伍在县城主要街道举行声势浩大的文艺大游行而结束。春节过后，文化部门召开会议，对春节元宵节期间文艺活动进行汇总评比，评选出优秀舞台节目。

1985年的春节元宵节文艺活动，是“文化大革命”结束以来活动时间最长、规模最大、花样最多、高跷秧歌最为繁盛、组织安排最为严密、红火热闹的一次活动，至今让人们记忆犹新、津津乐道的一次民间文艺狂欢盛会。1989年5月中旬，定襄高跷秧歌又应邀组成百人高跷秧歌队，赴太原参加山西省“两会一节”活动，并获金牌大奖。随后，定襄高跷秧歌队还应邀连续四届参加了五台山国际旅游月的开幕式文艺表演，把定襄高跷秧歌的声誉推向了一个更高的层次。

七、1991年之后

1991年之后，定襄高跷秧歌在全县的普及达到一定的盛况，全县150多个村庄，每逢春节，差不多会有三分之二的村庄组织高跷秧歌队表演，一些富裕的村庄还会组织多个高跷秧歌队，每年定襄县组织的广场类民间舞蹈展演活动现场人数最多达到上万，无比热闹。

1. 定襄高跷秧歌的八音会

1991年之前，定襄高跷秧歌的音乐伴奏乐器仅有锣、鼓、铙、钹等打击乐器。它们主要是用在高跷秧歌走街道串村子的过程中，当作前导以壮声势；或是高跷秧歌的唱秧歌过程中，当作过门缓冲之用。1991年之后，定襄高跷秧歌的音乐伴奏乐器是大吹大打的八音会伴奏，以吹奏为主，表演的八音会伴奏曲目，是流行于晋北、定襄、五台、原平、忻州一带的大型传统民间吹打乐组曲《大得胜》。这套组曲原由《过队》《过街》《将军令》《耍娃子》《出鼓子》《步步紧》《绕天飞》《吊棒槌》《柳青娘》《挂枝儿》等十几首曲牌组成，是中国古代明代万历神宗皇帝朱翊钧御赐定襄北社东村李家的王府鼓乐班所演奏的宫廷御用音乐，当时名曰《得胜鼓还朝》。组曲的整体旋律变化丰富，时而激情火爆，高亢雄阔，时而俏皮明快，细语轻歌，十分细腻传神地表现了古代将士们得胜还朝，凯旋同贺的狂欢场面和轻松洒脱的喜悦心情，形象地描绘出皇帝十里长街御驾亲迎的壮观场面。高跷秧歌表演过程中，八音会吹奏保留了《大得胜》组曲的《过队》《过街》乐曲的程式性，后面的曲牌并没有严格的演奏排序，在庆典迎宾的场合演奏时，八音乐手们往往会在击鼓人的指挥下，因时制宜，对曲牌进行灵活取舍，即兴组合，因此增加了在不同地点、场面、时间、条件下的随机适应性。

八音会吹奏队伍在定襄高跷秧歌的表演中有两种排列。一种是高跷秧歌队在街道上边行进边扭舞时，八音会吹奏队伍排在最前方；一种是高跷秧歌队在相对固定的场地围成一圈表演时，八音会吹奏队伍会安排在便于观察高跷秧歌队表演状况的场地一侧，或站或坐。八音乐器排列有固定的顺序：第一，调度师鼓手（鼓师），居中站立；第二，镲和马锣，位于鼓师的两边；第三，小锣和铰子，主要负责调整整个八音会音乐节奏的快慢，小锣和铰子吹奏快了，高跷秧歌队的“身子”就跟着扭动得快，如果速度过快，鼓手就会通过隆隆的鼓声来进行调整，使八音会音乐节奏保持稳定、和谐；第四，主奏乐器唢呐，居中；第五，笙，分别在唢呐的两边，所谓的“一梁二柱”，撑起整个八音会班的主体架构。后来，为了加强笙的伴奏力度，也会配备三个笙。

定襄高跷秧歌的八音会吹奏人员排列严谨，各有站位。从演奏技艺讲，定襄八音会吹奏者们均注意选用各种吹奏技巧，有平吹、超吹，喉音加花变奏，滑音、依音、顿音、大波音、打音等，增添了曲目的音乐色彩，丰富了乐曲的思想感情。

2. 定襄高跷秧歌的木跷

1991 年之后，木跷的高度提高到 1 米左右之后。木跷一般采用木性坚韧而具有弹性的本地榆木制作，以榆树第二层边皮料最佳，主要原因是这个部位的榆木韧性较好。

木跷的制作规格。木跷结构按长约 1. 5 米、宽与厚 6 厘米左右的比例下料成方楞长木条。跷棍上端 0. 5 米处为了贴服小腿，修饰成略扁形状，即贴近小腿内侧为平面，外侧成圆弧面。跷棍顶端向下 2—3 厘米处，沿外侧削切一浅槽或斜面，以便于捆绑绳索。顶端向下约 0. 5 米处，在内侧开卯横向安置长约 12 厘米、宽约 10 厘米、厚约 5 厘米的踏板，踏板下与跷棍之间的夹角处加装斜面木撑，形成三角形，一来增加踏板的承重力度，二来可增加踏板的稳定性。踏板以下至跷棍底部末端，逐步由方棱状过渡为圆棍状，与地面越接近，跷棍越细，末端圆形直径约为 4—5 厘米。

木跷的捆绑方法。过去，木跷都是用粗细适中的各种绳索（以麻绳居多）捆绑，捆绑技法大同小异，以捆绑牢靠，松紧适度为准。自 20 世纪 80 年代县文化部门组织青年高跷秧歌队进行培训之后，现在定襄高跷秧歌的木跷捆绑技法和所用绑带也基本得到统一，绑带也由各色麻绳改为军用棉质扁形背包带。这种绑带的优点是不打滑，不勒肉，无毛刺，结实耐用。绑缚木跷时不可勒得太紧，应松紧适宜，因为高跷扭舞未开始之前，腿部尚未发热出汗，此时捆绑勒得太紧，待发热出汗之后，一方面衣裤、绑带要发潮发轴，另一方面还可能因血脉不畅而出现小腿肿胀，骨肉疼痛麻木。

3. 定襄高跷秧歌的队列走场

定襄高跷秧歌的走场，主要是指秧歌队伍从入场到离场的整个表演过程中，在表演场地为观众所呈现的行走路线、队列变化，由此产生的各种连续性动态图案，以及图案相互之间的变化程序和表演节奏。定襄高跷秧歌的走场图案，主要有元宵场、宝莲灯、霸王阵、孔雀开屏、仙女散花、小唐王乱点兵、仙人搭桥、凤凰双展翅、龙凤呈祥、四向针、五谷丰登、老龙摆尾、蛇盘九颗蛋、桥下雀飞、倒卷帘、双龙会、柳叶青等。新编创的有金砖墁地、天井舞、漫天风云、大雁编队、雄鹰展翅、龙戏凤，等等。

高跷秧歌队伍在行进表演过程中，图案的变化和图案之间的相互串场变化，跟高跷秧歌演员的舞蹈表演、八音会吹奏的鼓点、高跷秧歌队的“身子”人数、表演场地、表演时间相关联。这一点，尤为考验引秧歌者对整个表演队伍的调度掌控能力。其应根据实际表演情况做到心中有数，收放自如，既要保证高跷秧歌队伍的空间，做到满场子散得开，舞得满，不松散，不拥挤，又要保证高跷秧歌队伍在图案转换过程中配合默契，做到转得急，合得拢，收得齐，不出乱。

定襄高跷秧歌的走场名称多是借鉴神话传说、民间吉祥俗语、自然现象、古代阵法术语等，是民间民俗广场舞蹈表演独有的艺术呈现方式，对于老百姓们来说是吉祥、美好、欢乐、力量的象征，也是百姓心底的向往，这一点似乎是所有民间艺术的文化共通性。

第七章　晋中高跷

第一节　太原庙前高跷的生存环境

一、太原市自然地理环境

太原市为山西省省会，山西省政治、经济、科技、金融、教育、交通及信息中心，全国能源重工化工基地的中心城市。现辖六区三县一市（六区：迎泽区、杏花岭区、万柏林区、草坪区、小店区、晋源区；三县：清徐县、娄烦县、阳曲县；一市：古交市）。总面积6988平方公里，常住人口300万。属全国二十二个特大城市之一。

太原古称晋阳，又名并州、龙城等。位于晋中（山西中部），东依太行，西傍吕梁，汾河自北而南贯穿中心，形似盆地。四季分明、气候宜人，年均气温为9.5摄氏度。

太原是中国历史上开发较早的地区之一，有着悠久的历史、灿烂的文化和发达的经济。早在10万年以前，先民们就劳动、生息、繁衍在这块黄土地上，创造了太原的早期文明。从传说中尧帝建古唐城，到唐叔虞之子燮父改唐为晋；从赵简子营建古晋阳城，到北宋扩建宋太原城。太原曾是中原农耕文化与北方游牧文化的交汇地带，中国北部政治、经济、文化、军事、交通的锁钥重地，有“年谷独熟、人庶多资”“经济富庶、人才辈出”“控带山河，踞天下之肩背”之美誉。

太原、春秋为五霸之一的晋国，战国为赵国初都（晋阳），秦为太原郡，汉为并州，唐开元元年（713 年）已有唐明镇城（为河东节度使驻地），北宋太平兴国七年（982 年）又扩建为宋太原城，明洪武九年（1376 年）再扩建为明太原城。至今，太原地区起码也有三千余年的文化历史。

太原市迎泽区是山西省省会太原市的政治、经济、文化、交通中心，是国务院 1997 年批准成立的城乡一体化格局的新区。位于太原市中东部，东和东南与寿阳县、晋中市榆次区划山为界，西同万柏林区隔汾河相望，南和小店区毗邻，北与杏花岭区相连。迎泽区堪称太原市的门户，现辖 6 个街道、1 个镇，即迎泽街道、桥东街道、文庙街道、柳巷街道、老军营街道、庙前街道，郝庄镇。全区总面积 117 平方公里，其中城区面积 23. 1 平方公里。常住人口约 47 万人，其中非农业人口约 44 万人。

太原，简称“并（bīng）”，古称晋阳，别称并州、龙城，山西省辖地级市、省会，国务院批复确定的中部地区重要的中心城市，以能源、重化工为主的工业基地。

太原是山西省政治、经济、文化和国际交流中心，国家可持续发展议程创新示范区，是中国北方军事、文化重镇，世界晋商都会，也是中国重要的能源、重工业基地之一，中国优秀旅游城市和国家园林城市。太原曾成功举办第二届全国青年运动会、中国中部博览会和中国电视华鼎奖颁奖典礼等重要大型活动。

太原是国家历史文化名城，一座有两千多年建城历史的古都，“控带山河，踞天下之肩背”，“襟四塞之要冲，控五原之都邑”的历史古城。全市三面环山，黄河第二大支流汾河自北向南流经，自古就有“锦绣太原城”的美誉。

二、太原市行政沿革

表7－1　太原市行政沿革一览表

时间	太原市隶属
远古时期	属冀州，是传统上说的华夏九州之一，为九州之首
殷商时期	太原为古国北唐
晋平公十七年，公元前541年	晋国荀吴率兵北征，大败占据今太原一带的无终及赤狄别族咎如，太原地区始入于晋国版图
公元前376年	韩、赵、魏废晋静公，将晋公室剩余土地全部瓜分。因此韩、赵、魏三国又称为“三晋”
秦始皇统一中国后	分天下为36郡，设置太原郡，郡治晋阳
汉代	全国设十三州，并州刺史部设治晋阳，这也是太原称并州之始，太原简称“并”来源于此
东晋十六国	晋阳先后被刘渊、石勒、慕容燕、苻坚占据
北魏	太原郡，兼置并州
南北朝	晋阳是东魏和北齐的别都

续表

时间	太原市隶属
隋代	太原（当时称之为并州），是全国性的大城市
隋开皇二年（582 年）	置河北道行台
隋开皇九年（589 年）	改为总管府
隋大业元年（605 年）	府废，改称太原郡
隋末	李渊、李世民驻守太原，因晋阳古有唐国之称，李渊父子定都长安后，遂以“唐”为国号。因此，唐文化的发源于太原
唐初	并州初置大总管府，又改大都督府。唐朝的几位帝王曾数次扩建晋阳城，并相继封其为“北都”“北京”，为河东节度使治所，与京都长安、东都洛阳并称“三都”“三京”
五代十国	后唐、后晋、后汉、北汉，或发迹于晋阳，或以此为国都，一时间太原名声显赫于举国，传为“龙城”
北宋太平兴国四年（979 年）	宋太宗赵光义灭掉了以太原为都的北汉政权，最终统一全国。由于憎恨太原军民对宋军的顽强抵抗及恐惧太原“龙城”的美誉，遂下令火烧晋阳城，又引汾、晋之水夷晋阳城为废墟，一座历经 1476 年悠久历史的古城遭到了彻底的破坏。三年之后，新的太原城在距古晋阳城北 20 余公里的唐明镇重新崛起。嘉祐四年，设太原府治

续表

时间	太原市隶属
金	宋钦宗赵桓下诏将中山、河间、太原三镇交金人。从此，太原人民在战乱摧残、异族压榨下，度过了 80 多年
元	蒙古汗国改名元朝，元朝时的太原称为太原路。成为全中国的交往中心，北到岭北行省，东到奴儿干都司，西到西藏地方，南到海南，都在此交流。此后明朝和清朝的府城均建立于此
明初	朱元璋封其三子朱棡为晋王于太原，遂因此扩建太原城，成为明代九边重镇之首
清	置太原府，府治在阳曲县
1860 年	《北京条约》签订以后，外国使节和传教士得到特许进中国，借传教的名义促使和参与了不平等条约的签订，搜集中国情报，进行文化侵略
1900 年	八国联军再次打进北京，慈禧途经太原，见当地晋商云集，便大肆搜刮捐税
1911 年	辛亥革命后，阎锡山被举为山西都督，于太原建立晋系军阀，经营山西长达 38 年，这期间韬光养晦保境安民，使山西成为全国最富裕省份之一
1947 年	析出阳曲县城区，单独设置太原市，实行闾邻制，全市分为内八区和外八区，作为山西省省会

续表

时间	太原市隶属
1949 年 4 月 24 日	人民解放军解放太原，太原市成为山西省人民政府驻地，山西省省会
1951 年	原属汾阳专区的晋源县撤销，并入太原市
1958 年	原属忻县专区的阳曲县和原属榆次专区的清徐县撤销，并入太原市
1960 年	复设阳曲（驻黄寨镇）、清徐（驻清源镇）两县
1972 年	吕梁地区下辖的娄烦县划归太原市
至 1996 年	太原市辖古交一个县级市，清徐、阳曲、娄烦三个县，市区分南城、北城、河西、南郊、北郊五区

三、迎泽区庙前街

迎泽区是山西省太原市下辖区，位于太原市汾河之东、城区中部，省城的政治中心、交通枢纽和对外交往的窗口。迎泽区属温带季风气候，地面平坦，微向西南倾斜，地势北高南低，社会文化资源丰富。境内著名景点有文庙、崇善寺、纯阳宫等。2021 年 2 月，入选“2021 中国县域电商竞争力百强榜”榜单。

迎泽区分为柳巷街道、文庙街道、庙前街道、迎泽街道、桥东街道、老军营街道，郝庄镇。庙前高跷所属区域以迎泽区庙前街道为主。

第二节　太原庙前高跷的原生性传承

一、历史渊源

太原庙前街道在新中国成立以后，曾一度行政归属于太原市南城区。1997 年，经太原市城区重新规划以后，又归属于太原市迎泽区。太原市庙前街高跷艺术活动主要分布于现今太原市迎泽区的庙前街道及其周围街巷一带。南起迎泽大街，北至府西街，东起柳巷，西至桃园路，活动面积约 12 平方公里。

关于太原庙前高跷活动的相关文献记载较少，仅有少部分关于太原庙前高跷活动表演的报道，太原庙前高跷的具体内容多是通过民间艺人口口相传的方式来进行传承。从太原市庙前街老居民口中得知，最早的已故高跷艺人张镜堂（艺名张明）先生生前对太原庙前高跷有过介绍。他说，太原庙前高跷约是于清代康乾盛世时期兴起的，由当时的晋商捐资从直隶省保定府（今河北省保定市）一带引进并发展，距今已有二百余年的历史。

据有关记载可知，太原历史上曾建过近 30 座大小不等的关帝庙，其中最盛者莫过庙前街的大关帝庙，它始建于元末明初，也称作“武庙”，正与“文庙”相对称。关帝庙内主要供奉的是关帝神（关帝圣君），即三国名将关羽（关公）。大关帝庙是山西省第四批省级非物质文化遗产，地处太原市迎泽区庙前街 36 号，庙坐北朝南，为前后二重院布局，中轴线上有山门、正殿、春秋楼，两侧为钟鼓楼、厢房、围楼等殿堂 25

间及东西别院，占地面积3500平方米。正殿又称崇宁殿，面阔、进深各三间，歇山琉璃瓦顶，明间出单坡歇山顶抱厦。后院春秋楼为二层楼阁建筑，平面方形，重檐歇山筒瓦顶，琉璃瓦剪边，上、下层前檐均设廊，两侧与左右厢房、客堂楼阁相连，是一组布局完整的建筑群。民间百姓们不仅信奉关帝神为“武圣”“武财神”，而且还笃信其神威可保佑他们生活得安宁，因此庙内供奉香火不断，晨钟暮鼓不绝。据载，明清以来官方常在庙前街大关帝庙举行祭祀大典。

历史上太原曾是晋商之都，在整个明清时期，太原都是抚署和府治的所在地，这从行政管理与政治依从的意义上确立了太原作为“晋商之都”的历史地位。晋商的成功之一，就是靠了“诚信”二字，因此晋商格外崇信敬效关帝神之忠义，他们在外省会馆馆址也还曾修建了许许多多的关帝庙堂。

太原晋商曾慷慨解囊修护大关帝庙，并与庙前街及其周围一带的居民年复一年祭拜、供奉关帝神。逢年过节，尤其是每年农历五月十三、七月十五，众人皆携带祭品从四面争相拥来祭祀，并载歌载舞以各种民间文艺形式举行酬神娱人的迎神赛会。晋剧一代宗师丁果仙在世时，就常到大关帝庙来唱《打金枝》。太原晋商不仅是足迹遍及国内外的商贸高手，也是民间文艺的传播者。他们不仅促进了地方戏种晋剧的成熟和发展，还约在清康乾期从直隶省保定府（今河北省保定市）把燕赵高跷秧歌引进到太原庙前街来。最初引进来时属河北武跷，后因长期受山西梆子和晋中秧歌的文化冲击与熏陶，就渐渐嬗变为以晋剧和秧歌为主的文跷形式了。

二、基本内容

太原庙前高跷是过去当地民间迎神赛会酬神娱人祈盼安定富裕，晋商与百姓大众崇信敬拜关帝神，官方以歌舞升平粉饰盛世太平的产物。曾给之后的社会政治、经济、文化等带来一定的积极作用，并产生了深远的历史影响。

1. 盂兰会

盂兰会是过去庙前街大关帝庙迎神庙会上百戏的总称，此名称取自佛教文化里释迦牟尼弟子目犍连中元节救母做盂兰盆会的典故。最盛时除摆戏台唱戏唱秧歌外还大闹社火，有舞龙、舞狮、旱船、竹马、跑驴、刘三推车、哑老背妻、鹬蚌相争、二鬼摔跤、大头娃娃、火流星等，而高跷则是其中最抢眼的表演项目。

那时的盂兰会红火热闹，欢声鼎沸，人潮如流，通宵达旦。但不知何因，到后来盂兰会只剩了高跷，且其中晋剧或秧歌人物的唱腔也丢失了，只剩了表情与动作表演。

2. 剧目、人物与音乐

太原庙前高跷又称为“流动戏剧”“空中舞蹈”“半空杂技”等。

晋剧与秧歌剧目有《西游记》《白蛇传》《捌叉庙》《济公传》《渭水桥》《八仙过海》《拾玉镯》《十五贯》《小放牛》《水浒传》《三国演义》《西厢记》等。

扮演人物有孙悟空、唐僧、猪八戒、沙僧、张生、崔莺莺、白蛇、青蛇、许仙、法海、头陀、观音、济公、郎中、樵夫、渔翁、耕夫、牧童、书童、丫鬟、丑婆、媒婆、傻小子、丑公子、秀才、蓝采和、韩湘子、铁拐李、武松、鲁智深、孙二娘、赵云等。其中，三教九流、生旦净末丑各种角色应有尽有，唱念做打舞各种表演都有。

伴奏音乐有八音会和社火锣鼓。

八音会：笛、管、笙、箫、唢呐、梆子、鞭鼓、战鼓、马锣、铰子、中钹、手锣等组合的吹打乐演奏。

社火锣鼓：堂鼓、大铙、大钹、花鼓、钖锣、狗娃锣等组合的打击乐演奏。

3. 跷功与绝技

常见单体表演有金鸡独立、苏秦背剑、怀中抱月、蝎子倒钩、打蹲子、跌八叉、磕跷腿、鹞子翻身、风摆荷叶等。手头道具表演有挥扇、抡棍、挑担、打棒、舞剑、垂钓、甩袖、抖马鞭、耍烟袋等。群体组合有扑彩蝶、叠罗汉、编骆驼、攀杠子（上扁担）等。惊险表演有珍珠倒卷帘、鲤鱼跳龙门（跳越三层高凳障碍）、登（斜坡）独木桥、过天桥（先从斜坡独木桥登上摆放着三层高凳的大方桌，再从这三层高凳上跳过去，直接来个金鸡独立落于地面）等。

4. 阵容与队形

主要有“剪子股”“8 字花”“独龙摆尾”“双龙出水”“迎四角”“圪缭圈”“绞蒜辫子”等，流畅多变，画面优美。

三、相关制品及其作品

1. 高木跷

高约五尺的长腿木跷。

2. 行头

所有演出戏目中（生旦净末丑）各角色人物的服装。

3. 手头道具

刀、缨枪、长棍、短棒、宝剑、羽扇、芭蕉扇、圆伞、竹扁担、串铃、彩蝶、长烟袋杆、膏药招牌、马鞭、禅杖、九齿钯、钓竿、拂尘、摇铃等。

4. 相关道具

三条八寸宽、二尺高、五尺长的长条板凳（摞起来表演跳障碍用）；

二寸厚、一尺宽、一丈长的木板（表演过独木桥用）；

四尺见方、三尺高的大方桌（表演过天桥用）；

两根一丈长的扁形木抬杠（表演攀高架用）。

5. 乐器

①八音会（或晋剧文武场）：笛、管、笙、箫、唢呐、梆子、鞭鼓、战鼓、马锣、铰子、中钹、手锣等吹打乐器。

②社火锣鼓（开道用）：（粗锣鼓）堂鼓、大铙、大钹，（细锣鼓）战鼓、马锣、铰子、中钹、手锣等打击乐器。

③高跷花鼓（伴奏用）：花鼓（或腰鼓）、铴锣、狗娃锣等。

四、传承谱系

太原庙前高跷，因无传承谱系的书面记载，故很难准确推测已传承了几代。若以今庙前街老居民所知最早的高跷艺人张镜堂生前所介绍而论，大致可从他前面两代开始记起传承谱系。

第一代、第二代传人：传承人姓名不详。

第三代传人：张镜堂，姜二泉。

第四代传人：（扮头陀者）李锦亮（小名：五牛儿），（扮老妈子者）张鸿亮，（扮傻小子者）李常庆等人。

第五代传人：（扮头陀者）吕文，（扮白蛇者）张贵，（扮樵夫者）王荣，（扮老妈子者）霍有金，霍金升等人。

第六代传人：张麟（艺名：贵元）。其他突出表演技艺的艺人还有：张志明、杨九亭、张金良、张志忠、韩永会、张玉宝、张宝柱、严培礼、姬秉玉、侯银泉、刘金贵、二黑子（小名）等人。

第七代传人：（扮头陀者）王四喜（小名：七儿），（扮丑公子者）廉义才，（扮崔莺莺者）张贵志，（扮观音或白娘子）张丽梅（张麟之三女）、张震江（张麟之子），（扮正公子）王小林、朱俊臣，郝宏，张全生，刘金宝，臭子，二狗，二子，四小，等等。此外，太钢、山机、矿机、王家坟等企业乡村还有许多人。

第八代传人：王耀武、杨帆等人。

五、代表性传承人

第六代：张麟（艺名：贵元）。

第七代：王四喜（小名：七儿）、张震江（张麟之子）。

第八代：王耀武、杨帆。

六、主要特征

太原庙前高跷距今已有二百余年的历史。最初兴起时属河北武跷，长期受晋剧与太原秧歌的冲击与熏陶，到后来渐嬗变为文跷。虽多以唱、念、扭、摆、舞、逗、颠、蹦表演来刻画戏剧人物性格，体现出舒展飘逸、风趣细腻、生动逼真、引人入胜的独特风格，但也不乏武跷威武刚劲的表演。在中国北方高跷中有自身浓郁的地方特色，深为当地民间所喜闻乐见。

七、主要价值

太原庙前高跷自兴起之日起，便一直担负着庙前街一带人民代代生活中的祭祀、庆典、庙会、灯节、送岁、迎春等活动的渲染助兴的任务，以独特艺术形式寄托着老百姓美好的生活愿望，给一方大众带来极大的欢乐。它不仅有很高的美学文化价值，可用来丰富和表达我们现代生活的情绪，也是研究晋商文化发展的一个侧面课题。

弘扬太原庙前高跷，可丰富太原地区的民间乡土文化内涵，满足人民群众的文化需求，对打造太原特色文化名城有非常重大的意义。

八、濒危状况

太原市庙前街高跷、历史上自兴起以来深受太原民间之喜爱，高跷艺人们结合当地的文化生活代代进行革新丰富和提高，并代代传承，至今已有两个世纪之久，使其成为近代太原民间艺术史上最具代表性的项目之一。

日寇侵华时期，太原庙前高跷曾一度受到摧残，断演了十余年，且其中亦有许多内容失传绝演。新中国成立以后，它枯木逢春，大放异彩。

“文化大革命”期间，这朵民间艺术奇葩被贬为“四旧”而打入冷宫，改演了几天样板戏。“文化大革命”一结束，传统内容的演出虽再度复出，但较从前已大打折扣。

1993年夏季，偶然的机遇给太原庙前高跷带来一时的振兴与繁荣，其被深圳特区华侨城中国民俗文化村特邀，赴深圳演出了三个月，受到许多海内外游客的拍手赞赏，载誉而归，在其活动历史上写下浓墨重彩的一笔。

太原庙前高跷从20世纪80年代至2007年，在太原地面上销声匿迹了近30年！改革开放所带来的新潮文化大力冲击着传统。太原庙前高跷受排挤神秘失踪断演了30年，眼看就要断代失传！这不能不叫所有老太原们心急如焚，一致在大声疾呼："赶快抢救咱们的庙前高跷吧！"

2008年春，太原市民间文艺家协会的领导与专家在省、市、区各级领导的关注与支持下，开始了对太原庙前高跷的拯救工作。他们经多次多方寻访，最后才找到并请出高跷老艺人们，又投入资金创造条件，帮助恢复了高跷活动，使之重现江湖。

传承现状：大多高跷艺人已年逾花甲或古稀，较年轻的与刚学的目前还不足十人，因而出现了后继乏人的状况。又因老艺人年事已高，无法重拾往日绝技，而使之未能再度得以延传。再者，高跷存在着一定的危险性，常使欲学者生畏而退却。此外，培训活动经费短缺，没有合适的训练场地。

因此，抢救、挖掘、革新、发展太原庙前高跷，仍迫在眉睫，还须再做大量的工作，并投入一定的资金。否则，其还将存在失传的危险！

九、保护措施

①太原市民间文艺家协会历经近两年的多次多方寻访、调

查、拜访艺人等工作，基本摸清了庙前高跷的存在现状。

②请出老艺人、组织队员、组建艺术团，由多人自筹资金制作道具购买行头乐器，寻找训练场地、排练节目等，经一年多的努力，恢复了庙前高跷的演出活动，并正式成立了太原市民间文艺家协会、庙前高跷老艺人艺术团。

③组织协会民俗专家对太原庙前高跷的历史及艺术等展开挖掘、搜集、研究、整合、建档等工作。

④组团后多次组织展演，拍摄了相关的图片、照片、录像等音像资料，并联系敦促媒体做了大量相关的报道和宣传。

⑤目前正在挖掘培训传统高跷高难绝技，以备传授给后继人才。进一步挖掘整理濒临失传的绝技；建立健全史料及人才档案；承传保护传统内容，培养后继人才；编撰庙前高跷艺术、学术等著述专辑；制作相关的影视专题作品；建立网站，进行宣传与交流。

第三节　集义高跷的生存环境

一、太原市清徐县自然地理环境

清徐县，别名梗阳，位于山西省中部，晋中盆地西北部。地处太原市城郊，隶属于山西省太原市，东、南接晋中市榆次区、太谷区、祁县，西邻吕梁市交城县、文水县，北界古交市、万柏林区、晋源区、小店区，总面积609.5平方公里。截至2017年8月，全县下辖4个镇，5个乡，1个街道办事处，139个行政村，31个社区委员会。2019年，全县常住人口358473人，其中，城镇133183人，乡村225290人，男性 182416 人，女性 176057 人，清徐县地势西北高，东南低，呈西陡向东缓展布，依次分为中低山区、山前洪积扇、倾斜平原和冲积平原，山区和平川分别约占总面积的 1/3 和 2/3，没有明显的丘陵区。清徐县属暖温带大陆性气候，四季分明。

清徐县的地方文化丰富。2006 年，山西省清徐县申报的清徐老陈醋酿制技艺，入选第一批国家级非物质文化遗产名录，传统手工技艺项目类别；2008 年，山西省清徐县参与申报的“抬阁（芯子、铁枝、飘色）（清徐徐沟背铁棍）”，入选第二批国家级非物质文化遗产名录，民俗项目类别；2008 年，山西省清徐县参与申报的“砖雕（山西民居砖雕）”，入选第一批国家级非物质文化遗产名录扩展项目名录，传统美术项目类别；2010 年，山西省清徐县申报的“清徐彩门楼”，入选第三批国家级非物质文化遗产名录，传统美术项目类别。

清徐县的民俗风情节庆丰富。醋文化节，由清徐县委、县政府举办，2009 年被中国节庆会展高峰论坛组委会评为全国节庆百强。架火节，清徐架火始于初唐，2006 年，清徐架火被列为太原市非物质文化遗产保护项目。作为山西省传统节目保护示范地，2009 年，清徐县委、县政府决定每年的正月十六，举办中国清徐架火节。架火节期间活动主要有特色民间文艺节目表演、葡萄采摘月。中共清徐县委、县政府决定于每年葡萄成熟的时候，在全国农业旅游示范点——清徐县葡峰山庄举办中国·清徐葡萄采摘月活动。清徐庙会，每年农历四月十八和十月初八有清徐县城最大的庙会。

二、太原市清徐县行政沿革

表 7－2　太原市清徐县行政沿革一览表

时间	清徐县隶属
尧舜时期	唐尧初都在太原，并建唐城，清源就属唐
夏分九州	清源属冀州
周代	冀州又分为幽、并二州，清源属并州
东周时期（629 年）	晋国在清源检阅军队，建立五军去抵御狄人，赵衰为卿。《永乐大典》记载，清原即清源
春秋时期（555 年）	中行献子见梗阳之巫皋。后来，梗阳又成为祁氏之食邑
北魏延昌三年（514 年）	晋国魏献子为政，将祁氏之田分为七县，梗阳就是其中之一，这是梗阳成为县城的开始
晋安帝元兴二年（403 年）	三家分晋，春秋结束，战国开始，梗阳属赵
西晋太康九年（288 年）	秦取梗阳，地入于秦
. 魏正始八年（247 年）	秦灭赵国，设太原郡，梗阳属太原郡。西汉郡国并行，梗阳属韩国
东汉建安元年（196 年）	汉高祖设代国，都晋阳，封其子刘恒为代王。此时，梗阳属代国
东汉延平元年（106 年）	汉武帝首创十三州刺史部，梗阳降为并州刺史部太原郡榆次县的乡。自此时起，西汉、东汉、三国、晋，梗阳一直为榆次县的西境
元嘉二十五年（448 年）	撤销榆次县，梗阳随之并入晋阳县

续表

时间	清徐县隶属
北魏景明元年（500年）	北魏景明元年，恢复榆次县，梗阳又随之归属榆次县
隋文帝开皇二年（582年）	隋初，梗阳又归属并州晋阳县
隋文帝开皇十六年（596年）	析晋阳和榆次的部分地区新建立清源县，在梗阳城北新建县城，因城西北有清源水而得名，此为清源称县之始
隋大业三年（607年）	又废清源县而并入晋阳县
唐朝（618年）	又恢复清源县。从此开始，唐、五代、金均为清源县
南宋（1220年）	清源置晋州，辖徐沟、太谷、祁县三县
元代（1271年）	废州，仍为清源县。元、明、清均为清源县
清代（1764年）	清源降为乡，隶属徐沟县管辖
民国元年（1912年）	恢复清源县建制
1915年	又降为镇，属徐沟县
1917年	又恢复清源县
1952年	清源、徐沟合并为清徐县

三、集义乡代李青村概况

清徐县集义乡，地处清徐县最东端，地理位置优越，交通便利，通信发达，水源丰富，土地肥沃，大气环境优良，是清徐县碧水蓝天无污染的一方净土。全乡辖20个行政村，面积

56 平方公里，总人口 2.7 万人，耕地 5.6 万亩①。集义乡是清徐县的农业大乡，太原市的优质高效农业示范区，山西省放心菜示范园区。2018 年 7 月 3 日，农业农村部公布前六批全国一村一品示范村镇监测合格名单，山西省太原市清徐县集义乡（蔬菜）在列。

代李青村，位于清徐县集义乡南部 3.5 公里处，是集义乡第五大人口村。该村东与榆次区接壤，西与徐沟镇相邻，南与太谷县交界，北与集义村相邻。现在的代李青、杨李青、温李青，原为一个村，称桃李青。明万《徐沟县志》载，旧传阳处父屡游其地，见桃李茂盛，便呼为李青。该村以代姓为主，因而取名代李青。该村由三个小队组成，总户数为 473 户，1655 人，生产以粮食和蔬菜种植为主。代李青村是一个较落后的村庄，村民思想保守，同时也是一个较穷困的村。2009 年新上任的村两委主干，积极谋取村内发展，增强基础设施建设。2010 年村两委响应上级号召，在 20 世纪 80 年代初建立的村委会旧址上新建村级场所，新增灯光球场级旗台、戏台，建设道路硬化工程，使代李青村拥有了崭新的风貌。

第四节　集义高跷的原生性传承

一、历史渊源

集义高跷历史悠久，颇负盛名。据传，公元前 606 年，代李青村代永太在农闲时，出于好奇，尝试双脚踩铁锹行走，后

① 由于长期以来我国农业用地面积往往以“亩”为计量单位，故本书在具体研究时保留了“亩”，后同。

由于考虑行走的稳定性和安全性，更换使用粗壮的树杈作为行走工具。每当农闲，他就展示给大家看，其独特的凌空特点和杂技惊险之玄妙，引来很多人积极效仿，一种简单的高跷也就形成了。

公元前631年，乔六只在外地做买卖，便将家乡高跷队伍带到开封表演。为了吸引更多的群众、扩大买卖营业范围和销售力度，乔六只又改进了高跷表演，在原版高跷的基础上增加跷棍高度。这一改变对集义高跷的创新发展起到了推动作用，其形式多样，已形成鲜明的地域风格，深受百姓的喜爱。

唐朝时期，老艺人代禄安进一步改进了高跷行走工具，选用柔韧性强的榆树，代替了树杈，行走形式也得到了改进，如蛇脱皮、碰拐等。唐太宗李世民出巡太原并州时，代禄安带领村内高跷队进行了表演，受到了大家的欢迎，高跷从此走出了代李青村。

19世纪80年代，集义高跷名家传人乔海根，他既爱好踩高跷又是手艺高明的木匠，对高跷的材料、制作结构、跷腿比例都进行了多方面的改进，高跷的形式也更加明确，并且在他的带领下，高跷开始走出代李青村，走向清源、孟封，首次演出赢得人们的一致赞赏。

清朝末年，高跷传承人乔喜只（又名瞎喜只），在制作精良的表演器具下的同时，开始自编自演一些表演项目，选用民间传说、戏曲故事及现实生活中的人物形象来演绎百姓耳熟能详的故事，其魅力无限，玄妙奇特，令人惊叹。后来，每逢冬季农闲和农历春节到来之际，人们便踩起高跷，庆祝节日，闹红火。

1928 年，乔海根重新组织高跷表演，在原基础上进一步改进高跷制作。乔海根也是一名技术高超的木匠，他既能踩高跷扭逗，做出多项表演，又能打小鼓，丰富了高跷的表演动作，高跷艺术就这样在民间流传至今。

新中国成立前，高跷表演多为个人组织，不再集体组织，又由于当时形势动乱，高跷表演被迫停止过数年。1955 年，乔海根长子乔金祥，由于从小受到父亲对高跷喜爱钻研的熏陶，他对高跷也有了更高兴趣，从此整天琢磨如何让高跷表演进一步改革。他空闲时就会扎起跷腿自己揣摩做试验，改变表演形式，创新出新的队形，例如拉骆驼、跳板凳、蛇脱皮等。他善于编小曲儿、唱小调，为高跷表演增加了唱词，如《十二英雄传》。这样，表演者既能唱又能做出优美的动作，高跷高度也有所增加，由原来的 2 尺增加为 1—2 米。

1971 年，乔金祥的女婿马小三任代李青村集义高跷队教练。他在往日的基础上，加强了歌曲伴奏，运用了现代的电器化，光盘、磁带、录音等各种形式的伴奏应有尽有，还把表演与戏曲人物故事情节有机结合。装扮出《西厢记》《清风亭》《武松杀嫂》《送丑女》《小放牛》《西游记》《沙漠牵骆驼》等经典文学著作中的不同人物形象，这样使高跷更受人们的喜爱。

改革开放后，1981 年，杨有成、代辛卯两人又重新拾起高跷表演。表演形式难度加大，特别是“上天桥”，表演者需要借助桌子才能走上“天桥”，危险性高，曾在清徐三国城进行表演，赢得了大家的赞赏。为了迎接改革开放，他们特编演了“凤凰展翅”，整齐热闹的场面赢得了大家的热烈欢迎。

高跷在不断改进中，他们又在增多花样，新增加了“孔雀开屏”“跌七叉”等表演项目，并且为各项表演也赋予了时代含义。例如，2006 年参加表演的“剪子鼓”，由 3 人增加为多人，陆续组成了圆圈再配以《祖国您好》的音乐，象征着社会和谐，人民幸福。现在代李青村中小学生也积极参与，高跷已成为学校的一项体育项目。

二、基本内容

集义高跷表演者用榆木缚脚行走、跳跃和舞剑，脚用彩色套布掩饰起来，远远看过去，有种人物直穿云霄的感觉。集义高跷表演有文跷和武跷之分，文跷重在扮相与扭逗，武跷则强调个人技巧和绝招。表演者脚踩高跷、中跷、跑跷三种形式展示，形象生动活泼，逗人取乐，如履平地。演员踩高跷比一般人高，便于远近观赏，无异于活动舞台，给人以快乐奇特的感觉，令人耳目一新，深受人们的喜爱，是群众喜闻乐见的民间艺术活动。多年来，清徐县集义高跷不仅是当地人逢年过节、喜庆场合必不可少的活动形式，而且随着时代的发展，科技的进步，其活动表演空间在不断拓展。

1. 高跷的结构

集义高跷由结实的柔韧性强的榆木制成，经过两次加工成形。首先要挑选精良的榆木，切割成尺寸相等的木条状，然后进行打磨，去除粗糙的条纹，直到光滑为止，成形后的底部高跷杆直径为 5 至 6 厘米，跷腿高度大多为 1 米至 2 米。

2. 高跷的捆绑

高跷杆做好后，在杆 2/3 处绑一个榆木材质的脚踏板，再把麻绳一头固定在脚踏板处，随后将麻绳从脚开始螺旋向上绑在表演者膝盖下方，尽量放开小腿肚，最后把余下的麻绳螺旋向下绕插于脚面上，穿扎在绑好的绳子上。这样，高跷就固定稳固了。

3. 高跷的装饰

高跷是一种高难险的民间艺术形式，表演者为男性。高跷的人物形象和装饰制彩均依民间故事，戏曲主题而定，是民间故事和戏曲主题的高度概括和经典再现。人物形象有男性也有女性，女性角色即踩跷者男扮女装，裤子特别长要将高跷全部掩饰。整体装扮与戏曲人物角色要求一致。

4. 高跷的表演

集义高跷表演时，要选择平整、防滑度高的路面。表演者需要多练习，掌握好身体的平衡，才能行走自如。初学者在师父带领下或沿着绳索起步，站立后一定要抬头挺胸，缓慢行走，切勿停顿，这样可以消除恐慌。另外，初学者不能远离支撑物，通过不断练习，一周后就能进行简单的表演。

表演队形、步伐是根据故事的内容确定。例如，蛇脱皮，表演形式整齐，起步后，队伍依次排开，领头的表演者按照节奏向前迈脚的同时，向后转身走一个半圆形路线之后绕至第二人身后，这样迈脚、绕身一直轮流下去。在西游记表演中，孙悟空扮演者则是按照节奏，忽高忽低快速行进，同时左右摇晃身体表现四处张望和观察的情景。

文高跷表演多以“走步”“蛇脱皮”“插队走”“凤凰展翅”“龙摆尾”等队列队形为主；武高跷多以“跳桌子”“跳双凳”“单腿跳”“双腿跳”“磕拐”“碰拐”“翻跟头”“鹞子翻身”“大劈叉”等惊险的技术技巧动作为主。表演过程中可以进行跑大场变队形图案的文高跷形式，也可以分组或双人对演展示武高跷技巧，也可以文、武高跷互相融合表演，形式多样，五花八门，不拘一格。高跷队伍可以在村中广场表演，也可以走街串巷边走边表演。

（1）音乐

集义高跷常用的起鼓节奏为：

O XX | XX X | XX XX | XX X |

（2）相关制品及其作品

与高跷相关的器具有高跷腿、方桌、板凳、梯子、绳子等。高跷制品有掩饰高跷外露部分又能与表演主题相关的彩子装饰品。作品包括《武松杀嫂》《西厢记》《拾玉镯》《清风亭》《送丑女》《西游记》《沙漠牵骆驼》等。

（3）代表性传承人

19世纪80年代，乔海根为代李青村集义高跷名家传人，他改进高跷材质、结构，把集义高跷形式传播至清源、孟封等地，首次演出赢得人们的一致赞赏。

乔金祥，主要在高跷的表演队形、表演姿态、人物形象方面的创新性贡献比较大，同时改进了高跷跷腿的高度。

改革开放后，杨有成、代辛卯是代李青村集义高跷的主要传承者，主要在技术技巧上有所创新，开拓了集义高跷的武高跷形式。

三、主要特征

1. 形态精妙

踩高跷俗称缚柴脚，亦称“高跷”“踏高跷”“扎高脚”

“走高腿”，是民间盛行的一种群众性技艺表演，多在民间社火、传统节日里进行表演，由表演者脚上绑着长木跷在广场进行表演。踩高跷技艺性强，形式活泼多样，因此深受群众喜爱。

高跷表演者将双脚分别绑在木棍上，表演开始之后，首先由一人或多人来往逗舞，伴随着唢呐声响，配合诙谐有趣的动作刻画故事。其次，表演者可以做舞剑、大劈叉、跳双凳、过桌子、扭秧歌、跳桌子、过仙桥等高难度技术技巧动作，在表演过程中边扭秧歌步，边变换队形，同时进行评说和演唱。表演活动内容机动性大，行动比较自如，也被称为“高跷秧歌”。

2. 制彩多样

高跷表演主题刻画精巧，人物惟妙惟肖，大部分表演要靠彩子的装饰，彩子要依据戏剧内容而定。常扮演的人物角色有渔翁、媒婆、傻公子、小二哥、道姑、和尚等。根据不同的人物角色特点，装饰不同的彩子，五花八门，形态各异，在民间社火活动中，高跷多在秧歌、跑旱船、跑花灯、竹马儿的表演之后出现，却给人以眼前一亮的惊艳感觉。

3. 丑角出彩

高跷中的丑角扮相，其形象丑陋怪诞，表演滑稽幽默，以嬉笑逗乐、插科打诨为主来表现角色性格，烘托出欢乐的节日气氛，给人一种别样的艺术享受。丑角表演虽是高跷队伍的附属部分，但却表现着有趣的民间传说，折射了一定历史时期的社会现实和民众的思想情趣。

例如，常见的丑角蛮婆蛮汉、张公背张婆、大头和尚戏柳翠等，就表现了人民群众对造福大众、驱疫逐邪者的赞美，以及对通情达理、与人为善者的讴歌。在表演的过程中，蛮婆戴黑水沙网子，示其豪侠不凡；两耳挂红辣椒，示其双喜临门；她着宽袖白布衫，貌似大肚女人，示其有儿有女；她左手握面杖，表示镇邪气；右手拿羽扇，寓意驱臭气、干干净净过春节。蛮婆的整体装扮，含有福、禄、寿、喜的寓意。同时，丑角的表演大多不受高跷队伍表演节奏的制约，可以自由穿插于高跷队伍的前、中、后，即兴作戏，调情逗趣，引人发笑，使高跷表演气氛更加热烈和欢喜。

4. 跷腿高

集义高跷历史悠久，群众基础广，和山西境内的其他地域高跷的高度相比略高，最高的高度达 2.5 米以上。集义高跷分为高跷、中跷、跑跷三种形式。高跷以高度为主；中跷用于常规文高跷的姿态表演、队形展示和部分武高跷技术技巧；跑跷高度较短，所以走起来步伐比较碎，动作、技巧容易掌握，踩跷技术娴熟者可以悠闲地扭动秧歌步和跑动。集义高跷整体表演难度大、花样多、重心高、难度大，个别特技也并非常人能做到，多年来深受观众的喜爱。

四、主要价值

1. 科学价值

高跷艺术的产生和发展不单单是文化艺术的进步，还反映了科学知识的进步。高跷的成功表演，包含着物理学、力学原理，表演者在制作跷腿、捆绑跷腿、学习动作和表演等方面都需要掌握跷腿结构的数字比例和绑腿之后腿部受力面的合理，以及身体重心和力量的平衡，这是对科学的理论知识进行实践性的检验的过程。

2. 时代价值

集义高跷因其精湛的表演而闻名，广受群众喜爱，是每次各类型民间文艺活动的压轴节目，对研究历史发展文化有着可借鉴的时代价值。每逢表演，当地百姓对高跷的出场都是充满了期待，高跷队伍浩浩荡荡、歌舞升平，高跷表演成为每年元宵节期间必备的文化大餐。集义高跷是广大人民群众在物质生活水平提高之后，进一步追求精神文化享受的表现，在构建24字社会主义核心价值观的新时代，对美丽乡村建设有着举足轻重的作用。

3. 历史价值

集义高跷是公元前606年由铁锹消遣演变为文化艺术的一种民间形式，由太原市清徐县代李青村走向山西其他地区，由最初的男生表演，慢慢传承演变为男女混合表演的形式，有着深厚的历史文化。集义高跷现已成为清徐县地域文化的代表，是我们研究当地历史发展及社会文化的优良素材，它的产生、传承和发展有着当地文化内涵的浓厚特色。

4. 经济价值

集义高跷表演是一种集民间口头文学、民间舞蹈、民间故事、民间戏曲、社火节庆、民俗节日等形式为一体的民间文化艺术表现形式，诙谐幽默的表演风格展现着代李青村农民生产生活的多样性，展现着代李青村精神风貌的丰富性。它产生、传承和发展成为全民和谐健康的文化活动，成为新农村建设的标志性表现艺术。随着经济的发展和人民物质生活水平的提高，民间艺术越来越受到广大人民群众的青睐，该项艺术蕴藏经济价值，并有很广泛的表演市场。

五、濒危状况

集义高跷，历史悠久，千百年来祖祖辈辈代代相传延续至今。从腊月到次年正月，是全村男女老少几乎都会参与的一种民间文艺活动，形成了独有的高跷民俗文化，是春节、元宵节期间民间文艺会演必备的节目。但是，随着时代的发展和现代娱乐、网络游艺的冲击，加之民间文艺会演的减少，集义高跷的传承也出现了断代和后继乏人的状况。具体表现有以下几方面：

1. 传承艺人老化断代

绝妙的技艺本应该有年轻人继承，但是目前高跷表演者几乎都为50岁以上的老人，表演已渐吃力，特别是高难度的武高跷表演动作，已无人传承。

2. 表演形式缺少创新

经过传承人不断创新加工，高跷表演动作虽已有了一定的提高，但表演形式方面仍无很大的创新性。

3. 经费不足

高跷这项活动大多在农闲时进行，所以很难保持其活动的连续性。冬季农闲或是迎接春节、元宵节组织表演者练习时，因穿着、温度、场地等诸多因素，表演者有时会出现些意外摔伤的情况，所以很少有人愿意参加此项活动。

近年来，经费的短缺致使这项艺术几十年来停滞不前，每年各级政府虽然会时有拨款，但是款项金额有限，也只能应付当年的活动。要进一步培养年轻的传承人，聘请专业的戏曲、舞蹈、音乐老师、专家给予专业的训练、指导和评估，或是外出调研和学习其他地域的高跷等改革构想，都需要经费的支持。

4. 多元化文化活动的冲击

时代的发展，经济的繁荣，多元化文化艺术活动的不断出现，对传统的民间高跷艺术的冲击也大大增强，年轻人喜爱和学习高跷的热情普遍不高。

六、保护措施

对于传承艺人老化断代的传承困境，提出了创建集义高跷非遗进校园的构想，在充分调研的基础上，聘请山西省戏曲、音乐、舞蹈等方面的专家，创作编排了以高跷为元素的特色广播操、特色集体舞，首先选定代李青小学进行普及推广。编印了高跷乡土教材，将高跷纳入常规教学之中。经过两年多的创建，集义高跷代李青非遗特色学校已初见成效，为非遗保护传承探索了一条新的途径，也为晋中文化生态保护区增加了新的建设内容，更进一步完善了清徐县的文化生态建设和文化遗产保护。集义代李青高跷非遗特色学校的创建，在非遗保护传承方面对山西省有里程碑式开拓创新的意义。

集义高跷表演技艺高超，深受百姓的喜欢，这样珍贵的非物质文化遗产需要进一步创新和改革。对此，集义乡党委、政府高度重视，提出逐步扩展加大高跷艺术的发源地及一些传承艺人来教授和改革。近年来，上级部门对此项活动给予大力的支持，购置了服装、道具、制彩等。

代李青踩高跷艺术的濒危状况已引起了文体局、文化馆、集义乡文化站的关注和重视。各级领导提出，政府与集义高跷传承人组建研究委员会，专门负责处理、调整和研究集义高跷文化项目的传承和发展问题。同时，组建一个专门的民间艺术表演团，加大媒体宣传，扩大市场，创作品牌，提高集义高跷的社会影响力，为其增加表演机会和平台。

第八章　晋西南高跷

第一节　响铃高跷的生存环境

一、隰县自然地理环境

隰县，别名隰州，《尔雅》曰："下湿曰隰。"以州带泉泊下湿，故以"隰"为名。据《太平寰宇记》载，以县南有龙泉，地湿，因名隰。隰县位于临汾市西北边缘，东临汾西，西连永和，南与蒲县、大宁接壤，北与石楼、交口毗邻，隶属于山西省临汾市，总面积1415.3平方公里。2018年5月，入围2018中国最美县域榜单。隰县民族以汉族为主，有回族、满族、土家族、蒙古族等少数民族。截至2020年末，隰县辖3个镇、5个乡，常住人口为91394人。

隰县地形属黄土高原残垣沟壑区，境内垣面高阔残缺，沟壑纵横交错，山峦连绵，丘陵起伏。隰县主要有三川、七垣、八大沟，地势东北高、西南低。海拔大部分在950米至1300米之间，最高处黄土镇紫荆山1955米，最低处午城镇上胡城村770米。隰县气候属暖温带大陆性季风气候，年平均气温9.5℃，年平均降水量450—550毫米，年平均日照2740.9小时，无霜期平均150—160天。

二、隰县行政沿革

表8－1　临汾市隰县行政沿革一览表

时间	隰县隶属
汉	置蒲子县
北魏	置南吐京郡、北平昌县，后废
太和十二年（488年）	置汾州，孝昌年间废，北周复置
保定初年（561年）	置大宁县
大象元年（579年）	于今县城北18公里长寿村置长寿县，于县置龙泉郡
隋文帝四年（584年）	改汾州为西汾州
隋文帝五年（585年）	废龙泉郡，改西汾州为隰州
开皇十八年（598年）	改长寿县为隰川县
隋大业三年（607年）	改隰州为龙泉郡
唐武德元年（618年）	复为隰州
天宝元年（742年）	改大宁郡
乾元元年（758年）	复为隰州
金天会六年（1128年）	改南隰州
天德三年（1151年）	复为隰州
兴定五年（1221年）	于今县城南30公里午城镇置仵城县，属隰州
元	废仵城县
元正年间	隰川县废入隰州，隶晋宁路，后复置隰川县
明洪武二年（1369年）	废隰川县

续表

时间	隰县隶属
清雍正二年（1724 年）	升直隶州
1912 年	废隶州，改置隰县，属河东道，道废后直属省
1949 年	置分区，属晋南区行署。后废隰县分区，县属临汾专区
1954 年	属晋南专区
1958 年	与大宁县合并为隰宁县，后又与永和、蒲县、石楼合并为吕梁县
1961 年	复置隰县，属晋南专区
1967 年	属晋南地区
1970 年	属临汾地区
2000 年	属地级临汾市
2001 年	全县辖 3 个镇、5 个乡：龙泉镇、午城镇、黄土镇、阳头升乡、寨子乡、陡坡乡、下李乡、城南乡，县政府驻龙泉镇

三、千家庄村概况

千家庄村位居山西省临汾市隰县城南乡，距隰县县城北 5 公里，共辖 1 个村民小组，309 户，1089 口人。千家庄村与城川河、上友村、明月泉、山崖地、太和山、庞家庄等村庄相邻。主要的农产品是莴苣、生姜、山莓、包菜、李子、沙果、茼蒿、玉米。整体风景秀丽，英才辈出，人杰地灵。

千家庄村组织了千家庄村活动室，是村民搞娱乐项目的主要场所。在县文化局、城南文化站的引导下，千家庄村村委会委员严翠莲积极组织文艺爱好者 70 余人成立了阳光文艺队。

严翠莲是大家公认的文化大使，每逢黄宿村孝老爱亲文化活动、黄宿元旦文艺会演等文化交流活动，阳光文艺队便会组织排练高跷、合唱、广场舞、锣鼓、秧歌等，以此丰富群众文化生活。通过这些活动，增强村民们的文化自信心，农闲生活也变得丰富多彩、有滋有味。山西省省级非物质文化遗产“响铃高跷”就出自千家庄村，是村里较为普及的一种民俗文化形式，几乎人人会踩高跷。

第二节　响铃高跷的原生性传承

一、历史渊源

据响铃高跷的传承人杨志明老师口述知，隰县千家庄响铃高跷约是清朝末年兴起。村中老艺人回忆，1942 年，村里来了一位河北人王师傅，有一身祖传的踩高跷的特技。每年正月里，他总是踩着高跷四处走动，特别是木跷踩跷处绑着的黄铜铃，走起来声音清脆，发出“丁零……丁零……”的声响，十分悦耳。千家庄的大人孩子都很喜欢，常常是他在前面踩着跷，后面跟着一溜人。

村里的年轻人看着新鲜，就请王师傅给他们传艺，并与当地的秧歌结合表演，形成高跷秧歌形式，上身舞姿也丰富了，身姿扭动漂亮了，看过的群众都拍手叫好，一时轰动十里八乡。晋西隰县的响铃高跷，以其在跷腿上拴着的铃铛踩起来能发出清脆悦耳的响声而显得别有情致。从此，绑着黄铜铃的响铃高跷在千家庄代代相传，足迹遍及晋西、晋南各地，大受欢迎。

二、表演形式

响铃高跷分为文高跷和武高跷。

1. 文高跷

文高跷以扭为主，侧重队形变化。表演者扭时，两腿肌肉收紧，两跷一顿一顿地踩地，上身耸身甩臂，灵活松弛，面部表情丰富，有的风流潇洒，有的幽默诙谐。常用的队形有“蒜辫子”“二龙戏水”“五角形”“双龙摆尾”“卷心菜”“二鬼摔跤”。

蒜辫子，需要观众的配合，高跷队员中的领队先在观众队伍中走一圈，一边吆喝一边打开场子，观众自觉排成两竖列，表演区域呈长方形。高跷队员们排成两条线，以观众的两竖列为边，似扭麻花不停地反复交叉和穿梭，让人眼花缭乱。队员以秧歌步为主，每次拐弯需要转身，保持蒜辫子队形的流畅性。

二龙戏水，高跷队伍排成两条线，由领头的踩跷者带领进行“斗龙”场面，之后转为盘转的画面。

五角形，高跷队伍排成一条线，在领头的踩跷者带领下走出五角星的样式。

双龙摆尾，高跷队伍排成两条线，各自扭动成双S形，最后头尾各自向相反方向横排带出，形成摆尾意味，此队形一般用于表演结束时，摆尾即下场。

卷心菜，此队形是在圆形场地表演，高跷队员中的领队先在观众队伍中走一圈，一边吆喝一边打开场子，使表演区域呈圆形。高跷队伍排成一条线，慢慢地向中间同方向卷动，也可以做双层反方向卷动。观众如果从上向下看是卷心菜画面，视觉效果佳。

二鬼摔跤，名为二鬼，实则表演只 1 人，背上背着假人服饰造型，在表演中形成 2 人配合扭打摔跤的画面，偏重诙谐幽默的风格。

2. 武高跷

武高跷粗犷豪放，骁勇剽悍，侧重于技巧展现，多在高潮时上阵。其中主要有“端腿跳”“提腿跳”“跳八叉”“掖腿跳”“大劈叉”“过金桥”“跳桌子”“跃双凳”等，这些技术技巧的动作表演与其他地域武高跷形式的动作类似。最为精彩的当数“踩扁担”“拉骆驼”等艺术造型。

踩扁担，也叫“上高台”，可以是二层，也可以是三层，层数以扁担层数为准。①踩扁担上二层高台，就是铺两层扁担。通常是地面 4 人排成一竖列，不踩跷，直接脚踩地面，保持稳定作为支撑，同时，4 人同时肩膀抬着扁担。第一层表演者踩跷上扁担，通常是 2 人，同时肩扛扁担。第二层表演者多是 10 岁左右的小孩，不踩跷上扁担。②踩扁担上三层高台，就是铺三层扁担。通常是在 2 组踩扁担上二层高台的基础上，再加一层扁担，最高处是 1 人。

三、人物形象

踩跷人员形象扮演，多选择民间广为流传的经典故事。

文高跷多为戏曲人物，例如，追求爱情自由的《白蛇传》《梁山伯与祝英台》典故中的人物角色。表演形式可以是一个人，也可以是系列人物。例如，一人形式的白娘子，或者一系列形式的许仙、白娘子和小青。

武高跺多为刚烈的历史人物，例如，《水浒传》中“林冲雪夜上梁山”的林冲，《西游记》中“大闹天宫”情节中的孙悟空等。近年来，其中增加了反映时代特色的工农兵新形象，以及不怕牺牲、敢于斗争的革命英雄主义气概的形象，突出了人民群众创造历史的主体地位，格外引人注目。

文高跷和武高跷的人物形象，虽说形式不同，但是都有同样的美好愿望，寄托了千家庄人民对美好生活的向往和追求。

四、音乐节奏

响铃高跷伴奏乐器有鼓、锣、钗、唢呐等。曲牌多为民间小调《拜新年》《放风筝》《卖扁食》《绣荷包》等。曲调悠扬清新，节奏欢快活泼，让人百听不厌。

常用的鼓点有两种，西河滩和秧歌步。方言发音为 ping、tang、qi 三种。

西河滩：

发音：t t p t p

鼓点：X X X X X

发音：p t p t p t p

鼓点：X X X X X X X

秧歌步：

发音：t t q t q

鼓点：X X X X X

发音：tt　qt　qt　q

鼓点：XX　XX　XX　X

高跷队伍表演时，有3个鼓乐队配合。第一支鼓乐队，是领头鼓，腰系鼓边走边敲，站在队伍的最前方，一般是2人；第二支鼓乐队，最少有9人，突出2人共抬的大鼓，1人敲大鼓，大鼓两边各有2个锣、2个镲，鼓点深沉，铿锵有力；第三支鼓乐队位于高跷队之后，突出车拉的大鼓，这只鼓鼓面巨大，由车拉载，1人敲鼓，车的两边各有2个锣、2个镲，大鼓敲起，气势恢宏，使整个高跷表演更加精彩绝伦，尤其是武高跷的技术技巧表演，更是突显鼓点的重要性，使表演气氛达到高潮。

五、艺术特点

人物扮相爱憎分明，既有颂扬中华优秀传统文化的岳母的光辉形象，又有批判奸臣秦桧的丑恶形象。活生生的乡土气息，表现出朴实的劳动人民的核心价值观。队形变化多端。舞动中的高跷队员们双臂前后摆动，不断变换着队形，显得活泼风趣。“一字形”“交叉形”“回环形”等轮流进行，常常引起人们的阵阵欢呼。动作惊险奇美。尤其是踩扁担表演，实在是让人惊心动魄。说时迟，那里快，顷刻间高跷就叠起两层或者三层，最高处的儿童配合最下层演员缓慢向前移动的步伐舞弄绸缎，扁担上踩跷演员不时变换着惊险的动作，令观众瞠目结舌，文化含量高。自古以来，中国人就有一种趋阳避邪、趋利避害的习俗。踩高跷恰恰满足了人们用登高来趋阳避邪的文化心理，这也许是千家庄响铃高跷数年来代代相传的基础。很有意思的是，这里的高跷动作都有一定的象征性意义，寄托着村民对平安、祥和、和谐生活的向往和追求。例如，扭秧歌是庆祝丰收；跳桌子象征规避自然灾害，求得好运；单对、双对预示着年年风调雨顺；扭八字是希望来年五谷丰登、发家致富；踩扁担则象征着日子过得犹如芝麻开花节节高。

六、传承现状

隰县千家庄有着踩高跷的历史传统。上至60岁的年长艺人，下至8岁左右的儿童，男女老少都喜爱踩高跷。民间口传谚语："忘吃饭，不睡觉，人儿跟着锣鼓跳；放下犁，搁下耙，高跷杠子丢不下。"道出了村民们对高跷的热爱程度。

往年的春节期间，走进千家庄，规模可观的高跷队伍到处都是，百余人的高跷队伍就有好几队。而今，村里的年轻后生大多在外打工，留守的多是老人和孩子，能上场表演高跷的人越来越少。近年来，隰县相关部门日渐重视起响铃高跷的传承，从多方面给予支持，村民踩高跷的积极性被调动起来，练习高跷的人也日渐增多。谈及响铃高跷的未来，村党支部书记刘志军的脸上露出了笑容。他说："现在党的政策好了，在外的青年人都回来创业啦，县里很重视响铃高跷的传承，从各方面给予了有力的支持。更为欣喜的是，千家庄小学已经把响铃高跷列为本校素质拓展课程，有越来越多的孩子学会踩高跷了。一批小小传承人成长起来，响铃高跷有接班人了。"响铃高跷的传承人严志明老师谈及响铃高跷的传承情况，也是满脸欣喜。他称："响铃高跷已是远近闻名的民俗表演形式，村中很多家户都已经形成了'爷爷—爸爸—儿子—孙子'式的家族师徒性传承模式。每逢表演，只要鼓点一起，全村男女老少都跟随踩跷，扭跳起来，约定俗成，不愁传承。”隰县响铃高跷这一晋西文化的独特形式，一定会在传承中绽放，在绽放中传承。

第三节　飞岭高跷的生存环境

一、安泽县自然地理环境

安泽县位于山西省临汾市最东部，太岳山东南麓，处在临汾、晋城、长治三市交界，东与长治市屯留区、长子县毗邻，西与古县、浮山县交界，南与晋城沁水县接壤，北与长治市沁源县相连，南北长约 65 公里，东西宽约 45 公里，309 国道和 326 省道纵横全境，全县面积 1967 平方公里，辖 4 个镇、3 个乡、1 个社区中心，4 个社区居委会。安泽县境内地形复杂，整个地势北高南低，东部山峰有安太山、泉庙凹、盘秀山等，海拔都在 1400 米以上，以安太山为最高，海拔 1592 米，西部有大东沟梁、牛头山等，海拔在公里以上。南部邻沁河谷地，地势较低，有小块平川，海拔在 800 米左右。

安泽属于低土石山区，后来受地壳运动的影响，形成东西两翼高高隆起、中间川谷相对下降的地貌特征。境内山岭起伏，各山脉自成体系，又相互交错，沟壑纵横，形成了山峦叠起、沟壑纵横、丘陵发育、深谷遍布的景象，整个地势北高南低。安泽地处沁河流域，沁河自安泽县和川镇议亭村北入安泽境内，至马壁村南出境，有洪驿河、蔺河、大黄河、李元河、第五河、义唐河、孔村河、王村河、泗河、兰河、石槽河、马壁河。安泽县属暖温带大陆性季风气候，四季分明，年平均降水量为539.1毫米，高于临汾市平均值80毫米，空气相对湿度66%，全年无霜期172天左右，形成了安泽独特的小气候，素有“北国小江南”之美誉。

安泽县是中国古代大思想家荀子的故里，古代名相蔺相如的栖身地，也是国家级生态示范区、全国连翘生产第一县、省级森林公园，还有遍布全县的老革命家纪念地。

二、安泽县行政沿革

表8－2　临汾市安泽县行政沿革一览表

时间	安泽县隶属
夏商	属冀州之域
西周、春秋时	属晋国的管辖范围
西汉	在今安泽境内置氏县
东汉	改氏县为猗氏县
三国	仍归猗氏县和毅远县管辖，隶属于魏国的上党郡
西晋	废猗氏县和毅远县，今安泽并入襄陵县，隶属于并州平阳郡。
东晋建武元年（317年）	今安泽仍属襄陵县，隶属雍州平阳郡
东晋太兴二年（319年）	今安泽属冀州
东晋咸和四年（329年）	冀州被废，之后今安泽并入襄陵县，隶属于平阳郡管辖
北魏太延五年（439年）	今安泽从属于平阳郡禽昌县和襄陵县管辖
北魏孝昌四年（528年）	北魏在原猗氏县故地周围设置了四个县，其中的分禽昌县置义宁县、安泽县。安泽县名始于此时，相传因县城在安吉和泽泉之间而得名

续表

时间	安泽县隶属
北魏永熙三年（534 年）	安泽县隶义宁郡，义宁郡隶属于晋州
北周（577 年）	今安泽的行政区划同于北齐
隋开皇元年（581 年）	隋文帝时，改南北朝的州、郡、县三级制为州、县两级制，今安泽在隋文帝属于晋州
	隋炀帝时，又改州、县两级制为郡、县两级制，今安泽县仍属义宁郡，义宁郡属晋州
隋大业二年（606 年）	改安泽县名为岳阳县
隋大业十四年（618 年）	岳阳县属于晋州
五代（907 年）	今安泽的行政区划仍同于唐代
靖康二年（1127 年）	岳阳县隶属于平阳府
元朝（1267 年）	岳阳县并入冀氏县
至元三十年（1293 年）	改冀氏县名为岳阳县，至此，冀氏、和川、岳阳三县终于合并，形成新的岳阳县。岳阳县隶属于平阳路，直属中书省管辖。
明朝洪武元年，大明开国（1368 年）	岳阳县隶属于平阳府，平阳府隶属于山西布政使司
1912 年	岳阳县隶属山西省河东道
1914 年 6 月	山西省政府奉总统令将岳阳县改名为安泽县
1937 年	安泽县划归山西省第三行政区管辖
1941 年 9 月	太岳行署成立，安泽县和岳阳县同属晋冀鲁豫边区太岳行署二专署
1942 年 4 月	岳阳县并入安泽县
1946 年 10 月	冀氏县并入安泽县，安泽县隶属太岳行署岳北专署
1948 年 8 月 26 日	华北人民政府成立

续表

时间	安泽县隶属
1949 年 6 月	安泽县隶属翼城临时专区管辖
1949 年 10 月 1 日	中华人民共和国正式成立
1950 年 1 月	隶属山西省临汾专署
1954 年	隶属山西省晋南专员公署
1970 年	分设临汾地区和运城地区，安泽县隶属山西省临汾地区
2000 年	安泽县隶属于山西省临汾市
2014 年	安泽县辖 4 镇 3 乡 104 个行政村

三、飞岭村概况

飞岭村，隶属于山西省临汾市安泽县府城镇，位于安泽县城以北 7.5 公里处，飞岭村辖 4 个村民小组，223 户，855 口人，2392 亩耕地。

飞岭村耕地面积大，按照“突出特色，注重实效，发展现代农业”的思路，围绕高效、绿色、无公害目标，规模 1500 亩，兴建品种多样化、种养一体化的农业科技示范园。该项目分为种猪繁育区、苗木培育区、林果示范区、绿茶种植区、优种试验区和农家风情庄园。共栽植葡萄、桃树、文冠果、万寿果等林木 300 亩，栽植核桃 200 亩，茶叶 400 亩，侧柏、杨树等 300 亩，优质玉米试验田 200 亩，发展生态观光农业，为农民增收致富搭建广阔平台。

同时，飞岭村在政府的大力支持下，完成了 5000 余平方米街道硬化、1300 米围墙、300 米护河坝、65 户沼气改造、

10个清洁池、4公里环园路沙砾铺垫和绿色长廊的建设任务，建起了学校、休闲健身广场，启动了文化活动室、科技服务中心、便民连锁店和甲级卫生所等工程，绿化、美化、净化了村庄，有效改善了群众的生产生活条件。

飞岭村按照全县“建设山水田园城，打造精品旅游县”的目标，依托本村“依山傍水、沁水环绕，自然环境优美，生态环境宜居”的自然资源优势，以乡村良好的生态环境、优越的人文和自然资源、厚重的特色乡村文化为载体，以“纵情河畔人家，相约生态飞岭”为主题，兴建了飞龙老庄乡村休闲旅游开发区。

2019年12月12日，飞岭村入选2019年中国美丽休闲乡村名单。2020年8月26日，入选第二批全国乡村旅游重点村名单。2021年3月，飞岭村入选2020年“全国生态文化村”。截止到2019年年底，飞岭村游客量突破10万人次，村民人均年收入超过1.5万元，村集体收入达到103万元。飞岭村乡村旅游业的发展，推动了区域文化的传承与传播，飞岭高跷作为民俗文化之一，被列入山西省第三批非物质文化遗产名录，在乡村旅游事业建设中，得到了更多的表演机会，扩大了文化传播范围。

第四节　飞岭高跷的原生性传承

飞岭高跷流传于临汾市安泽县府城镇飞岭村，始于1860年，流传至今已有百余年历史。飞岭村现在的表演队伍有三十人之多，其中扮演的角色皆是大家耳熟能详的各类戏剧人物，同时做叙事简单的剧情表演，例如，“老渔翁”“济公”“关公”“唐僧”“沙僧”“孙悟空”“猪八戒”“小猴”“许仙”

“青蛇”“白蛇”“秦叔宝”“媒婆”“傻妞”等，演员们表演动态风趣、诙谐，技艺性强，形式活泼多样，具有鲜明的动态风格与民族色彩，是一种群众喜闻乐见的民间文艺活动形式，给观众带来很多的欢乐和回忆。飞岭高跷有文武之分。文跷主要表演走唱，有简单的舞蹈动作；武跷则表演“倒立”“跳高桌”“叠罗汉”“劈叉”“过仙桥”“跳桌子”“跳双凳”“大劈叉”等动作。是群众喜闻乐见的一种民间文艺活动形式，具有广泛的群众影响。

安泽历史悠久，文化底蕴深厚，飞岭高跷的产生和延续，正是安泽文脉的表现之一，对于地方戏曲、音乐、民俗、群众文化等各学科的发展都具有重要的研究价值。飞岭高跷将民众集体无意识中对未知世界的探索精神演绎得通俗热闹，其中更蕴含了农业社会普通民众对风调雨顺、幸福生活的期盼。近年来，飞岭村领导十分重视群众的文艺活动，助力挖掘飞岭高跷这一民间文艺活动，使其发扬光大，每年元宵节参加演出活动，曾多次受到市、县领导的好评。2020 年，飞岭高跷入选第三批山西省省级非物质文化遗产。

笔者与飞岭高跷传承人尚庆年老师进行交谈时，了解到尚老师一直潜心钻研飞岭高跷的传承和发展态势。近几年，在临汾市各级领导和同志们的关心帮助下，他紧密围绕飞岭村的文化工作部署，虚心学习，团结同志，服从安排，牢记职责，认真学习，每年都可以完成飞岭村非物质文化的传承任务。在日益更新的多元化文化共享的氛围下，尚老师积极组织高跷表演队伍人员，加强理论文化学习，提高高跷队员的思想觉悟，增强大局意识和职教意识，持续做好民间艺术的传承工作。尚老师对自己要求也非常严格，他敬业肯干，努力上进，耐心传授，

2019年5月授徒2名。他集结高跷队员到飞岭村各组去表演，让他们同长辈们交流踩跷的技巧及队形的变换。他引导高跷队员树立“干一行爱一行”的信念，增强表演技能，每年都能培养一些新的高跷队员，形成高跷队员的梯队传承体制。2019年，飞岭村大队支部建立了非物质文化传承室，使高跷项目所用服装、道具都统一整理、保存。2019年正月参加安泽县社火表演，2019年7月参加飞岭村“蒹葭乡居”民宿开业活动，2019年9月23日参加第二届安泽河灯丰收季农民丰收节，提高了飞岭高跷的影响力。笔者坚信，飞岭高跷在各级领导的支持和尚庆年老师的带领下，定会走向新的发展阶段。

第五节　浮山高跷的生存环境

一、浮山县自然地理环境

浮山县位于山西省晋南盆地东缘，属临汾辖区，北靠古县，南接翼城，东连安泽，东南毗沁水，西连临汾、襄汾。东西为51.7公里，南北宽为31.8公里，总面积为940.6平方公里。属温带大陆性气候，年平均气温为11.2℃，年平均降水量442.2毫米，年均无霜期为196天。浮山县是位于山西省境西南部的一个山区小县，主要有回族、白族等少数民族分布，总人口为13万。全县共9个乡镇185个行政村，绝大多数为汉族，有极少数回族。2014年，浮山县有2镇、7乡，面积946平方公里。交通以公路为主，境内有临汾—翼城和临汾—古县两条干线公路，县乡公路为二至三级公路。

浮山县历史悠久，人文荟萃，文化丰富。早在唐尧、虞舜、夏商时期，浮山为冀州之域，春秋属晋，战国属魏，秦属河东郡，汉为嘉陵地，北魏置葛城，北齐入擒昌，北周设郭城，隋归襄陵县，唐武德二年置浮山县。县境内有元代文庙大成殿、龙角山庆唐观遗址、梁村唐代石梁殿老君洞等文物景点比比皆是。相传临汾东南有山，尧舜时，洪水横流，其山随水高低，其形若浮，故名浮山。据《元和郡县志》知，其以县西浮山为名。相传“洪水时，此山随水消长”，故名。

1993 年，浮山县被文化部命名为“中国民间艺术之乡”。浮山县民间文化底蕴丰厚，传统历史文化丰富多彩，木偶、剪纸、乐乐腔与架子鼓正成为浮山县民间文化的鲜亮代表。

二、浮山县行政沿革

表 8-3　临汾市浮山县行政沿革一览表

时间	浮山县隶属
春秋	属晋
战国	属魏
秦	属河东郡
汉	为襄陵县地
北魏	于今县城西南 5 公里古县村，置葛城县
北齐	废入禽昌县
北周	于葛城县，治置郭城县
隋	废入襄陵县
唐武德二年（619 年）	于今古县村置浮山县，次年见“神人”于羊角山（二峰山）下，改名神山县，属晋州
五代唐同光二年（924 年）	属建雄军

续表

时间	浮山县隶属
五代	属晋州
宋	属平阳府
金大定七年（1167 年）	复名浮山县
兴定四年（1220 年）	改忠孝县
元	仍为浮山县，属晋宁路
明、清	属平阳府
民国	属河东道，道废后直属省
1949 年	属临汾专区
1954 年	属晋南专区
1958 年	并入临汾县
1967 年	属晋南地区
1970 年	属临汾地区
2000 年	属地级临汾市
2001 年	撤销东腰乡，并入城关镇，并更名为天坛镇；撤销西佐乡，并入张庄乡；撤销乔家垣乡，并入北王乡；撤销柏寺乡，并入北韩乡；撤销史演河乡，并入米家垣乡；撤销上东乡，并入响水河镇。
区划调整	全县下辖 2 个镇、7 个乡：天坛镇、响水河镇、张庄乡、东张乡、槐埝乡、北王乡、北韩乡、米家垣乡、寨圪塔乡，县政府驻天坛镇
2019 年 3 月 6 日	中央宣传部、财政部、文化和旅游部、国家文物局公布《革命文物保护利用片区分县名单（第一批）》名单，浮山县在其中

第六节　浮山高跷的原生性传承

浮山高跷，在山西省临汾市浮山县，老百姓叫拐子，是一种最为普及的传统舞蹈形式，也是当地元宵节和传统佳节文艺表演的主打品牌之一。它是浮山县较为普及的一种传统舞蹈，特别是文高跷（也叫“响铃高跷”）和武高跷在临汾地区是较为独特的一种传统舞蹈。文高跷用弦乐伴奏，表演时主要是踩着“高跷”扭秧歌，走各种队形，比较注重步法技巧。武高跷用打击乐伴奏，表演一般能跳跃高桌，向后退走、单腿跳、牵手急行、朝天蹬、跌八叉、过仙桥、翻杠子、跳双凳以及武术等，场面热烈、惊险、刺激，扣人心弦，观者总是人山人海。其高难动作，惊险造型，不亲眼看到是很难想象它的气势的。

一、分布区域

浮山高跷，历史悠久，据当地老艺人回忆，在唐时就有了高跷表演形式，每年正月乡村的高跷都要到“天圣宫”闹红火。后来，随着历代艺人不同的师承关系和各自的表演套路，形成了文、武两个流派。浮山县文高跷，主要分布在浮山县张庄乡南张村一带。武高跷主要分布在浮山县北王乡高村、史壁、张家河、庄里一带。

二、历史渊源

文高跷唐时即有，每年正月都要到“天圣宫”去闹红火。后来根据历代艺人的不同师承和各自创新，便形成了文、武两个流派。

武高跷传说在明代就已出现。传下来的表演节目有《吕洞宾戏牡丹》《西黄庄》《西游记》等。每年春节，庙会的前半月，人们就开始训练踩“拐子”。踩得不好的人，表演时不准上场。合格的就穿上彩衣彩裤进行串村表演。就这样，武高跷世世代代流传了下来。

随着社会的发展，武高跷这一民间艺术也在不断提高,健康兴旺地变化着、发展着。到清代时，高跷队伍由原来的十余人，发展到五十人、到近百人，内容日益丰富，表演技巧不断提高，出现了“过仙桥”“朝天蹬”“跌八叉”“跳桌子”“跳双凳”“端腿跳”等高难动作。到清末民初，因受浮山农民英雄陈彩彰起义的影响，不少农民纷纷起义，踊跃参加洪汉军，练拳习武，杀富济贫，所以高跷中又增加了武术色彩及洪汉军的装扮，表现了洪汉军的英雄气概。抗日战争时期一些老艺人对高跷进行了改革提高，增加了许多符合当时形式的进步内容，如“操兵”“上炮楼”“攻碉堡”等。20 世纪 70 年代后，浮山县又涌现出许多由三至五岁的儿童组成的高跷队，队伍成员多者达一百多名，又是一种新的普及与发展。

三、音乐伴奏

文高跷一般采用八音会和蒲剧曲牌伴奏。

武高跷的音乐为打击乐，速度随表演情绪或快或慢。

谱例一：

锣鼓字谱：咣嘁 咣 | 咣嘁 咣 | 咣咣 嘁咣 | 咣嘁 咣 ‖

鼓：嗒嗒嗒 嗒嗒 | 嗒嗒嗒 嗒嗒 | 嗒嗒嗒嗒 嗒嗒 |
嗒嗒 嗒 ‖
锣：嗒 嗒 | 嗒 嗒 | 嗒嗒嗒 锉嗒 |
嗒 嗒 ‖
镲：锉嗒 锉 | 锉嗒 锉 | 锉 嗒 |
锉嗒 锉 ‖

谱例二：

锣鼓字谱：喊儿 喊儿 | 咣喊 咣 ‖
鼓：嗒嗒嗒 嗒嗒嗒 | 嗒嗒 嗒 ‖
锣：锉 锉 | 嗒 嗒 ‖
镲：嗒 嗒 | 锉嗒 锉 ‖

四、基本动作

1. 扭十字步

与传统秧歌步走法一致，在走的过程中配合上耸肩膀，双臂随之自然摆动。

2. 进二退二

向前大步走两步，向后小步退两步，双臂随之自然摆动。

3. 过仙桥（亦称上炮楼）

在表演场地放置一个高约 1 米的桌子，再连接一个长木板，长木板一边放置桌子边，一边放置地上，呈一个大斜线，高跷艺人从地面经过长木板走到桌子上。

4. 跳桌子

紧接着过仙桥的动作，高跷艺人从桌子上跳下来，稳稳地跳至地面的动态动作。

5. 朝天蹬

后背躺至高约 1 米的桌子上，双手抓住头顶上方的桌子边，由腹部发力，双腿向上甩出 n 的弧线，然后双腿从桌子的一边直接甩至另一边的过程，俗话称“后毛”；双手手掌落至高约 1 米的桌面边上，由手臂支撑发力，双腿从后向上甩出 n 的弧线，然后双腿从桌子的一边直接甩至另一边的过程，俗话称“前毛”。

6. 跳双凳

在表演场地放置 2 条长凳，并把 2 条长凳叠加摞起来，高跷艺人双脚跨过双凳，从双凳这边跳至另一边的过程。

7. 跌八叉

高跷艺人双脚交叉成 X 状，再打开至大八字状，反复重复 X—八的交叉—打开动作，在做的过程中强调有节奏的蹦跳感。

8. 大劈叉

双脚慢慢地滑至大劈叉的纵向“一”字，这个动作对演员有一定的基本功软度要求。大劈叉的姿态形成之后，比较难的是起身动作，需要先用前面的跷腿在地面滑出小凹面，可以顶住跷腿保持稳定之后，后面的跷腿一顿一顿地蹭着慢慢起来。

9. 端腿跳

一条腿弯曲端起，用手抱稳，然后身体重心由一条腿来掌握并蹦跳着行进的动作。

10. 踢腿跳

一条腿向后屈膝，尽量挨住臀部，用手抓住脚，然后身体重心由一条腿来掌握并蹦跳着的行进动作。

五、常用队形

浮山文高跷一般采用“低高跷”（三十厘米左右）、“中高跷”（六十厘米左右）、“高高跷”（一米左右）三种不同高度的跷腿进行表演。乐器以唢呐为主，并以弦乐配打击乐来共同伴奏，一般常用队形有“一条龙”“二龙出水”“蛇脱皮”“走 8 字”“剪子花”“踩四角”“卷垫席”“双环套”“走五角”等。

武高跷过去常采用一丈多高的高跷进行表演，宜在土地上表演，因土地松软，故踩高跷不打滑比较稳当。现在交通马路大多是柏油马路，比较坚硬容易打滑摔倒，所以现在多采用四尺左右的中高跷。表演时分为行进表演和广场表演两种形式。行进表演时，队伍两行排列，演员踩着鼓点扭秧歌步，走“蒜辫子”或“二龙出水”队形向前行进；广场表演时，一般由头跷指挥。头跷的装扮为老抳（丑婆）打扮，手持蒲扇，嘴含哨子。二跷为领队，一般为丑汉打扮，手持欻啦啦，左右挥舞以便打开场子。后面便按节目内容的行当人物进行排列，最后由手持拂尘的另一丑汉压阵。头跷和二跷领着大家每走一两种队形，就在场中心做一个高难动作，如“过仙桥”“跳桌子”动作。一般常用队形有“一条龙”“二龙出水”“蛇脱皮”“走 8 字”“剪子花”“踩四角”“卷垫席”“双环套”“走五角”

等。武高跷表演一般能跳跃高桌、向后退走、单腿跳、牵手急行、朝天蹬、跌八叉、过仙桥、翻杠子、跳双凳等，并结合武术的表演，险中见勇，惊心动魄。兴盛时期参加表演者有二百多人。

六、表演内容

浮山武高跷，表现内容十分丰富。早期多为武打色彩的戏曲故事，以歌颂劳动人民不畏强暴的精神为主旨，如《西黄庄》《西游记》等。到清末民初时，受陈彩彰农民起义的影响，武高跷表演发展到一个新阶段，新创了《操兵》《上炮楼》《攻碉堡》等内容，时代感更加突出。中华人民共和国成立后，各个时期涌现出来的战斗英雄成了武高跷表演的新对象，彰显了浮山人民不怕艰难、不畏牺牲、崇拜英雄的革命人生观和价值观。浮山高跷的表演内容，与时俱进，与不同时代背景下百姓们的审美偏向契合，这也是浮山高跷影响力不断提升的一个原因。

七、道具

从种类上分，浮山武高跷有：高高跷，一丈有余；中高跷，四尺左右；低高跷，一尺上下。高、中跷，均用于成年人表演，低高跷表演者是儿童。三种高跷，表演时相互配合，有大人国和小人国之感，视觉上十分养眼。

八、浮山高跷的主要特征

浮山文高跷的风格特征是：气氛热烈，场面庞大。领跷打扮为“三丑”，嘴含口哨，手拿两边带铃的花棍，随着音乐伴奏引领高跷队进行表演，小、中、高高跷走起来时分时合，变化不同队形，花铃振响，十分动听；扭起来时下身脚步一顿一顿地节奏感很强，上身随脚步耸肩，晃臂，诙谐有趣，俏中带浪。兴盛时期，小至四五岁儿童，老至八十多岁老人都有参与，可达二百多人。

浮山武高跷的风格特征有以下几点。首先，场面宏大，行进表演，队形成两行排列，演员面带笑容，踩着鼓点扭秧歌步，以“蒜辫子”“二龙戏水”队形交替行进，生动传神。其次，广场表演时，队伍排列有严格的程式性，头跷指挥，二跷为领队，并通过大跨步走圆场为高跷队员打开表演场地，其他高跷队员按所扮行当顺序排列。进入表演，头跷和二跷带着大家不时变换队形，队形种类多，并配合高难度动作交替穿插的表演，形式丰富，让观众眼花缭乱，目不暇接。最后，整体表演气氛热烈，表演者幽默、滑稽，节奏感很强，俏中带浪。武起来，险中见勇，惊心动魄，观众的欢呼声此起彼伏。

九、浮山高跷的重要价值

民间传统舞蹈为我国文化艺术形式的重要组成部分。浮山高跷是浮山众多民间传统舞蹈中优秀遗产之一，从产生发展到目前，已有几千年的悠久历史，它在宣传中华文化、忠孝节义、仁智礼仪信等方面做出了不可磨灭的贡献。在新时期为宣传党在各个时期的路线方针政策，新人新事新风尚，为推进、活跃和发展群众文化事业、继承民间艺术发挥了一定不可估量的作用。

十、浮山高跷的存续状况

表演浮山高跷的大部分艺人已故去，尚存为数不多的艺人也都年事已高；财政困难，没有足够资金进行发展传承；由于疫情和其他客观原因，多年停滞，后继无人，传承困难，濒危失传。

十一、传承谱系

表 8－4　武高跷传承谱系表（一）

传承谱系	姓名	性别	村庄
第一代人	张家信	男	浮山县北王乡张家河村人
	张盖元	男	浮山县北王乡张家河村人
	张盖全	男	浮山县北王乡张家河村人
	李全禄	男	浮山县北王乡庄里村人
	陈洪雁	男	浮山县北王乡高村人
	高　岳	男	浮山县北王乡高村人
	赵吉库	男	浮山县北王乡高村人
	张茂云	男	浮山县北王乡张家河村人
	高奇才	男	浮山县北王乡庄里村人
	陈静顺	男	浮山县北王乡庄里村人
	程秀礼	男	浮山县北王乡庄里村人
第二代人	张青平	男	浮山县北王乡高村人
	陈洪福	男	浮山县北王乡高村人
	陈自信	男	浮山县北王乡高村人

续表

传承谱系	姓名	性别	村庄
第二代人	高进才	男	浮山县北王乡高村人
	张永康	男	浮山县北王乡高村人
	张晋康	男	浮山县北王乡高村人
	张进生	男	浮山县北王乡高村人
	高力生	男	浮山县北王乡高村人
	陈金元	男	浮山县北王乡史壁村人
	乔盘阁	男	浮山县北王乡史壁村人
	陈聚才	男	浮山县北王乡史壁村人
	乔英奇	男	浮山县北王乡史壁村人
	毛振泽	男	浮山县北王乡史壁村人
	毛永新	男	浮山县北王乡史壁村人
	张进文	男	浮山县北王乡史壁村人
第三代人	陈声科	男	浮山县北王乡史壁村人
	陈声雷	男	浮山县北王乡史壁村人
	毛永俊	男	浮山县北王乡史壁村人
	毛世荣	男	浮山县北王乡史壁村人
	齐登举	男	浮山县北王乡史壁村人
	高进武	男	浮山县北王乡高村人
	杨志勇	男	浮山县北王乡高村人
	陈　敏	男	浮山县北王乡高村人
	高　军	男	浮山县北王乡高村人
	陈自林	男	浮山县北王乡高村人
	陈自彪	男	浮山县北王乡高村人

续表

传承谱系	姓名	性别	村庄
第三代人	陈自虎	男	浮山县北王乡高村人
	高　强	男	浮山县北王乡高村人
第四代人	高　朝	男	浮山县北王乡高村人
	张　宝	男	浮山县北王乡高村人
	高逸凡	女	浮山县北王乡高村人
	高逸卓	女	浮山县北王乡高村人
	靳　翔	男	浮山县北王乡高村人
	陈　亮	男	浮山县北王乡高村人
	王　朋	男	浮山县北王乡高村人
	郑如刚	男	浮山县北王乡高村人
	王春秀	男	浮山县北王乡高村人
	高　林	男	浮山县北王乡高村人
	陈声林	男	浮山县北王乡高村人
	齐登峰	男	浮山县北王乡高村人
	齐英俊	男	浮山县北王乡高村人

表 8－5　文高跷传承谱系表（二）

传承谱系	姓名	性别	村庄
第一代人	石福龙	男	浮山县张庄乡南张村人
	许思忠	男	浮山县张庄乡南张村人
	邢国英	男	浮山县张庄乡南张村人
第二代人	邢登峨	男	浮山县张庄乡南张村人
	邢登昆	男	浮山县张庄乡南张村人

续表

传承谱系	姓名	性别	村庄
第二代人	邢登嵋	男	浮山县张庄乡南张村人
	石大才	男	浮山县张庄乡南张村人
	石大元	男	浮山县张庄乡南张村人
	石大全	男	浮山县张庄乡南张村人
	石大武	男	浮山县张庄乡南张村人
	陈希增	男	浮山县张庄乡南张村人
	王成兴	男	浮山县张庄乡南张村人
第三代人	邢登义	男	浮山县张庄乡南张村人
	邢身明	男	浮山县张庄乡南张村人
	邢国福	男	浮山县张庄乡南张村人
	邢延义	男	浮山县张庄乡南张村人
	邢身修	男	浮山县张庄乡南张村人
	邢作义	男	浮山县张庄乡南张村人
	邢身全	男	浮山县张庄乡南张村人
第四代人	邢润田	男	浮山县张庄乡南张村人
	席光明	男	浮山县张庄乡南张村人
	席泽明	男	浮山县张庄乡南张村人
	吴海基	男	浮山县张庄乡南张村人
	石金海	男	浮山县张庄乡南张村人
	石金其	男	浮山县张庄乡南张村人
	石金峰	男	浮山县张庄乡南张村人
	许治家	男	浮山县张庄乡南张村人

从上述武高跷和文高跷的传承谱系表中可以看出，武高跷主要是以浮山县北王乡张家河村、浮山县北王乡庄里村、浮山县北王乡高村、浮山县北王乡史壁村、浮山县张庄乡南张村5个村为主，文高跷以浮山县张庄乡南张村为主。浮山高跷表演的村庄范围比较大，在浮山县很受广大群众的喜爱。武高跷的传承，注重技术技巧的表演，具备一定基本功技术技巧表演能力是作为传承人的一个必备条件。文高跷表演者多是以同家族姓氏表演传承为主。截至第四代人，武高跷52名，文高跷27名，表演队伍中男性有77名，女性2名。

十二、主要传承人

武高跷表演者在高跷队中被称为全能人才（见表8－6），能驾驭所有程式动作。

表8－6　武高跷主要传承人表

姓名	性别	年龄	村庄
高　强	男	42岁	浮山县北王乡高村人
高进武	男	57岁	浮山县北王乡高村人
高　朝	男	37岁	浮山县北王乡高村人
齐登山	男	50岁	浮山县北王乡史壁村人
郑旭荣	男	50岁	浮山县北王乡史壁村人
陈　亮	男	37岁	浮山县北王乡史壁村人
高朝飞	男	37岁	浮山县北王乡史壁村人

在文高跷表演年数中较长者，可谓是资深老艺人。近年来，随着非物质文化遗产进校园活动的蓬勃发展，浮山县北王

乡高村的武高跷开始走进学校，如今一批小高跷传承人已茁壮成长起来。更可喜的是这些孩子已经能表演一些高难度动作，所以，浮山武高跷后继有人（见表8－7）。

表8－7　文高跷主要传承人表

姓名	性别	年龄	村庄	表演年数	职责
邢作义	男	72岁	浮山县张庄乡南张村人	40余年	编曲和演奏
邢身全	男	64岁	浮山县张庄乡南张村人	40余年	编曲和演奏
石金海	男	53岁	浮山县张庄乡南张村人	30余年	领跷和排演

第九章　晋南高跷

第一节　高跷走兽的生存环境

一、稷山县自然地理环境

稷山，“邑以稷山名，以后稷始播百谷于兹也”。稷山县古称“高凉邑”，为山西省运城市下辖县。辖区地处华北、西北、中原三大地域连接处的山西省西南端，运城市正北端，距太原市 410 公里，距运城市 85 公里。东连新绛县，西临河津市，南靠稷王山和闻喜县、万荣县接壤，北依吕梁山与乡宁县相连。稷山县治在汾水北岸稷峰镇，至 2016 年，辖区南北长 47.5 公里，东西宽 25 公里，面积 686.2 平方公里，耕地 58 万亩，下辖 5 个镇、2 个乡、1 个社区办事处，全县常住人口 36.14 万。

稷山县地势南北高中间低。北部吕梁南麓，山势陡峻，主要山峰有文仲子洞、玉皇顶、马头山等，海拔均在 1300 米以上，其中以玉皇顶为最高，海拔 1618 米；南部稷王山海拔 1279 米，峨嵋台地横贯南部翟店、太阳等乡镇，海拔在 500 米上下，是临汾盆地的一部分。

稷山县境属黄河中游黄土高原区，地处山西台背斜，吕梁隆褶带南侧汾河地堑之中。区内以吕梁复背斜及南北两条深大断裂构成地貌特征。根据地表形态、组成物质等条件又分为基岩中低山区、黄土丘陵区、冲湖积平原区、山前倾斜平原区。稷山县属暖带大陆性季风气候，年均气温13℃，一月平均气温零下4℃，七月平均气温27℃；年降雨量483毫米，霜冻期在十月中旬至次年四月中旬，无霜期220天。汾河是稷山县主要河流，自东向西流经35个自然村，境内长25公里，水宽20至80米，水深0.5至1.5米。稷山县居民以汉族为主，第六次全国人口普查结果显示，辖区除汉族外分布有回族、满族等少量少数民族。

二、稷山县行政沿革

表9－1　稷山县行政沿革一览表

时间	稷山县隶属
春秋	称“稷”，属晋
汉	为河东郡闻喜县地
北魏太和十一年（487年）	于今城关东南15公里置高凉县、郡，隶东雍州
西魏大统中年	今县境置南汾州，郡徙治今河津市境
废帝三年（554年）	南汾州改勋州，北周升总管府
北周武成初年	废勋州，绛州治徙此
建德六年（577年）	州、县治徙今城关西南6公里吴城村
隋开皇三年（583年）	绛州治徙今新绛县境
隋开皇十八年（600年）	高凉县改稷山县，徙治今城关，属绛郡

续表

时间	稷山县隶属
唐	先后属绛州、绛郡、河中府
五代	属绛州
宋	属绛州绛郡
金兴定初年	属晋安府
元、明、清	仍属绛州
1914 年	废州，县改属河东道，道废后直属省
1949 年	属晋南区新绛分区，隶陕甘宁边区。后复归山西省，属运城专区
1954 年	运城、临汾两地区合并为晋南专署，县随
1958 年	稷山、河津两县和万荣县大部，以及乡宁县部分合并为稷山县，属晋南专署
1959 年	原万荣县划归稷山地盘分出
1961 年	河津县析出；西坡、尉庄两公社复归乡宁，稷山县境恢复原貌
1970 年	晋南专署分为临汾、运城两专署，后改为行政公署，县属运城行政公署
2003 年	运城地区撤地建市，稷山属运城市

三、稷山县历史文化

稷山县是后稷故里，古属冀川，春秋属晋，战国属魏，唐属绛州。稷山县是山西省的文物大县，境内代表文物有最大的祭祀后稷庙宇稷王庙和最大的土塑释迦牟尼像。稷山县是晋南商贸重镇，素有“晋陕豫交界的小天津和旱码头”之称。2019 年 3 月，位列第一批革命文物保护利用片区分县名单。

2021年4月，入选2021第二届“中国文化百强县”。

稷山县有闻名的阳城走兽、高台花鼓等文化精品，形成了彩印包装、仿古工艺、螺钿漆器、杨赵灯笼等文化品牌。2012年，稷山县围绕建设稷王文化名城这一目标，大力发展具有稷山特色的先进文化，加快形成“一轴两带三圈”（稷王文化大中轴，历史人文景观带、汾河谷农耕文化景观带，纸包装文化产业圈、手工艺文化产业圈、文化旅游产业圈）。

高跷走兽，被列入第一批国家级非物质文化遗产名录，盛行于清朝雍正初年，出现在规模盛大的庙会活动中，经久不衰，至今已有三百多年的历史。它是由两人表演的连体高跷，将人与兽巧妙组合，精心装扮，演绎神话传说。

稷山高台花鼓（稷山花鼓）是中华鼓艺术的一种，早在唐代初期就已产生。它发源于民间，根植于民间，世代相传，经久不衰，日臻完善。千百年来，稷山村村有打花鼓喜庆丰收，欢庆佳节的习俗。稷山花鼓在境域内汾南、汾北各有不同，其中以汾南东蒲的花鼓和汾北桐上的花鼓最为著名。2008年稷山（安福）高台花鼓入选参加北京奥运会开幕式仪式前表演，成为奥运会开幕式仪式前表演中山西唯一的代表节目。

螺钿漆器，稷山嵌螺钿漆器制作技艺源于唐代嵌螺钿制作技艺，有选型、制胎、设计图案、髹漆、螺钿镶嵌、推光等几十道工序，以天然大漆、螺钿（软、硬）、贵金属和木、纸等为原材料。作品漆面光洁，色调和谐，耐热防潮，经久耐用。螺钿漆器主要分为三大系列：天然大漆胎螺钿镶嵌仿瓷器型产品，大漆镶嵌螺钿、金属书法混合型产品，木胎、纸胎大漆镶嵌螺钿产品。嵌螺钿漆器传统手工技艺在2008年、2009年先后入选运城市非物质文化遗产名录、山西省第二批省级非物质文化遗产名录。

四、稷山县名品特产

1. 稷山县酿菜

酿菜是稷山县的传统菜肴，清末年间就已驰名河东。有一句顺口溜：“稷山酿菜好，稷山酿菜香，不尝酿菜味，枉来稷山城。”稷山县不论城镇还是乡村，设宴待客席上少不了酿菜。酿菜菜形如同切好的香肠片，像“金钱”一般漂浮在汤清见底的碗里。

2. 稷山麻花

稷山麻花是传统风味特色名吃，始创于隋朝开皇年间，已有数千年的历史，为油炸食品，硬面和就，配料考究。乾隆皇帝江南出巡，纪晓岚向皇上介绍地方名吃稷山麻花，乾隆皇帝品尝后称道：“形如绳头，香酥可口，出类拔萃，别具风味。”由此，稷山麻花被列为朝廷御餐食品。

3. 稷山板枣

稷山县农特产以板枣为最，主要产于稷山县的城关、化峪、下迪 3 个乡镇，素有“枣乡”之称。稷山板枣历代为贡品，是十大名枣之首，有上千年的栽培历史。稷山板枣个大肥硕，色泽红艳，肉厚核小，质地细密，含糖分多，久储不干。稷山板枣于 1986 年获首届农业博览会最高奖，1996 年获食品博览会金奖，2000 年在全国红枣交易会上获金奖。

五、稷山县清河镇自然地理环境

清河镇因镇政府驻清河村而得名，位于山西省稷山县县域东南，距稷山县城约12公里，区域总面积70.9平方公里。东接新绛县，南依稷王山与闻喜县相连，北临汾河与县城隔河相望，闻合高速、运稷一级路以及县际公路闻苍线穿境而过，稷山火车站举目可及，交通十分便利。清河镇农业生产发达，地热资源优势。这里，地下水温达48℃（50米），富含硫、硼等二十余种对人体有益的微量元素，用其经常洗浴，有洁肤美容，疗养保健等功效。早在20世纪70年代，中条山有色金属公司就在此征地，建立了温泉疗养院。

1949年，清河镇境域属稷山县第二区；1984年4月，由清河公社改为清河镇。截至2018年末，清河镇户籍人口为33643人。截至2020年6月，清河镇下辖14个行政村，清河镇人民政府驻清河村。截至2018年末，清河镇有工业企业91个，其中规模以上1个，有营业面积超过50平方米以上的综合商店或超市41个。

至2014年，稷山县辖5个镇、2个乡，分别是：稷峰镇、西社镇、化峪镇、翟店镇、清河镇、蔡村乡、太阳乡。现有清河村、三交村、南松鹤村、北松鹤村、七级村、南阳城村、北阳城村、段壁村、荆庄村、北辛庄村、南辛庄村、秦家庄村、薛庄村、上费村、刘村、薛村、晋村、马家庄村、店头村、吴壁村20个行政村，116个居民组，6500余户，3.2万人，耕地面积8万余亩，气候条件优越，光照充足，无霜期长，昼夜温差大。清河镇尤为适应小杂粮、优质水果及中药材生长，特别是红枣、葡萄、水果、中药材在国内外享有盛誉。近年来，全镇人民认真落实新一届县委政府提出的工作思路，农业实施“两红”战略、工业大力发展民营经济、区域经济，工业产品的果脯、蜜枣，工业以金刚石、造纸包装、冶金焦、金属镁等为主。

六、稷山县清河镇建置沿革

表9－2　清河镇行政沿革一览表

时间	清徐镇隶属
1949年	属稷山县第二区
1955年12月	属清河乡
1958年	属东方公社
1959年	为清河公社
1984年4月	由清河公社改为清河镇

七、稷山县清河镇行政区划

1984年4月，增设薛庄、南松鹤2个村，清河镇下辖20个村。

截至2011年末，清河镇下辖清河、三交、南松鹤、北松鹤、七级、南阳城、北阳城、段壁、北辛庄、南辛庄、荆庄、秦家庄、薛庄、上费、刘村、薛村、晋村、马家庄、店头、吴壁20个行政村。

截至2020年6月，清河镇下辖清河村、三交村、松鹤村、七级村、阳城村、段壁村、荆庄村、辛庄村、秦家庄村、上费村、刘村、薛村、店头村、吴壁村14个行政村。清河镇人民政府驻清河村。

八、稷山县清河镇特色产业与历史文化

清河镇是历史名镇，历史源远流长，可追溯到春秋时代。

自古以来民风淳朴，历史文化底蕴丰厚。高粱古县的高粱城就在清河镇北阳城村，该村的古砖塔已有近千年历史。已有几百年历史的民间艺术阳城走兽，以其形象逼真、生动活泼、富有神话色彩的传统，使知识性、趣味性、历史性有机结合在一起，堪称一绝。另外，研究传统艺术的安福艺术学校也坐落在该镇吴壁村。世界非物质文化遗产阳城走兽独具魅力，国家非物质文化遗产安福高台花鼓亮相奥运开幕式、荣登春晚，蜚声海内外。清河烟火、七级花鼓、上费锣鼓享誉方圆。近年来，随着新农村建设的不断推进，各村的文艺表演队争芳吐艳，各种健身舞、秧歌、快板等群众喜闻乐见的群众文化，正在以独特的方式展现清河发展的美好图景。新落成的清河综合文化站、镇卫生院大楼、计生服务中心、国土资源所和派出所等，正在以一流的服务为构建和谐清河发挥积极的作用。

同时，清河又是革命老区，是新军 212 旅的摇篮，先后涌现出了 100 多名英烈和勇士。抗战时期，朱德、彭德怀、左权、任弼时等，曾率军途经清河北上抗日，给清河人民留下了勇敢顽强、勇于创新的革命精神，激励着清河人民正以豪迈的热情，在社会主义的市场经济大潮中勇立潮头。

第二节　北阳城概况

清河镇北阳城村位于山西省稷山县城东南方约 15 公里，南依稷王山麓，北邻段壁村，东临深沟与新绛县界接壤，西距清河镇约 3 公里。全村面积约 5 平方公里，有 7 个居民组，2400 多口人。按照居住环境，分为北阳城、南阳城两个自然村。北阳城村是一个文化底蕴深厚的古老村庄，国家级非物质文化遗产高跷走兽就出自北阳城村。

一、高梁城遗址

北阳城村东侧沟沿处遗存着一段古老的墙面，城墙南北长14.5米，东西宽6.8米，高10多米。在城墙南端有一拱形通道，宽1.2米，高1.75米。经文物专家推断，这面老墙是方志记载的高梁城遗址。据村中老人说，汉代刘邦手下的一位诸侯魏王豹，当时的封地就是南、北阳城两村区域，因后来人口增多，阳城分为南、北两村，分别为南阳城、北阳城。这个安静老墙，纵使年深日久，风雨侵浸，城墙塌陷，墙体仍土质坚硬，保留着过去的模样，和村子里的千年大树相互依偎，默默记着过去的故事。

二、砖塔

北阳城砖塔位于稷山县城东南方向清河镇北阳城村中心。据塔底层所嵌座题记载，该塔创建于北宋宝元二年（1039年），塔坐北向南，为实心七级砖砌塔，平面呈方形，基部直径1.68米，全高7米，由下往上逐层收缩，形如锥体，塔下供有释迦牟尼石像一尊，是目前运城市保存最为完好、最具代表性的一座宋代砖塔。2004年6月，该塔被省政府公布为山西省重点文物保护单位。

北阳城砖塔是一施主为其母奉佛而建造的纪念性建筑物，对于研究宋代佛教在山西东南一带区域的传播及民间信仰提供了宝贵的实物资料，具有较高的历史价值。北阳城砖塔为元代以前的砖石建筑，对于研究当地宋代砖石类建筑形制提供了珍贵的实物资料。该塔形制简洁，古朴而优美，整体比例适当，构筑精巧，为一处独特的古代文化遗存。

三、北阳城佛洞

北阳城佛洞位于稷山县清河镇北阳城村东北隅的深沟崖壁上，依地势而建，由北向南共3孔窑洞式建筑。据现存佛像及装饰判断为元代寺院遗存。佛洞坐西北向东南，洞前为新建的面宽四间，单坡硬山顶的雨搭，雨搭前为一平整开阔的场地，共占地面积约114.8平方米。每孔佛洞前檐皆辟砖券门洞，门洞高2.2米，宽0.89米。佛洞内洞身长6.5米，宽2.9米，高2.2米。

四、红色印记“9月18日”

稷山县清河镇阳城村的八路军总部路居旧址是该县的爱国主义教育基地之一。在抗日战争时期，稷山县地下党组织长期活动在阳城村，朱德总司令、左权将军等率领的八路军总部曾路宿在此，指导当地游击队等抗日组织进行作战，留下了革命足迹，播下了火种。

北阳城有两个“9月18日”。一是，1937年9月18日“九一八”事变6周年之际，八路军总部来到北阳城；二是，1938年9月18日，还是在阳城沟附近，由孙定国带领的教导第三总队打赢了一场伏击日军战。在北阳城村阳城沟旁的火神庙东墙上留存有当年作战时日军扫射造成的弹痕。

八路军东渡黄河北上抗战的历史印记，见证了85年前八路军东渡黄河，在河东庙前渡口上岸北上抗日的重大史实。时至今日，这里有保存完好的八路军总部北上抗日驻地旧址。一座旧四合院，北面为八路军总部北阳城旧居，东面为左权将军北阳城路居，仿佛向人们讲述烽火岁月的抗日故事。1937年8

月 25 日，中国工农红军主力部队改编为国民革命军第八路军，随即开赴华北前线抗日。1937 年 9 月 6 日，朱德总司令率八路军总部从陕西韩城芝川镇出发，在河东的庙前渡口上岸，途经荣河城（今万荣县荣河镇）北上，再由里望进入稷山县境内，驻扎北阳城。朱德总司令在翟店镇第二高级小学发表重要讲话，号召大家一致对外，共同抗日。当晚八路军总部在北阳城村住宿，八路军军乐队、宣传队在村里表演抗日救国节目，在古城留下了抗日的种子。在八路军总部旧址的展板上，一封八路军途经稷山的电报清楚地记载了八路军部队在东渡黄河后为什么经稷山县清河镇北阳城北上。稷山县境内稷王山麓、吕梁山脉分峙南北，势峻峰险，山下丘陵沟壑，纵横分布，沿北阳城古驿道可直达侯马。八路军总部在北阳城驻扎下来后，左权将军急写家书一封，落款为“九月十八日晚于山西之稷山县，两位婶母及堂哥二嫂均此问安”。家书中写道，“我牺牲了我的一切幸福为我的事业来奋斗”“这一道路是光明的、伟大的”“这一战争必然要持久下去，也只有持久才能取得抗战的胜利”“我军已准备着以最大的艰苦斗争来与日本周旋……”字里行间，折射出将军为民族大义献身，对取得抗战胜利充满信心的爱国情怀。

第三节　北阳城庙会活动

一、北阳城火神庙

北阳城火神庙位于稷山县清河镇北阳城村东南沟沿处，庙内供有火灵圣母神像，人们称之为火神娘娘。据正殿梁脊板题记载，火神庙创建于清雍正三年（1725年）。该庙坐南向北，原布局已毁，现仅存正殿。正殿坐南朝北，东西长8.1米，南北宽6米，通高9.5米，占地面积38.4平方米。正殿主体结构为清代建筑，殿内东西山墙上绘有祭祀火神活动场面的彩色壁画，近年来已被村民翻修。2006年8月，北阳城火神庙被稷山县人民政府公布为县级重点文物保护单位。阳城村旧时庙宇很多，唯独火神庙香火旺盛，村中口口相传着关于火神庙“灵验”的传说故事。在百姓心目中火灵圣母极其“灵验”，几乎有求必应，能为人们消灾避祸，遇难呈祥。火神的名气最为久远，当地朝拜的善男信女络绎不绝，祈求火神娘娘庇护。每年正月，阳城村民都会集结群众举行隆重的火神庙祭祀活动，相沿几百年，甚是隆重。

二、火神庙传说故事

1. 火神娘娘托梦给皇帝的故事

据传清朝末年，八国联军打入北京，光绪皇帝和慈禧太后向西安一带逃难，路经稷山阳城村，曾在火神庙稍作歇息。火神娘娘托梦给光绪皇帝，劝他早些回去。光绪皇帝惊醒后连忙叩首拜谢火神娘娘，匆匆踏上逃亡路程。据说阳城村曾有人立碑记载此事，可惜碑已失传，但这个故事却长传人间。

2. 戏班衣箱着火的故事

每逢闰年正月二十九，在阳城村“上庙”时都有请戏班唱戏助兴的传统，多则五日少则三日。据传，有一年曲沃县曹福海戏班与阳城村写好戏约，定于二十六至三十日连唱五天戏，给予戏班四石五斗麦子的报酬。可是，到二十六日赶场时，有别的村出更高些的演出报酬让曹福海戏班演出。因为演出时间重合，班头最终单方撕毁协议，决定接受更高报酬的别村演出。但是，曹福海戏班马车行走中，突然戏箱冒出浓烟着火了，戏班管事久闻阳城火神娘娘灵验，瞬间一想："是不是我们违背戏约，而阳城的火神娘娘显灵啦?"于是，曹福海戏班马上决定遵守戏约去阳城村表演，火烟也渐渐消去。到了阳城火神庙，戏社班头忙向火神娘娘磕头认罪，让其保佑戏班消灾避难，生意兴隆。此事在社会上流传很广，人人皆知。

3. 火神娘娘显灵烧身的故事

大约在 1946 年，二战区阎锡山的士兵驻扎在阳城村南巷段兴旺的院子里。一天下午，有两个士兵在火神庙里，把人们敬献的红布软匾撕下扎在枪托上。到了晚上，这两个士兵都梦见有火烧身，并有女人厉声斥责他们的场景。梦醒后，两个士兵感觉全身上下火烧火燎，疼痛难忍，枪栓也拉不动……村民房东了解情况后忙说："这是你们惹怒了火神娘娘。"于是，二人急忙到火神庙，向火神娘娘磕头认罪、赔礼道歉，身体疼痛顿失。从此之后，再也没有到庙里胡闹的人了。

三、火神庙香火旺

据当地老年人传言，火神庙建成以后，阳城周围百里连年风调雨顺，商家生意兴隆，当地人都认为是得火神庙神灵庇佑。于是，平日里为火神娘娘供奉香火，逢年过节则要为她举行专门的祭祀活动。久而久之，约定俗成，议定每逢闰年正月二十九，举行阳城火神庙上庙活动，南北阳城合社群众共同参与。

上庙时远在北京、平遥、介休、曲沃以及河南、陕西等外地的商贾字号都来参与祭祀，并捐银捐物襄助庙会。现存有河南一商号捐赠的红缎横标一幅，上书“神听和平”。还有北京商号捐赠的玻璃五彩宫灯八盏和玻璃五彩对联二副，庙内所挂绫绸软匾不计其数。

每逢闰年的正月二十九举行祭祀活动时，庙前锣鼓阵阵，庙里香烟缭绕，彩旗随风飘扬，五彩灯光通明，台上唱腔铿锵有力，台下喝彩声、掌声不断，加之商贩们的吆喝声交织在一起，形成一派欢乐热闹的景象。每逢阳城庙会即将来临时，方圆数十里乃至百里外的人们，骑马的、坐轿的、乘车的、推车的、步行的，或看庙会，或做买卖，都从四面八方像流水一般涌向阳城。看庙会的人多时可达十万之众。可见，阳城庙会在社会上的声誉之大，庙会文化艺术活动的知名度之高，影响范围之广。

四、阳城庙会活动

1. 庙会的主要内容

稷山阳城火神庙庙会，过去在晋南一带乃至晋陕豫三省都享有极高盛誉，曾有名谚：“清河的火，阳城的庙。”阳城庙会，古称“上庙”，老百姓俗称“热闹”。庙会主要内容，是以祭祀火神庙火灵圣母为主题，先由社首隆重举行请神祭祀仪式，然后由阳城各社举行大型社火游行活动，届时各种高跷、走兽、神马神牛鼓车、骡子鼓车、旗队、锣鼓队、花鼓、抬阁、八抬、龙凤呈祥、四抬轿、自行车等民间社火节目争奇斗艳，依次亮相，连绵数里，精彩表演，场面蔚为壮观。

2. 庙会活动时间

庙会表演活动一般在闰年正月二十九。传说这一天是火灵圣母的出家之日，而且一般闰年节令来得较迟，农忙还没有开始，天气也较为晴和，适合开展文化娱乐活动。群众在禳福消灾、愉悦神灵的同时，也让辛苦了一年的身心得到休息和放松。这一活动从清雍正三年一直延续到新中国成立后。1968年后这里再没有举行过大型活动，只是每年到正月二十九，举行一些小规模的表演。

3. 庙会活动路线

先从北阳城开始，以各自巷口为起点，按照西巷、东巷、南巷依次排开，出西门往南进南阳城村，与南阳城会合，出南阳城村向西再折向西北，至清河路岔路口，折向东，进北阳城村，最后到达火神庙结束，全程约五里地。

4. 庙会表演活动程序

（1）神马开道

第一，三遍锣。正月二十九当日，庙会主事在各巷以锣为号，从凌晨四五点时开始敲三遍锣。第一遍锣是起床号令，第二遍则催促吃早饭，第三遍便召集游行队伍。第二，完成开道。在第二遍锣声敲响之后，由一名英俊青年打扮成马童模样，身背串铃，骑上预先选好的肥壮彪悍的神马，披红挂彩，沿原定路线完成开道使命。

神马开道的寓意深远：一为讨吉利，图彩头；二为观看庙会的观众明示路线；三为大家预报庙会即将开始，请大家做好准备。

（2）游行表演队伍排列次序

第一，准备活动。各巷以巷为单位，集中把高跷绑好、牛车马车套好、锣鼓备好、服装穿好，一切准备齐备在巷口等候，主事统一安排次序，排队前行。第二，在北阳城村，约定俗成按照西巷—东巷—南巷的次序排列表演。西巷为北阳城庙会表演大军的排头军。第三，头牌旗出发。由三个剽悍的小伙子同扛二丈高的头牌旗，带领浩浩荡荡的表演大军开始出发。第四，鼓车出行。七头大犍牛同时拉着鼓车，鼓车是为祭神所备的，鼓车上一面大鼓，一面锣，一个鼓手，一击锣者。后面紧跟多辆骡子鼓车，每辆鼓车上均有两面大鼓，敲鼓者人数众多。第五，旗队。一般情况下旗队二十人左右，他们手持各色彩旗站立，彩旗随风飘扬，烘托庙会活动气氛。旗队之后紧跟锣鼓，抬阁。第六，东巷节目排列表演，分别是骡子车、旗队、锣鼓队、九凤呈祥高跷队、鱼龙变化走兽、花鼓队、麒麟走兽、花鼓队、唢呐班、自行车、抬阁。第七，南巷节目排列表演，分别是骡子车、旗队、锣鼓队、二人三足、背婆、独角兽、花鼓、唢呐班、四抬轿、狲狼、花鼓、八抬（也叫穿心官）、各种抬阁。其中，唢呐班是为配合自行车、四抬轿表演而设。除了本村的传统节目之外，各巷都会或多或少从外村甚至外地请来一些杂耍艺人为他们的表演助兴，这自然会让庙会表演增色不少。

可以看出，整个庙会活动表演队伍排列整齐，西巷、东巷、南巷各显神通，群众参与表演人数多，参与度高，很热闹。

（3）南阳城、北阳城表演大军的会合

北阳城村表演队伍浩浩荡荡出北阳城西门，来到南阳城村。南阳城的表演队便开始准备，北阳城表演艺人则会解下行头稍作休息。在此期间，锣鼓队要摆开架势，在南阳城的村中央敲一场文锣鼓。大约一小时后，南阳城的表演队伍就准备停当。因为庙会活动是北阳城主办，所以在大槐树下经过一番礼让，南阳城的队伍便走在最前面，一般依次为头牌旗、牛车、骡车、四人五足、梅花鹿、花鼓、申公豹单高跷、黑狸虎、花鼓、貘、花鼓、抬阁。北阳城的队伍按前述顺序依次排开紧跟其后。

（4）表演及收场

南北阳城队伍会合之后，出南阳城，边表演边前进，一路向西再折向西北，至清河路岔路口折向东进北阳城村，最后到达火神庙结束。

源远流长的庙会表演传统，为包括高跷走兽在内的艺术形式集中展演提供了绝好的机遇和广阔的空间。庙会表演中的节目都是沿村道巡演，边行进边表演是其特殊的艺术展示特点。准确地说，其表演形式属于游行表演。在社火游行表演活动中，最大的亮点就是高跷走兽了。

第四节　高跷走兽的原生性传承

稷山县阳城高跷走兽是其民俗文化活动中一种“无人不知，无人不晓”的表演形式，被当地群众视为艺术瑰宝，多出现在庙会庆典、稷王庙祭祀、河东文化展演、世界民俗文化展演等活动中，是稷山县每年正月二十九庙会活动中最大的亮点。在社火游行表演过程中，观众对其赞不绝口。高跷走兽的表演形式有别于传统的高跷形式，它是双人脚踩高跷，模仿各类走兽的形式，是全中国乃至世界范围内唯一的一种艺术表演形式。表演过程中，两人需要有极大的默契配合才能够保持走兽行走表演的稳定性，对于服装道具的制作、着装过程、配乐都有严格的规定，而且这部分内容是该非遗项目中最保守最珍贵的技术。

一、高跷走兽的角色典故传说

高跷走兽目前表演的兽类角色有猕狼、独角兽、鳌、貘、麒麟、黑狸虎、梅花鹿。表演者脚踩约1.6米高的跷腿。每个兽型2.4米左右长，3.2米高，0.9厘米宽，是一个庞然大物。每个神兽都有其典故传说故事，角色原型多取自民间传说或者《封神演义》中的神兽形象。表演过程中，根据不同的故事情节，分别有不同的表演步伐和场地调度，抒发不同的故事情感，形象生动。

1. 猕狼

猕狼是古代时期的一种猛兽，生活在北方地区的大森林中，异常凶猛。据记载知，战国时期番邦为了向晋国展示其凶悍威猛的一面而进献了一头猛兽，他们认为晋国没有可以征服猕狼之人，并不甘愿对晋国俯首称臣。没想到，晋国大将齐化须降服了猛兽猕狼，最后番邦人甘愿俯首称臣，不再攻打晋国，且年年进贡，岁岁来朝。高跷走兽就是用高跷形式表演了猕狼被晋国大将齐化须降服的过程。

2. 独角兽

生活在北方森林里的一种猛兽，据传说此兽吃铁如泥，且能腾云驾雾。春秋时期，晋国大将孟明同其母去寻找在秦国当大臣的父亲，途中盘缠用尽。看到路边贴一榜文，上说该地有一员外的小姐被怪物所缠，寻找可以降妖除怪之人，若能办到将对其进行金钱嘉奖。孟明正为生计发愁，毅然决然揭了英雄榜文，他口念法术，手执宝刀，降服独角兽，解救了员外家小姐。之后，孟明和母亲骑着独角兽风驰电掣般踏上寻父之路。

3. 鳌

据记载此兽是大海中一种非常凶猛的兽，是天神魁星的坐骑，可以在大海中游弋，也可以腾云驾雾，还能在陆地上行走。表演过程中，鳌头上站着一个青面红发、一手执笔一手拿斗的魁星神，而兽身上坐的就是新状元郎。

4. 貘

据记载此兽凶猛异常，吃铁如泥，背部灰白色，头肩、四肢均呈黄色，尾巴短，鼻子长，生活在热带。其伤人无数，须烟熏火燎才能将其降服。传说春秋时期，晋国晋献公的太子重耳被骊姬所害，流放国外。重耳和他的近臣介子推、卫丑、胡彦等在各国到处流浪，途中遇到了貘，看到貘异常凶猛，伤人伤畜。卫丑想为民除害，与貘斗智斗勇，跳上貘身，把它的脖子紧紧抱住，越抱越紧，最后用力量制服了貘。艺人身着戏曲服饰扮演卫丑的角色，身体趴在貘身上，双臂双手紧抱貘的脖子，表演制服貘的过程。这个表演过程中，貘身之上只能看到一个人，另外一人脚踩低跷，隐藏在貘身中。

5. 麒麟

此兽形象取自《封神演义》，是一种祥兽。古代传说中麒麟像鹿，凤毛麟角，属于非常罕见的珍贵动物。高跷走兽麒麟表演了骑在麒麟背上的纣王驾下大臣太师文仲的故事。艺人身着戏曲服饰扮演太师文仲的角色，骑在麒麟身上，表演踩跷动作，以步伐为主，有去灾、添福、送子等多重意蕴。

6. 梅花鹿

此兽形象取自《封神演义》，是一种温顺的神兽，是燃灯道人的坐骑。燃灯道人是禅教教主元始天尊的徒弟，是帮助姜子牙伐纣王的助手，千百年来承载着幸福安康、福寿延年等美好理想和文化意蕴。

7. 黑狸虎

古典神话小说《封神演义》中的动物，他是纣王驾下的兵马大元帅赵公明的坐骑。艺人身着戏曲服饰扮演赵公明的角色，骑在黑狸虎身上，表演踩跷动作，以步伐变换为主。

二、高跷走兽的着装过程和配乐

高跷走兽的服装道具分为兽头、兽身、跷体、各类兽形人物服装、假肢、头饰和手持道具，根据不同的兽形特点备有不同的服装道具，脸部水彩造型也是根据神话传说的人物来具体描绘，体现了民间艺人高度的专业素养，任何一种艺术形式都不是随意的，都值得我们尊重。

着装过程严格讲究。化装，由民间戏班化妆师根据人物故事情节来装扮；绑高跷，踩跷艺人需要借助较高的平台，因为跷体高度平均在 1.2 米以上，其中不露出上身的踩跷艺人的跷体高度仅有 30 厘米左右；套兽身，待两人跷体绑好之后，需要同时套兽身，并且兽腿穿着是关键，自下而上套好，套上肩带；安装假肢，根据不同人物角色来具体设定假肢的位置；穿戏服，兽身之上露出的踩跷艺人需要着表演服装，藏在兽身里的踩跷艺人服装随意；踩跷艺人根据扮演角色手持道具；套兽头，这是着装的最后一个步骤，至此，高跷走兽着装完成。这个着装技术是阳城绝活，过去对外是绝对保密的，通过了解和学习，我们不难看出民间艺术技术的精湛，以及民间艺人对于艺术精益求精的高度追求。配乐是以稷山花鼓为主，通常情况下，兽前有一个花鼓手打节奏引领。

三、高跷走兽的表演形式

高跷走兽的表演队伍庞大。先是标有“阳城高跷走兽”字样的旗帜带领出场，其后是排列整齐的花鼓乐队，之后才是高跷走兽依次排列出场。高跷走兽的位置安排有讲究，在每个走兽之前，需要一个花鼓手引领。同时，兽身左右两边各两个举旗手，这四个举旗手非常关键，伴随着跷体行走。一是可以在表演者累的时候手扶休息；二是可以有同等高度的辅助道具助其稳定，避免跷体意外摔倒；三是围绕在走兽周围，起装饰作用。（见图9－1）所以，高跷走兽的表演过程中，队伍浩浩荡荡，人员众多，阵容强大，不仅威严而且排列有序，场面惊心动魄。

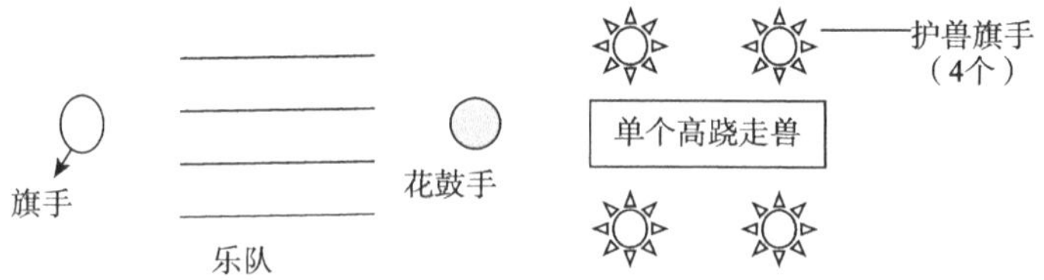

图9－1　高跷走兽表演队伍程式图

四、高跷走兽的步伐

高跷走兽常表演的有貘、麒麟、貅狼、独角兽、鳌、黑狸虎、梅花鹿七种兽型，每种兽型皆取自封神演义的美丽而古老的神话传说故事，表演过程中根据不同的人物故事情节变化而有其不同的步伐节奏和舞蹈调度变化。高跷步伐分为走步和碎步两种。走步多是匀速的，艺人脚踩高跷的步伐如正常人走路一般，行走稳健，上下步伐准确，双脚交替步伐跨步大，行走距离多变；碎步节奏比较快，鼓点节奏紧促，多是原地碎步。

走步：嗒　嗒｜嗒　嗒｜嗒　嗒｜嗒　嗒｜

碎步：嗒嗒嗒嗒｜嗒嗒嗒嗒｜嗒嗒嗒嗒｜嗒嗒嗒嗒｜

五、高跷走兽的舞台调度

梅花鹿，两人多以前进和倒退步伐为主，围绕着表演的圆形场地走出圆形；黑狸虎，两人多以前进和倒退步伐为主，围绕着表演的圆形场地斜线上下走步；貘、鳌、麒麟，两人多以前进、倒退步伐、碎步为主，表演调度比较灵活，可以直线上下走步，斜线上下走步，圆弧线上下走步，也可以前跷高抬跷腿用碎步做跑步姿势，后跷匀速走步；貅狼、独角兽，在常规的步伐表演中，尤其突出碎步表演，双人同时碎步移动，自转圆形，横向、纵向、斜线式双人碎步移动。同时，根据表演场地的大小，所有兽形可以单独表演，也可以双兽、三兽、四兽、七兽群体表演。

舞台调度见图 9 –2。

高跷走兽表演，因为其体积庞大的特殊性，截至目前，还没有在舞台上表演过，多是在地面上表演，场地多以圆形为主。有时候也在道路上巡演，最长表演时间达到 4 小时。踩跷行走距离长达 12 公里，一个兽身平均重量有 30 公斤，这对于高跷艺人来说，需要强壮的体魄和强悍的体力。舞台场地的灵

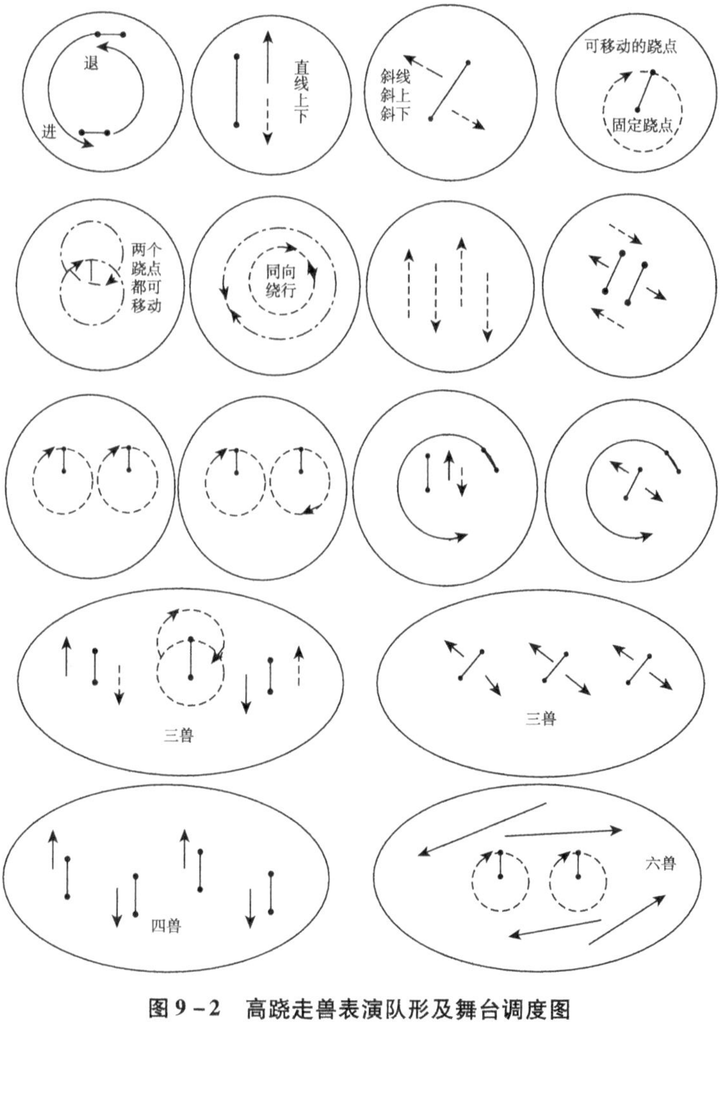

图 9－2 高跷走兽表演队形及舞台调度图

活性和多种组织性的特点，也让高跷艺人有了更大的表演空间。高跷走兽在历史岁月沉淀中能够持续保存并发扬光大，离不开所有高跷艺人的坚持和努力，他们是艺术长河中最可爱最可敬的人！

六、高跷走兽的材料和制作工艺

1. 材料

高跷常用硬杂木有楸木、榆木、椿木、槐木等，其中楸木最好，它纹理好、材质硬、重量适当。跷腿有高有低，高者丈余，低者不足一尺。尤其是走马跷腿，踩高跷者专门前跑后跑用来打路，这种跷腿就必须用芽槐才行，因为芽槐材质硬、韧性强，不易折断。

2. 制作工艺

高跷走兽包括兽头和兽身、高跷。①兽头。用软布、竹麻纸、草纸，在刻好的泥胎模型上用胶粘贴裱糊多层，放在干燥处阴干 3 天左右，干透后修理、上色、油漆而成。阳城村现存兽头几乎全部都是清代遗存，只是后人在原基础上特做修理，原貌尚存。②兽身。在事先做好的主架上用竹板、麻带、麻丝、麻绳、铁丝、软布、草纸等缝制和绑缚、绑扎而成，最后用红绿彩纸、各色绸缎剪贴装饰、打扮。兽头不易磨损，而兽身每使用一次便需重新裱贴、修整，修整维护的工作很耗费人力。③高跷。其制作同普通高跷别无二致，只是高度稍有区别。阳城的高跷走兽并不以跷腿的高度闻名，高跷总长度约 1.7 米，从地面到踏脚板的高度约 1.1 米。梅花鹿的跷腿略高，总长度达到 1.8 米，从地面到踏脚板的高度约 1.2 米。旁边所配单拐的高度与高跷走兽大致相同。藏身于神兽鳌的前、后艺人所踩之跷为低跷，仅有30多厘米。

3. 训练要求

凡踩高跷的演员在正式表演前，必须经过严格的集中式练习，锻炼其胆量、技巧、持久力、力量感、步伐花样等。其对表演的艺人要求极高，不仅单人表演水平要高，双人套兽身更是对二人的配合及步伐的整齐度要求高。

每到庙会“上庙”，前一年腊月和本年正月里，村里经常有青年小孩学踩高跷，三个一群、五个一伙随处可见。他们踩着高跷上坡下沟是常有的事，四五十度的小坡能上下自如。有些正月里探亲访友或去外村看热闹都踩着高跷去，踩着高跷回。最远的可到新绛县的阳王镇和天地庙，这都是为了锻炼其持久力。特别值得一提的是，有些踩高跷的高手竟然踩着高跷能上碾麦用的碌碡，像杂技表演一样行走上下。阳城村原北店有座祖师庙，是高台庙，台高四尺多，正面有五个石台阶，坡度达45°，有些青年人比赛上下都能行走自如。另外，各种抬阁都需提前绑扎试验，特别是竹马抬阁，小孩还要提前在马凳上训练倒立、转动、滚动等动作。

正月二十九是百姓祭祀火神娘娘的日子，为了表演不出任何差错，确保成功，每年的正月二十七为试演日，南北阳城各自在各村试演一下，让大家提出意见以便改进，确保正式表演时的效果。

4. 组织形式

“巷”也称“甲”，是三百余年来高跷走兽保存、表演、传承的最基本的单位。北阳城分西巷、东巷、南巷。西巷没有高跷走兽，鳌和麒麟在东巷，狝狼、独角兽在南巷，梅花鹿、黑狸虎、貘属于南阳城。

各巷的巷主负责本巷包括高跷走兽在内的各种演出形式。在前一年腊月时张榜公布节目及参加者名单，确定高跷走兽艺人的表演名单。大家看到名单之后，都会积极准备，即使是在外，只要被选中，都会按时回来参加庙会表演。若当年高跷走兽表演者有了突发状况不能参加，那就需要在名单公布之前提前声明，然后由巷主和高跷走兽表演者另行议定表演者人选。

七、高跷走兽的舞蹈情感

高跷走兽的表演者从脚踩高跷的那一刻起，双脚便要不停地碎步走动，以此来保持高跷的稳定。高跷走兽的表演不受行走的路面限制，技艺高超的艺人可以踩跷行走在多种路面（上坡路、下坡路、积水地面、坑坑洼洼地面等）上表演。只要是双脚可以走路的地方，艺人都可以进行高跷表演。每个兽形的高度在 2 米左右，长度是 1.8 米左右，由于兽形体积庞大，所以对于表演场地的空间大小有一定的要求，需要宽广的空间，譬如村落广场。每逢节日，高跷走兽都是重头戏，男女老少在村落广场自行围坐一圈，无须组织，中间留出宽广的表演空地，这便是舞台了。

八、高跷走兽的表演活动

1968 年，高跷走兽赴稷山县城表演现代戏角色，《智取威虎山》装束、化装打破了传统模式。近年来，高跷走兽赴陕西韩城参加电视剧《稷山事件》的拍摄；1989 年、1995 年、

2003 年赴稷山县表演；1992 年赴翟店镇表演；1995 年赴稷山马家巷表演；1997 年赴蒲县表演；1997 年与“背婆”一起赴侯马表演；2003 年赴垣曲表演；2004 年赴运城表演，并获表演一等奖；2006 年赴稷山杨赵、运城解州表演；2007 年赴舜帝公园表演；2008 年赴山西侯马市、孝义市表演；2009 年赴运城表演；2008 年，韩国韩中友好协会姜元求会长应邀到稷山，观看了阳城高跷走兽精彩表演后，叹为观止，赞不绝口，当场挥毫题词，高度评价这是中华传统文化宝库中的一个精品；2017 年 4 月 5 日，参加稷山县桃花节开幕式表演。

高跷走兽所承载着的正义战胜邪恶、为民除害造福一方的善恶观，是朴素健康的。所崇尚的全家团圆、金榜题名的理想则是对美好生活的向往，反映了人民乐观、积极向上的生活追求。高跷走兽集中体现了代代相传的勇猛顽强的斗争意识和百战百胜的英雄气概，弘扬着民族自信力和民族自豪感。高跷走兽更体现着协作的精神、集体的观念，包含着团结、凝聚的伟大力量，展现出同心同德、齐心合力的精神风貌。高跷走兽是艺术创造和技术表演完美结合的艺术，需要同时投入智慧、工艺、体力、技巧，是群众智慧的集中展示，是力与美的高度统一。高大威猛、神勇英俊的高跷走兽所展现的神韵和风采正是中华民族持久创造力和生命力的体现。

阳城人具有的那种精益求精和力争上游的精神，促使他们在高跷走兽的制作和表演过程中，进行自觉探索和不断追求，用认真不竭的想象力和创造力进行创作，将高跷走兽提高到艺术的新境界。高跷走兽造型奇特，具有独特、典型的鲜明艺术个性，与其相伴流传的典故中大多反映春秋晋国历史故事与传说，具有浓厚的地域性，对汉民族精神的高度赞扬，则是高跷走兽民族性的体现。高跷走兽将制兽工艺与舞蹈、表演相融合，是工艺性和艺术性完美结合的艺术瑰宝。高跷走兽将想象与写实二者合二为一，艺术地表现和创造。它具有很强的审美价值和持久的生命力，在长期、广泛的流传中受群众喜爱和欣赏，给观众带来了审美愉悦。

九、高跷走兽的保护传承情况

稷山县的阳城高跷形式，从清雍正三年（1725 年）开始盛行，一直延续到新中国成立后，到现在每年的正月二十九，高跷走兽都是庙会社火活动的重头戏。高跷走兽形式是全中国乃至全世界唯一的一种形式，但是它对表演技术要求很高，兽身兽头的制作过程和材料要求是非常考究，到目前为止兽身兽头的制作选料技艺只有国家级非物质文化遗产传承人段铁成老师一人掌握。这门技术工序烦琐，兽头是泥胎制作，再用布、纸、浆来小片涂抹。很多年轻人都没有那么大的耐心，不愿意学，高跷走兽的兽头、兽身制作工艺面临着传承难的问题。

在当代传承过程中存在的问题有两个。一是资金。所有的道具、服装、兽身、兽头制作没有具体的项目资金支持。自 2006 年被评为国家级非物质文化遗产之后，各类演出特别多，所有的演出投资，包括演员费用，全是由传承人段铁成先生自己垫付，没有资金支持，而且多是免费出演，没有劳务费，对于段老师来说是一个很大的难题。二是踩跷人太少，不好找。因为兽身兽头特别重，这个表演除了技术难度大以外，更是个体力活，必须由男子来踩跷，村里的成年男子都出去打工或者上班。这个表演虽然观众们都叫好，但是因为是免费出演，慢慢地，愿意参加表演的人就越来越少了。

纵使村中传承困难，民间艺人依然坚持这份热情，克服一切困难传承高跷走兽的文化艺术形式，近些年有很多的演出平台和机会，提高了高跷走兽的知名度和艺术渲染力，也使其慢慢地得到了相关管理部门的重视。北阳城小学把高跷作为文艺锻炼项目实施校内高跷教学。从一年级开始，娃娃们就可以踩高跷，练习 1 年左右，到了二、三年级就可以表演了，这也是一种好的传承方式。高跷艺人在各级部门领导的支持下，把高跷走兽改为小学生版，三年级中踩跷技术高的学生可以全套武装小版神兽进行高跷走兽的表演，近年来效果极好，得到了大家的赞扬和认可。随着高校实地考察工作的开展，坚信非物质文化遗产的传承工作会开展得越来越好。

十、高跷走兽的保护建议

根据高跷走兽的保护与传承现状分析发展困境，针对目前所存在的问题提出合理化措施，运用现代科学技术和舞蹈创编思维对高跷走兽进行科学化与艺术化双重保护的探索。

1. 高跷走兽的田野采集和影像储存

对高跷走兽的历史文化、地域特色、项目内容、传承人、祭祀仪式等相关资料进行分类整理、聚集和长期保存，达到资源共享，为高跷走兽传统舞蹈数据库的设计提供资源保障。

2. 高跷走兽数据库的设计

根据资源存储和资源应用两个目标，结合用户对高跷走兽数据库的需求，遵循安全性、本真性、全面性、共享性、规范性、持续性原则的基础上，设计出现代化高跷走兽数据库，为人们了解、参与、研究高跷走兽提供数据基础，完善高跷走兽的保护模式。

3. 高跷走兽的数字化传播

结合数字化仿真、新媒体等数字技术以改进高跷走兽传统的保护与传播方式，以高跷走兽数据库为基础，构建高跷走兽专题网站，并通过高跷数字博物馆将其资料全面储存，拓宽高跷走兽传播范围，使民俗舞蹈文化达到“活态”传承。

4. 高跷走兽为源的舞蹈作品创编

深入民众生活，汲取民间传统精髓。以非遗高跷为题材创作作品离不开本土歌舞文化的挖掘，高跷代表着一个地区的地理环境与风土人情，是具有一定文化价值的。深层次挖掘民俗舞蹈文化不仅有利于舞蹈新作品的独特性创作，而且会为整个艺术创作环境带来更深层次的文化价值，从而具备非凡影响力，被后人所永续传承。

总而言之，山西省运城市盐湖区稷山县清河镇的阳城高跷走兽是其民俗文化活动中一种“无人不知，无人不晓”的表演形式，被当地群众视为艺术瑰宝，多出现在庙会庆典、稷王庙祭祀、河东文化展演、世界民俗文化展演等活动中。据记载，阳城高跷走兽盛行于清朝雍正初年，至今已有300多年的历史。2006年经国务院批准，其得到中华人民共和国文化部认可，被列入第一批国家级非物质文化遗产名录（序号Ⅲ—9），在河东大地展现出独特的艺术风景。

高跷走兽的表演真实有爱，是一种至真至善的艺术表演形式。邓佑玲曾经说过：“真的善的事物不一定美，但是美的东西一定是至真至善的。”在美学层次上，高跷走兽的情感表达，走向了外化—内在—虚化的三度空间转化，达到了情感三维空间的高度统一。高跷走兽的舞蹈情感作为精神层面的欣赏性艺术，在实践中被观众检验，得到创编性观众（舞蹈编导）、表演性观众（舞蹈演员）、欣赏性观众（群众）的认可，情感在观众之间互相传达，彼此产生共鸣（见图9－3）。高跷走兽具有浓厚的民族文化气息，作为民俗文化中活的传承载体，做到了真善美！

图9－3　高跷走兽“三位一体”图

综上所述，阳城高跷走兽作为非物质文化遗产项目之一，具有很强的艺术表演性，对于我们进一步了解河东民俗文化有很大的研究价值。随着河东文化被更多的外来研究学者关注，非遗项目的研究受到了相关组织的重视。高跷走兽的表演也开拓了新的平台，多次参加关公文化旅游节，代表河东文化到各省市巡演，得到社会各界的一致好评。高跷走兽具有浓厚的民族文化气息，强调人民群众生活的激情和乐趣，其丰富的文化内涵值得专家和学者们进一步考察与研究。我们不要让民间艺术成为被遗忘的角落，让民俗文化真正实现活的传承。

第五节　垣曲武高跷的生存环境

一、垣曲县自然地理环境

山西省运城市盐湖区垣曲县，又称舜乡，是帝舜故里，位于山西省南端，东跨王屋，西踞中条，南界黄河，北接太行。坡底村地处中条山南麓。垣曲县最北端的新城镇盆地南部有村名坡底，因依石龙山脉丘陵位居于黄土坡下而得名。其位于新城镇南部，最北端接县城城南加油站、黄河市场，南与朝阳村为邻，东连新关家村并与皋落乡徐家沟接壤，西临亳清河畔，与清源村、下寺村隔河相望。垣曲县城舜王南大街穿过坡底村向南延至皋落水文站，四极点直线平均距离南北 18 公里，东西 14 公里，总面积为 2. 52 平方公里。地势大都为北高南低形，且东踞黄土岭，使整个地形成东西台阶地形。鸟瞰整体地形为南北较长、东西较短的柿叶之状，现有耕地面积 1056 亩。

坡底村属大陆温带气候，四季分明。冬季多西北风，夏季多东南风；夏季七月份平均气温为 25. 5℃，冬季一月份平均气温为 10. 2℃。全年无霜期为 240 天，年平均降雨量为 689. 5 毫米。以种植小麦为主，还种植玉米、谷物及豆类小杂粮、薯类等农作物。

二、垣曲县坡底村行政沿革及居民组

坡底村最早至明万历年间，经过近 16 次行政区域改革变化，至 1983 年更名为“新城镇坡底村”。

从表9－3可以看出，垣曲县坡底村在1974年之前共有7个生产队，包括上坡底、坡底窑、下坡底、杨家河4村。后来由于村落发展，杨家河自1974年划归为新城镇良种基地之后划属为清源大队，便脱离了坡底村的管辖，自此之后，坡底村包括上坡底、坡底窑、下坡底3个村，6个居民组。

表9－3　垣曲县坡底村行政沿革一览表

时间	垣曲县行政沿革	坡底村所属
明万历年	十里	坡底村属第九里
清康熙三年（1664年）	5里（贤民、羊原、胡张、张阜、亳内）2分（东南亳川、西北阜长）	坡底村属阜长
清光绪五年（1879年）	东、西、南、北四乡，83村	坡底村属北乡刘张村
1913年	72个行政村，334个半闾，闾下设邻	坡底村属刘张村第七、八闾
1919年	一、二、三共三个区	坡底村属第二区，刘张村第四、五闾
1950年	刘张村改为刘张乡	下坡底和杨家河外属刘张乡，下坡底和杨家河属阜落乡
1956年	全县实行合作化，刘张村、上坡底村（包括坡底窑）、东沟改为三联社	坡底村（除下坡底、张家河）属三联所辖
1957年	全县成立高级社	坡底村属阜落高级社之一村
1958年	全县合并为16个乡	坡底村属刘张乡

续表

时间	垣曲县行政沿革	坡底村所属
1959 年	全县成立 6 个人民公社	坡底村属皐落人民公社
1959 年	6 个人民公社划编为 10 个人民公社、105 个生产管理区	坡底村属上王人民公社坡底管理区。从此，坡底村（包括下坡底、杨家河）由坡底管理区演变为坡底村
1961 年	生产管理区变为生产大队，下设生产小队	坡底村属坡底生产大队。坡底村分为七个生产小队。即上坡底为第一、第二生产队；坡底窑为第三、第四生产队；下坡底为第五、第六生产队；杨家河为第七生产队
1963 年	上王人民公社更名为新城人民公社	坡底村属新城公社之坡底大队
1974 年	无	杨家河划归新城镇良种基地
1979 年	无	坡底村第七小队划属清源大队
1983 年	全县改公社为乡（镇），新城公社改名为新城镇	坡底村属新城镇之坡底村

从垣曲县坡底村行政沿革一览表（表 9 - 4）中可以看出，垣曲县坡底村六个居民组人数达 1200 人，是人口密集的大村。

随着垣曲县城的不断发展，坡底村从地理位置上也成了真正的城中村。

表 9-4　垣曲县坡底村居民组一览表

区域名称	所属坡底村	总人口/人	男性人口/人	女性人口/人
第一居民组	上坡底南半部分	270	133	137
第二居民组	上坡底北半部分	252	125	127
第三居民组	坡底窑北半部分	276	139	137
第四居民组	坡底窑南半部分	258	132	126
第五居民组	下坡底以南部分	236	120	116
第六居民组	下坡底以北部分	234	120	114

三、坡底村三个自然村

坡底村自然形成的三个自然村庄为坡底窑、上坡底、下坡底，杨家河曾经也属坡底村管辖，自 1974 年之后属清源村之列。据史料记载和村中老人们口述回忆知，早在清代以前，居住在坡底村的姓氏宗族有郝、王、高、胡、赵、史等大户姓氏，人口数量为百人左右。随着时代的变迁、垣曲县行政管理区域的沿革变化、人们的居住生活地理方面的迁徙变化，及生老病死，繁衍生息，截至 2012 年底，姓氏结构已发生了巨大的变化，全村姓氏增加至 93 个，计 444 户，人口达 1526 人。各自然村的姓氏人口从多到少排序为上坡底、坡底窑、下坡底。

1. 上坡底简介

上坡底自然村，分为一、二居民组。因居于石龙山脉黄土坡下的上半部，俗称上坡底而得名。上坡底的历史可追溯至秦汉，历史绵绵悠长。上坡底东与坡底窑接壤，南与下坡底相连，西邻亳清河，北与县城相融。相传在明清时有赵、郝等姓氏，共十余户，几十口人。居住条件比较简陋，以窑洞为主，建有十余孔窑洞，土木结构的房屋较少，仅五六座。经过历史的演变有了今天的王、卫、刘、许、陈、申、姚、宋、杨、张等10余个宗族姓氏，居住条件也发生了翻天覆地的变化。人们舍弃原来的窑洞，住进了现代的砖木、砖混结构的房屋和楼房。现在两个居民组共147户，522口人，人均居住面积40平方米，人均耕地面积0.67亩，人均收入4000多元，已成了真正的城中村。

2. 坡底窑简介

坡底窑自然村，分为三、四居民组。南北长300余米，东西长200多米，呈狭长的低凹地势。该村东与张家庄、埝堆、新赵家岭相望，南接徐家沟，西邻上坡底，北接新安窝村、黄河路。因村四周的土崖上多有窑洞，村子里房少窑多，且与上坡底村相依，故而得名坡底窑。坡底窑历史悠久，最早可上溯至秦汉，至明末清初达到了封建时代的顶峰时期。早年以高、胡姓为多，现有张、高、任、陈、薛、倪、胡、徐等20余个姓氏，共174户，534口人。近十多年来村民们居住条件发生了根本性改变，不再居住窑洞，大都住上了砖木结构的瓦房和钢筋混凝土建成的楼房，人均居住面积达45平方米，现人均土地0.9亩，年人均收入4000余元。

3. 下坡底简介

下坡底原属皋落乡，1956年归属刘张乡坡底大队（村）

之第五、六生产队。下坡底东与徐家沟地头相连，南与清源村朝阳相接，西临亳清河，北与上坡底接壤，原东济线公路从村边通过。过去村民依东岭或窑或房而居，最好的房屋为土木结构，老房仅有十座三十余间。自20世纪70年代村落不断向南、北伸延，建筑也多以砖木结构房屋为多，居住条件发生了较大变化，而进入21世纪后居民住房发生了根本性变化。现多以钢筋水泥建筑房屋。现今两个村民组共147户，470口人，人均耕地仅0.7亩。人均住房39平方米，年人均收入4200元左右。2011年闻垣高速路大桥凌空跃村而过，舜王南大街沿村西向南接东济二级路。2012年新建成的华美的村门楼高耸于村西，成为一道亮丽的风景线。

第六节　坡底村文物古迹概况

一、上坡底文物古迹

上坡底村有关帝庙、马王庙、白衣堂、南海堂四处文物古迹。可惜，在清太平天国运动和日军侵略的战争时期，四处文物古迹都被拆烧摧毁。

1. 马王庙

马王庙坐落于上坡底村西南（今老大队部），占地半亩多。传说是唐朝有一员大将马王将军在战争过程中受伤，途经此地被下官店村一民女所救。马王将军被封为马王后，为了感谢下官店村的这位民女及乡亲们的救命之恩，便为乡邑浚水道、开水渠、灭飞贼、除恶魔，做了很多好事，安定了百姓们的生活。百姓们认为马王功德无量，便修建马王庙，塑其像并祭祀他。后此庙被太平天国散兵烧毁。

2. 关帝庙

关帝庙又称关爷庙，位于上坡底村西北部（今山平均宅院及四邻）庙院，庙院属于四合院式，占地约一亩半，神像坐北面南。

庙院北大殿共有三间，纵长约 12 米，高约 6 米。大殿内正堂有泥塑彩绘关帝（关羽）神像。关帝神像赤面长须，绿袍飘逸，左右为文武官员各一；周仓面苍须黛，持刀威立于右侧下；关平面阔目炯，负箭执刀肃立于左侧下；左右两边为七童子，个个灵巧活泼，呼之欲出。

北面正大殿前东西两侧各有三间庙房，又称耳房。东耳房内塑有威严肃穆的太上老君神像，西耳房塑有圣母娘娘神像。娘娘慈眉善目，朱唇轻合，神情威仪，至善至美。与北大殿南北对称呼应的是南戏台。戏台高大而宽阔，逢年过节在此演大戏、闹红火，敬神祈福，元宵佳节往往要演三天大戏。戏台前距离北边大殿不远处建有花绪月台，可供观戏人凭依或就座。庙外有官地一亩多，为公共活动场所，四周柏树、槐树崔嵬。上坡底每逢农历二、五、八日子会有牲口集，且在关帝庙的四周街边有临时地摊式小吃部，无比热闹。整个庙宇巍峨肃穆，威武神秘，庙门终年关闭，一般不允许入内。

据传当年长毛大汉（太平天国散兵）烧罢村前的马王庙后又来烧此庙，关帝像突然显灵，只见关老爷眉飞珠滚，长须飞抖，口喷白气，殿上方大梁上忽出黑白长蛇两条，仰首吐舌，长毛大汉一声惊叫，抱头鼠窜，此庙幸得免劫。恰如大殿门两侧的木刻楹联：“千秋忠义持炎汉，万古灵脸镇太清。”

可惜，在 1942 年，此庙被驻皋落日军无情拆去当柴火烧了，关帝庙被摧毁。

3. 白衣堂

白衣堂位于坡底村西南部分，居马王庙西上侧，占地 3 分余。据传此堂为一个白衣绅士所建。1942 年，亦被驻皋落日军拆烧殆尽。

4. 南海堂

南海堂居坡底村南部，占地 4 分有余，相传庙堂内正殿神像案上置有《山海经》一书。此庙于 1943 年被日军拆烧灭迹。村中央泊池南边，曾有一株三人合抱的千年古槐，古槐巍峨入云，遮天蔽日，1940 年前后枯死。

二、坡底窑文物古迹

1. 古城堡遗迹

古城堡筑于坡底窑西土垣上，素称堡城，又称堡基城。城内面积 6 亩之阔，城堡现仅残存北城堡墙，虽经数千年风雪侵蚀，至今仍有 5 米多高，底部宽约 35 米，东西长约 80 米。城堡墙为古老的板筑夯上而成，中间豁口墙上清晰的夯土层掩隐着一个个古老的故事，印证着几千年前的古风民俗。古城堡东、南、西三面城墙已无痕迹，唯北城墙尚存一息。古城堡筑构据传为西周王朝时期，是古时先民们集中居住的安全屏障，也是古文明的象征。

2. 玉皇庙

玉皇庙坐落于坡底窑老村东北角，入村口处路的西边。占地约 3 分。庙院北为正殿，两耳房居院东、西两旁。正殿内塑有玉皇大帝彩绘泥像。庙宇小巧精致，肃端华丽，若天宫玉帝宫殿。据村中老人回忆说，每逢年节村人于此庙举行祭祀，向自己心中的神灵祷告祈福。此庙于1943年被日军拆烧。

3. 娘娘庙

娘娘庙又称王母娘娘庙，居村南沟北沿（原小学旧址），占地七八分。庙宇富丽堂皇，庄严华美，正殿为王母娘娘泥塑五彩神像，神像雍容华贵，母仪慈祥，极具神韵。娘娘像前供案上终年供品不断，香炉青烟缭绕，百姓们在此祭拜，主要是为了求子和还愿。庙院两侧有精致灵巧的耳房，房里亦有数尊神像。庙院南殿为宽敞的戏台，每年冬至、元宵节、三月三都上演大戏数日，四邻八乡悉来观看，好不热闹。此庙于1942年被驻皋落日军拆烧。

此外，坡底窑还曾有土地庙和山神庙，两庙为常规的一间屋子之大。土地庙位于坡底窑西北角古槐树下，山神庙位于坡底窑中古井北侧。两座小庙为逢年过节祭神之处。两庙于1946年前后因历史存留久远失修而坍塌。

4. 观音堂

观音堂亦称观音庙，坐落于坡底窑中央古井东侧土台之上。庙堂坐南面北，两间屋之阔。庙堂中央有两尊泥塑彩绘神像，一尊为观音菩萨神像，一尊为七仙女像。二神仙慈目善眼，栩栩如生，颇具魅力。庙内左右两壁上设有壁洞多处，洞中供奉形象各异的铁佛像数十尊。村人即于此庙祭神求雨，最大的一次求雨仪式是在1955年仲夏。那年，天旱无雨，上坡底和坡底窑两村的百余村民于此祭神之后，戴草帽，披雨衣，列队前往西峰山龙峪口求雨。求雨归来又在此庙祭祀告慰观音神像，并有一人戒斋住庙堂内七日守祭，以求神赐雨来。第三日天果降大雨，以为灵验。观音堂院内有一株三人合围的八百年枯柏。传称观音柏，古柏树冠若金，枝繁叶茂，密不透风，翠黛巍峨，望之若神。传说柏树上有天神驻守，不可正目视。此树于 1958 年被村人砍伐掉。

5. 千年古槐

千年古槐曾为坡底窑形象代表之树，耸立于坡底窑东北角窑顶西侧。传说古槐已历千年，身躯需四人合抱方可围拢。树冠分南北两大枝，北枝较高，直耸云端，上有两个连巢鹊窝。古槐长于高处，又因身材高大，故从东山或南山十多里处遥望坡底窑，此槐便巍人眼来，因而成为坡底窑村之形象树。树下为张族大院，名曰古槐院。这棵千年古槐于 1964 年前后枯死倒灭。

6. 元代古墓

元代墓发现于 1972 年 8 月 2 日，墓址于坡底窑村东沟西沿的麦田里。古墓葬为当时驾拖拉机耕麦田的司机张天祥所发现，经县文化馆考古工作者吕辑书等人考证为元代末年古墓葬。墓室为砖券正方体，弯窿顶，墓量内壁为砖浮雕画，壁面精美无比，现为垣曲县文化馆收藏。墓室除两具枯骨外，已无任何葬品，亦无任何文字资料。

7. 砖碑楼

砖碑楼为东西相邻的两座清代砖筑碑楼。两碑楼坐北面南，东楼高，西楼低，并排耸立于村东北路南侧。东碑楼为“功德碑楼”，高约 8 米；西碑楼稍低，亦为“功德碑楼”。两碑楼巍峨耸立，张扬着慈善仁爱之风尚。

东碑楼中央高 2 米的青石碑正面字如斗（约 15 厘米见

方），文词为“国学生子正张公乡里追思碑”，碑末镌文为“大清咸丰八年戊午二月上浣之吉”，碑两侧青石楹联文为“商山流水仰千秋璞玉挥金传百世”。

碑文记述了坡底窑张族于荒年间贩粮救灾、惠济乡梓义举之事。乡邑黎民为感念张族功德，曾两次竖碑勒石以表追思敬仰之情。两碑楼于1958年全民“大炼钢铁”时期被拆去建筑炼铁炉用，碑楼的两通碑现竖于坡底窑张族遗碑园中。

8. 五老院

五老院为坡底窑张族的五座老院，现仅存“前头院”“里头院”“东面院”三座老院，另外一座“学里院”已于1991年前被拆去建成新院，另一座“后学院”正北房于1954年前被拆。五座老院大都建于清咸丰至光绪年间，至今已历二百年之久，已是风烛残年，摇摇欲坠，东西院北房已坍塌。

三、下坡底文物古迹

1. 观音庙

观音庙遗址位于今文承谋老宅院，间隔公路之西侧。庙院占地约半亩之多，正北为三间正大殿，殿中央正堂为泥塑彩绘观音菩萨像，观音像两侧为泥塑彩绘各异的神像，神前设有祭台、香炉。村中谁家生了孩子就会到庙里上香祭祀还愿。庙院南的戏台逢年过节必演几天戏，周围邻村人们纷纷来观看。庙院东西两侧为耳房，内塑有各样神像。此庙于1942年被驻在皋落的日军拆烧。

2. 宋代古墓

古墓葬位于今南环路南的新关家村东边的半坡上，为

2006 年开挖南环路时所发现。墓室为砖券六角穹隆顶，墓葬被一盗而空，仅存枯骨，据专家考证为宋代早期古墓葬。

3. 粮食万古渠

传说的粮食万古渠在下坡底村西的公路西边，古渠北由磨凹村流经上坡底村西，再流经下坡底至安子岭。1955 年前古渠仅剩本村西长约 1000 多米的一段，渠宽约 1.5 米，深约 80 厘米，两边砌石成岸。粮食万传说是明代垣曲县北磨凹村（今新城镇地区）的大财主，家有粮食万石（音 dàn，一石约 300 斤），人称粮万石。据说他有土地不计其数，他修的水渠不但可浇万亩良田，而且渠上还有六座大水磨，粮食万曾夸下海口说：“天旱石头烂，饿不死我粮食万。”结果他竟遭上天报应，那年连下六天大雨，他被困于洪水中一渚（水中高地）上活活饿死。

粮食万古渠于 1956 年前还曾灌浇着许多农田，后来合作社时平整土地被填平掉了。

4. 古白槐

此古槐为白槐，在诸多古槐中较为罕见，古槐身围约 2 米多，树冠巍巍，乌鹊喳喳，气象雄威而又神秘。此槐木质细密坚硬，结实耐用，于 1959 年修左家湾瓦舍八一水库时，被伐倒裁为平车木材。

第七节　坡底村民间文化概况

自古以来，坡底村的经济主要以自给自足的农业为主，直至1990年之后，才逐渐转为多种经营的农、工、商、贸经济。经济体制改革，带动坡底村的教育规划结构，新中国成立前以封建私塾教育为主，新中国成立后向新型现代教育转型发展。二者兼容，提高了坡底村村民的整体文化涵养和受教育水平，使村民们增加了对文化精神层面追求的意识，加之家家户户物质生活的改善，坡底村民间文化随之繁荣昌盛。

新中国成立前，人们的文化生活主要以民间自发的传统曲艺剧目形式表现。抗日战争前，主要有上泰山庙（亦称上庙）、社火、龙灯、旱船、演戏、锣鼓、高跷、打杂（快板）活动，也会观赏外地表演的马戏、皮影戏、听说书等文化活动。新中国成立后，人民欢欣鼓舞，常常组织一些娱乐文化活动，通过各种民间文艺形式表现对新生活充满希望的美好向往之情。

一、戏曲活动

当时，戏曲活动比较盛行，表演的作品大多是反映新生活的内容，例如，《夫妻识字》《十五把镶刀》《夫妻开荒》《小二黑结婚》等；还有部分古装戏，例如，《杀庙》《藏舟》《梁山伯与祝英台》等。村中优秀的艺人也比较多，例如，在《杀庙》戏中扮演秦香莲的坡底村艺人张恒生先生，张俊杰、江翠娥两人扮演的一双儿女形象，三人所表演的《杀庙》作品人物形象突出，情节感人，台下观众很受感动，哭得泪流满面；许克恭扮演韩信，受陈世美指示前来刺杀秦香莲，面对可怜的秦香莲母子，几欲挥剑却又收剑，韩信最终仰天长叹，良心发现，挥剑自刎……这部戏的剧情至今还留在一些老年人的记忆里，让人印象深刻。

二、打杂

打杂是当时一种充满生活风趣的表演形式，尤其是打倒杂，倒杂的内容均为假设的日常生活的反例，十分逗笑有趣。

那时期，比较著名的打倒杂明星是王桂莲。她扭着腰身，迈着一双小脚，“颠倒话颠倒说，五红六月下大雪”，接着便是“正月里正月正，老鼠娶媳挂红灯。二月里龙抬头，河里蛤蟆咬住猴……九月里九重阳，黄鼠狼上山吃绵羊”。她的倒杂，风趣幽默，脍炙人口，讨人喜爱。民间艺人范玉娥，也喜爱打杂的表演。她十六岁嫁到坡底窑，六十多年来，几乎每逢年节都自编自演部分打杂片段，她很有艺术天赋，表演风格深得村人的喜爱。下坡底张全有老人也曾是打杂说快板的能手。他不仅爱好打杂还喜好“说瞎话”表演，所谓“说瞎话”就是讲故事。村人称他是“说瞎话王”，那些别人已讲过的“瞎话”，从他嘴里讲出来就变得极其诙谐，极富魅力，常常让人笑得前仰后合。所以，村里人常说：“听他‘说瞎话’，三天不吃饭都不觉饥。”可见，大家对张全有老人的表演评价是极高的。

三、扭秧歌

扭秧歌，是民间文化活动常见的一种形式。每年春节期间都会有秧歌队伍的表演，而且对演员的要求略低，只要喜爱扭秧歌愿意参与表演都可以参加，往往是自行化了装，集结队伍之后就可以扭了。

扭秧歌的人物扮相一般是根据自己的特点和爱好，或扮演青春女子，或扮演老太婆，还可扮演使人忍俊不禁，逗得人捧腹大笑的小丑。比较著名的扭秧歌艺人是宋志智，他男扮女装，装扮成一个老太婆模样，扭动身子，形象生动，幽默逼真，如果不细瞧，大家还认为他真的就是个诙谐风趣的老太婆呢。

秧歌不仅在本村扭，还要扭到另一个村。每逢春节，大家集结队伍扭着秧歌串村子，人们就是以这种形式在春节里祝福拜年，非常热闹，人与人的情感也在表演的过程中不断加深。

四、外出看戏

那时期，村里人不仅自己组织娱乐活动，也会外出看戏，外出看戏也是村里人不可缺少的一种文化活动。

20 世纪 50 年代中期，运城蒲剧名角王秀兰曾在东风矿演出数夜，那时每天一到下午，村人就呼朋唤友，结群成队徒步七八公里前往观看。那个时候刘张村的古戏台上几乎每年冬天、春天都演戏。浮山县旭光剧团曾在刘张戏台演出了以现代戏为主的《三里湾》《小工黑结婚》《红都儿》《刘胡兰》《十五把镰刀》《刘三姐告状》等剧目。

可以外出看戏，或者外出有戏看，对于村里人来说，也是福利。

五、坡底俱乐部

新中国成立初期，全国掀起文化热潮，在相关文化政策的推动下，农村文化建设成为重要的政治任务，各地区的文化局、文化馆部门纷纷组织民间俱乐部和文化室，成为乡村民间文化活动的主要场所。

下坡底在皋落乡团支书冯仕明的倡导组织下，联系张全有、吴运新、李全才、文承谋、安小著等年轻人，共同策划，积极组织并成立了群众活动的俱乐部。俱乐部的成立，为大家举办、排演、学习各类民间文艺活动提供了较好的组织平台，也推动了民间文化的发展。下坡底的高跷就是在这样的文艺氛围下发掘和成长起来的，一时成了老牌高跷村——下圩村（清源村）高跷的争锋对手。俱乐部活动丰富多彩，搞得有声有色，很快传遍全乡、全县，一直传到省里，获得了山西省文化局颁发的“坡底俱乐部”的锦幔。

1956年春，垣曲有线广播站下乡，为各村安装了有小喇叭的绿色木质“花匣”。从此，有线广播在村中定时广播，每天于清晨六时、中午十二时、傍晚七时广播，每次播报一小时左右。广播内容十分丰富多样，不但转播中央电台的新闻节目，还广播党的有关政策、上级的通知、通讯、天气预报等，同时还广播戏曲、歌唱、相声等节目。“花匣”成了那个时代的声音，极大地丰富着人们的文化生活。

第八节 垣曲武高跷的原生性传承

坡底村古老悠久，历史绵长，有着千余年的耕读传家与崇文尚学之风，坡底高跷便是在这片拥有丰富文化素养的土地上世代传承，兼并创新，与时俱进，成为人们心中宝贵的文化印记，在华夏历史长河中书写坡底村的历史和坡底人的情怀。坡底村高跷在坡底俱乐部成立的同时，借鉴周边村落的高跷表演形式，慢慢自我摸索、发掘、成长起来。垣曲县胡村、坡底、小赵、上官、堡头都是高跷表演的佼佼者。垣曲县高跷表演艺术 1988 年入《中国民间舞蹈集成》（山西卷）；2013 年坡底村高跷被列入山西省非物质文化遗产名录，因惊险、奇特的表演风格，更名为“垣曲武高跷”。

有关垣曲武高跷的历史文字记载极少，笔者走访了垣曲县文化馆馆长董俊高先生、第二代传承人卫恒志老师、第三代传承人张小宝老师和当地部分村民，根据他们的口述归纳、整理，并查阅相关文献，梳理出一段有关垣曲武高跷的历史……

一、兴起期

当地村民回忆：“舜耕历山，我们也出生在历山脚下这片土地上，时常听老人说过，尧舜时代有以鹤为图腾的丹朱氏族人，曾在祭祀中踩着高跷模仿鹤的样子跳舞，进行祈祷和膜拜……坡底高跷很早就有了……”这与史料中记载的甲骨文中出现近似踩跷起舞的形象文字说法一致。

垣曲武高跷起源于隋唐时期，在一代代老艺人的传承和摸索下，历经五代、宋、元、明、清的历史演变，高跷形式逐步由文高跷过渡为武高跷。其初始为孩童们玩耍的一种游戏，并没有高跷跷体，只是树枝上的自然树杈，但是孩子们很喜欢，经常会脚踩树杈在村巷中来回行走玩耍。后来，村中的老木匠师傅便用木头制作成高 2 尺 4 寸有脚踏板的高跷，让自家孩子用皮绳绑腿，双手扶着棍子游玩。后来，村中其他人看着好玩产生兴趣，老木匠便给每人制作了一副，与老木匠家孩子一起玩耍。逢年过节，他们化装成古代人物形象，在村中走走扭扭表示祝贺，这就是垣曲武高跷最初的表演形式。

二、巅峰期

清朝康熙、乾隆年间，高跷在村里盛行，不仅是小孩，连青年人和中年人都开始学习高跷，高跷的跷体高度也越来越高。因为存在一定的惊险性，所以都是男人踩跷，表演中的女性人物角色都是男扮女装。

第二代传承人卫恒志老师回忆："上坡底、下坡底、坡底窑三个村的村民都踩，几乎是家家户户都参与，人数很多，逢年过节可红火了……"已经72岁高龄的卫恒志老师从小就是一个踩跷人，小时候经常看自己的爷爷和爸爸踩高跷。当时表演中最为拍手叫绝的高跷动作名叫"抬转球"①。"抬转球"是在"抬三节高跷"的基础上完成的高空表演，距离地面有12米左右高，是高跷抬高跷，再抬高跷的层层叠加方式。具体表演形式描述如下：

（1）抬三节高跷动作

第一节，八人踩跷的同时肩抬四个木板，每四个人肩抬两个木板；第二节，两人踩跷上至第二节，第一节的四个人需要把两块木板拼接用力夹紧在肩部；第三节，一人踩跷上至第三节，第二节的两个人需要把两块木板拼接用力夹紧在肩部。单组抬三节形成一个8—2—1人数叠加的高跷形式。(见图9－4)

（2）抬转球动作

地面上立一个木桩，作为固定。木桩中间打孔矗立一根长

① 《坡底村志》编纂委员会：《坡底村志（垣曲县地方志丛书之十）》，内部资料，2013年，第136页。

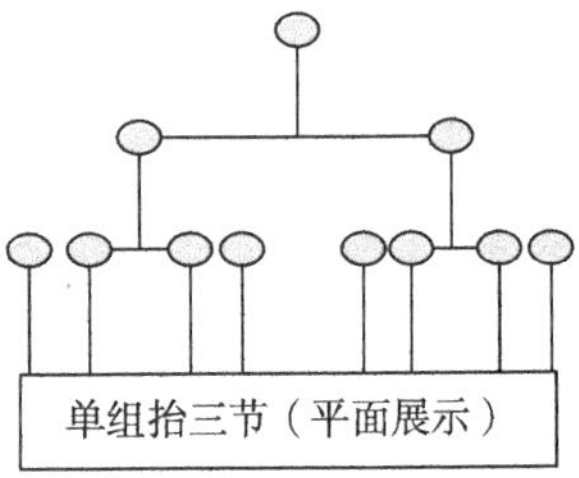

图9-4　垣曲武高跷抬三节图

约12米的粗形木棍，木棍在木桩里可以旋转。木棍最上方有一个圆形固定木球，木球朝四个方向横插固定四根木棍。四根木棍在圆木球里也可以旋转，每条横棍上分别悬坐一个小孩，共四个小孩。

（3）旋转

四组抬三节高跷艺人以地面木桩为中心，形成正方形。第三节的高跷艺人手抓木球最上方的横棍，抬三节高跷艺人边踩高跷边做顺时针或逆时针旋转，带动最上方的四根横棍旋转，同时四个小孩在横棍上进行自转。（见图9-5）

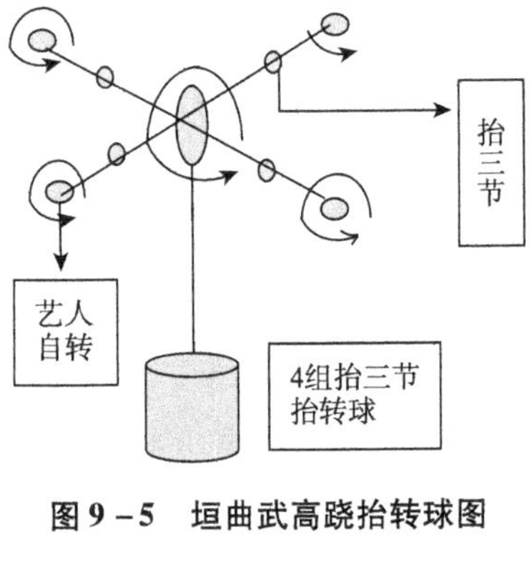

图9-5　垣曲武高跷抬转球图

“抬转球”的多层次、多角度旋转式表演，无疑增加了表演难度，这对演员的体力、协调力、表现力等综合素养要求极高。“高跷旋转起来的时候，就像是大风车，很漂亮……”卫恒志老师回忆说。

高跷表演的盛行，扩大了民间艺术的传播范围，高跷表演队伍也随之壮大。这时候的高跷表演并没有任何鼓点伴奏，推崇以高跷本体表演的方式，高跷艺人边走边扭穿梭在村里各巷中，伴随着观演群众的起哄、交谈、笑声、赞扬声脚不停歇，做近距离表演。“高跷艺人与观演群众融为一体，高跷表演的时候，村中巷里排满了人，经常是大家追着高跷走，队伍排列人员越走越多、越走越热闹……”卫恒志老师笑着说。能够想象到这个时期高跷表演的盛大场景，它是男女老少高度喜爱、逢年过节闹红火时必不可少的一种艺术形式。

三、动荡期

清朝末年，列强入侵，民不聊生，坡底村民逃荒要饭，背井离乡，高跷表演一度衰落，至民国初又兴起，但是随着社会动荡而后又衰落，一直到新中国成立。①

四、恢复期

1949 年，为了庆祝新中国成立，坡底村民自发组织起来，重新开始表演高跷，参与表演者有 20 余人。

在此期间，为了提高高跷的艺术性，增加了秧歌鼓点伴奏，用来统一高跷步伐，鼓点打法比较单一，基本是 2/4 节

① 张帆：《北京顺义大胡营村高跷会调查报告》，中国音乐学院硕士论文，2010 年。

奏——"咚咚，咚咚咚，咚咚咚，咚咚咚咚"，顿时提升了高跷表演整体节奏的统一性。高跷的绑腿麻绳也由自家纺织的土布代替，提高了高跷表演者的腿部舒适感。表演队形主要有正走和倒走（见图9-6）、跳狗牙（见图9-7）、穿8字（见图9-8）等；表演人物依据当时情况化装成新四军、八路军、解放军、汉奸等形象，一般表演坏人和好人相互斗争的内容；表演技巧上，在村里老艺人的指导演练下，恢复了"抬二节高跷"，即第一节的踩跷者边踩跷边用家用挑水的扁担抬人，第二节的人脚踩高跷再把高跷踏板担在扁担上，模拟放炮仗、扔手榴弹等动作，表演打仗片段。老艺人陈国鑫、张英武等人都是当地制作手榴弹、火焰弹的行家里手。在表演过程中，有时候会使用真实的道具，村民回忆："当时的高跷表演气氛十分热闹，很震撼！"

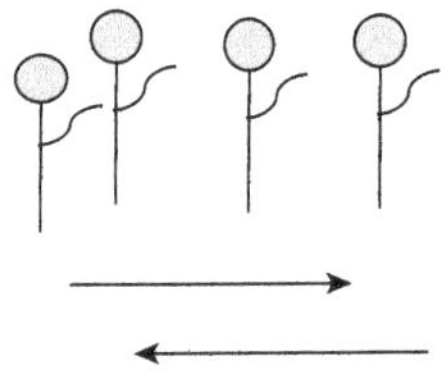

图9-6　垣曲武高跷"正走、倒走"舞台调度图

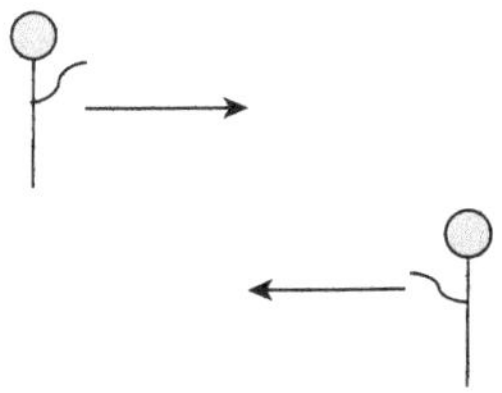

图9-7　垣曲武高跷"跳狗牙"舞台调度图

新中国成立初期，坡底窑组织高跷表演，上演三人高跷

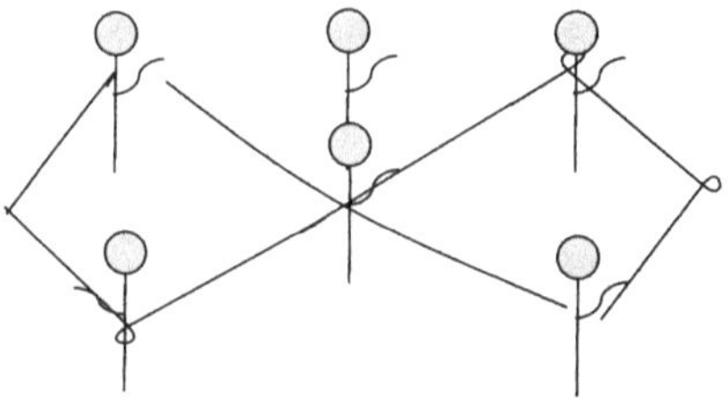

图 9-8 垣曲武高跷“穿 8 字”舞台调度图

《柜中缘》和《打汉城》剧目①。

五、改革期

1951 年，在第一代传承人刘文科老师的带领下，垣曲武高跷在音乐伴奏、高跷动作、跷体高度、技术技巧、道具等方面大胆尝试，进行创新性改革。

音乐伴奏在原来的秧歌鼓点基础上改变速度，有了快板、慢板两种。慢板是 2/4 节奏：咚、咚，咚咚咚、咚咚咚，咚咚咚咚、咚咚咚咚，咚咚咚、咚。快板是 2/4 节奏：咚咚咚咚、咚咚咚咚，咚咚咚、咚咚咚，咚咚咚咚、咚咚咚咚，咚咚咚、咚咚咚。也可以快板和慢板相互交叉进行，2/4 节奏：咚、咚，咚咚咚、咚咚咚，咚咚咚咚、咚咚咚咚，咚咚咚、咚，咚咚咚、咚。高跷动作鼓点节奏的变化，丰富了艺人的踩跷步伐节奏，同时借鉴了地方性秧歌舞，增加了上肢姿态的左右、前后扭动。跷体高度由原来的 2 尺 4 寸，增加到 2 尺 7 寸至 3 尺，绑腿布换成了棉布，且沿袭至今。值得一提的是，高跷表演时增加了木板材质的天桥（天桥是有斜坡式的拱桥样式）

① 《坡底村志》编纂委员会：《坡底村志（垣曲县地方志丛书之十）》，内部资料，2013 年，第 138 页。

道具，使高跷可以转移至离地 2.5 米高的天桥上表演，增加了单拐过天桥（见图 9－9）、倒走过天桥（见图 9－10）、桥上劈叉（见图 9－11）、桥上跌叉（见图 9－12）、单腿扑蝴蝶（见图 9－13）、背拐拐、碰拐拐（见图 9－14）等技术技巧，同时天桥上的技术技巧，演员也可以在地面上完成。表演过程中踩跷艺人在天桥和地面上来回跳转和交替表演，因为动作惊险，故观演群众也会随之惊呼不断。因此，有人称坡底高跷是“二杆子高跷”（方言，意思是傻愣子高跷，太胆大，有不要命的意思）。其实，天桥高跷形式的创新性改革，无疑丰富了坡底高跷的表演形式，这是由传统文高跷朝向武高跷发展的表现，其独特的表演风格享誉三晋[①]。

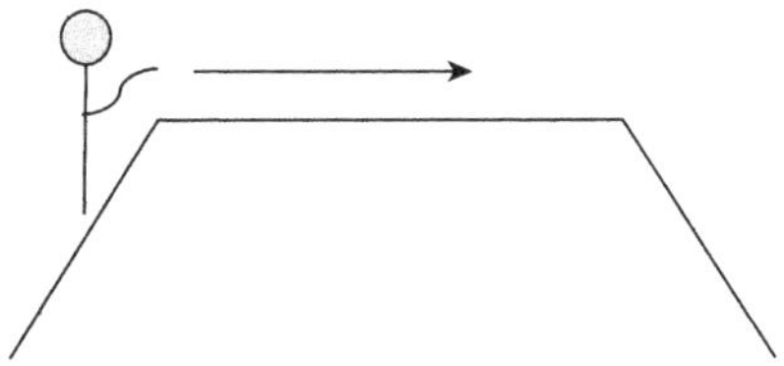

图 9－9　垣曲武高跷“单拐过天桥”图

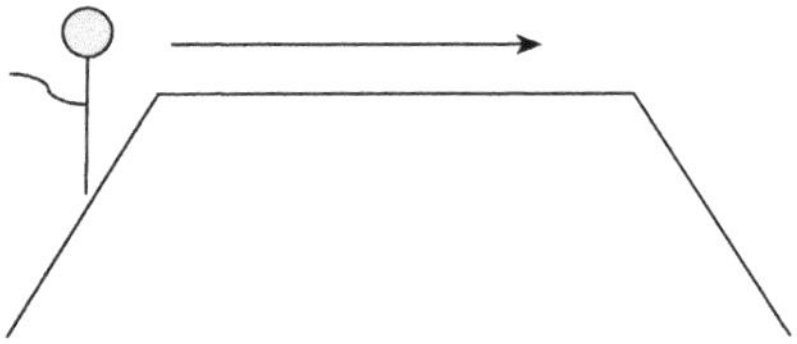

图 9－10　垣曲武高跷“倒走过天桥”图

① 《坡底村志》编纂委员会：《坡底村志（垣曲县地方志丛书之十）》，内部资料，2013 年，第 136—139 页。

图9-11 垣曲武高跷“桥上劈叉”图

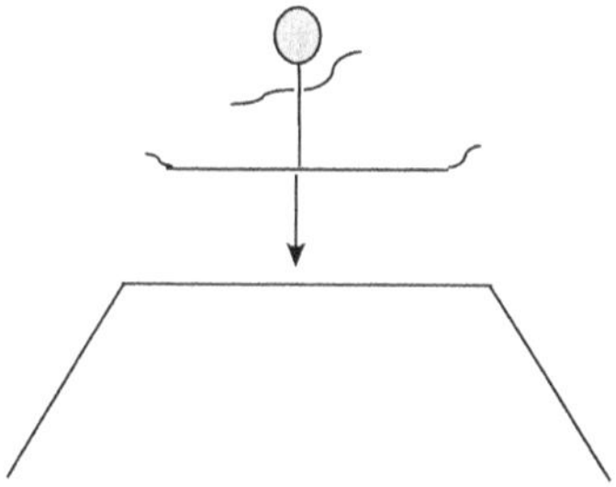

图9-12 垣曲武高跷“桥上跌叉”图

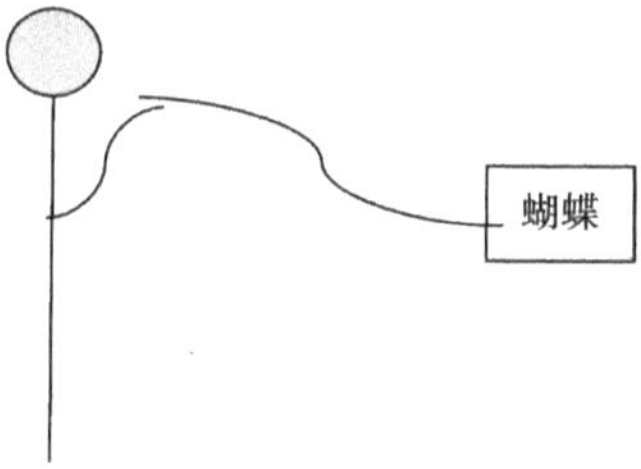

图9-13 垣曲武高跷“单腿扑蝴蝶”图

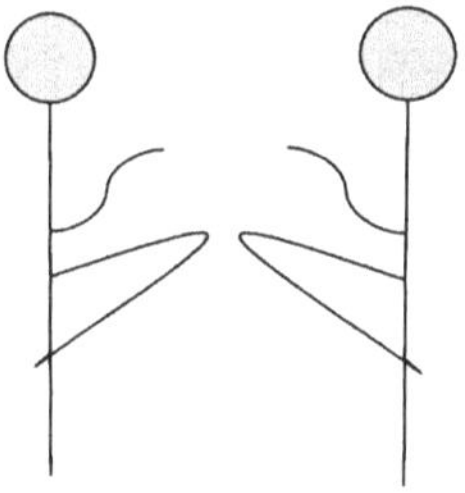

图9-14 垣曲武高跷“碰拐拐”图

六、融合期

20世纪90年代，随着社会发展和人民物质生活水平的提高，固有的高跷形式不足以满足人民对精神文化生活的需求，这为其带来新的发展机遇。在老艺人们的组织下，上坡底、下坡底、坡底窑三个自然村村民都积极参与，首先扩大了表演队伍，并从踩跷人的年龄结构上进行了合理调整，每年都吸收一些年龄小的孩子进行演练，表演队里也增加了女性演员，使女角色不再男扮女装。截至2006年，全村365户，每户都有1—3人会踩高跷，表演队伍人数达到100人以上。

高跷表演花样与舞蹈艺术的队列队形融合，增加了走"井"字、绕"8"字、转"十"字、正方形、菱形方阵等队形变化画面。地面高跷技术借鉴了中国古典舞的盘腿卧鱼姿态和乌龙绞柱动作，形成了跌叉卧鱼短句、行进卧鱼短句、乌龙绞柱短句。踩跷艺人的上身动作与地方秧歌舞融合，规范了踩跷艺人的左右扭动胯部的基本动律，在此基础上丰富了手臂向左右、前后、头顶上方摆动的姿态。天桥高跷增加了"正开火车"过天桥（见图9－15）、"倒开火车"过天桥（见图9－16）等形式，要求众多踩跷艺人排成排，手搭着肩，依次排队过天桥。天桥两边各有一定坡度，过天桥时有上天桥和下天桥两个路段，所以要求每个踩跷艺人踩跷平稳，技术娴熟，肢体协调能力强。同时，老艺人会选拔踩跷技术精湛的人，进行专门训练，恢复演练抬二节高跷、抬三节高跷，并增加了二组抬二节高跷、四组抬二节高跷表演。

2003年，垣曲武高跷受邀到安徽合肥，参加中华绝技、绝艺博览会表演，丰富的表演内容受到中外专家、学者们的高

图 9－15　垣曲武高跷“正开火车过天桥”图

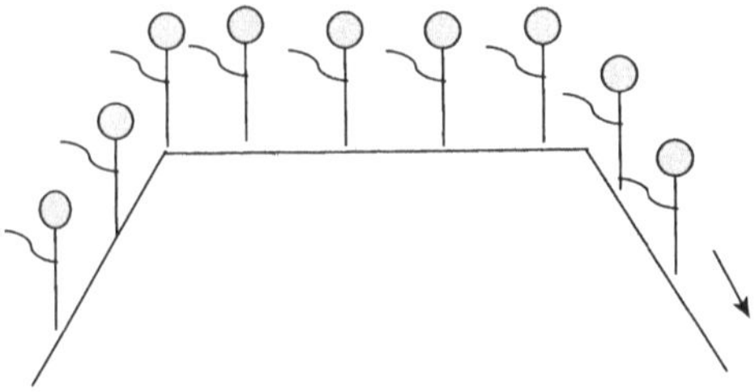

图 9－16　垣曲武高跷“倒开火车过天桥”图

度好评，被誉为“三晋第一跷”。

2014 年春节，垣曲武高跷表演长达 40 分钟，表演人数 120 人，是文高跷和武高跷的高度融合。节目由集体流动性入场、天桥高跷表演、花式图形配合突出抬二节高跷和抬三节高跷表演、抬二节高跷和抬三节高跷走场表演、固定方阵图形配合突出扑蝴蝶表演、集体流动性退场六部分组成。整个表演浑然天成，队形变化多样，人物角色扮演形象，踩跷艺人表情丰富个个欢喜，文、武高跷完美融合，赢得观演群众的阵阵掌声。此后，垣曲武高跷多次参加其他地域的民间社火调演，成为垣曲县传统民间艺术中的一个文化符号。

综上所述，垣曲武高跷遵循舞蹈本体的艺术初心发展规律，在不同时期的历史背景下逐渐形成文高跷和武高跷两种特点相互融合发展的艺术形式，具有极高的艺术特征，是一个“三度”高跷艺术，即一度踩得高，二度天桥高，三度抬得高。据不完全统计，垣曲武高跷的传承、保护与发展，已经历经 7 代高跷艺人的共同努力，高跷队伍的不断壮大，正是乡村文化建设的自觉性体现，更是和谐生态村落的民族团结性体现。中国传统文化博大深远，非物质文化遗产的保护、传承、发展工作，是我们不断学习和研究的重要内容。垣曲武高跷作为山西民间舞蹈中的一个分支，在河东大地上传扬着自身的文化内涵，展示了文化自信。

第十章　晋东南高跷

第一节　西黄头高跷顶桩的生存环境

一、晋城自然地理环境

晋城二字作为地名使用，有着上千年的历史，其最初使用始于唐武德三年，宋太平兴国年间，乐史所撰写的《太平寰宇记》中讲道，春秋末年，赵魏韩三家分晋，迁晋静公到此，故曰晋城。晋城辖1个市辖区、4个县，1个市，以及一个省级高新技术开发区，即城区、泽州县、阳城县、沁水县、陵川县和高平市，以及晋城经济技术开发区，总面积9490平方公里，占山西省总面积的6%。总耕地面积为283.38万亩，人均耕地1.42亩。

晋城古称泽州府，位于山西省东南部，丹河、沁河流域中下游，晋城全市总面积9490平方公里，东西宽160公里，南北长100公里，市区面积149.6平方公里。晋城全境四面环山，西依中条山与临汾、运城衔接，北依丹朱岭、羊头山等山脉与长治接壤。东、南依太行、王屋二山与河南省新乡、济源、焦作交界。晋城控扼晋豫咽喉，俯视千里中原，历来是兵家必争之地，发挥着承东启西、沟通南北的重要作用，战国军事家吴起称之为“夏桀之国，左天门之阴，右天溪之阳，卢泽在其北，伊洛出其南，有此险也”。可见晋城地理位置的重要。

晋城历史悠久，两万年前便留下高都、塔水河、下川等人类遗址。东晋置郡，北魏置州，清置府，是一座千年古城，是女娲补天、愚公移山、禹凿石门、商汤筹雨等神话发源地，诞生了刘羲叟、李俊民、张慎言、王国光、陈廷敬等名人。现有国家重点文保单位 66 处，包括冶底岱庙、青莲寺、开化寺、程颢书院、柳氏民居、湘峪古堡、天官王府、皇城相府、长平之战遗址、羊头山石窟、中华名山析城山、太行至尊王莽岭等众多名胜古迹和自然遗产。晋城古为煤铁之乡，有“九头十八匠”之称，是战国“阳阿古剑”产地，境内的泽州铁器、兰花炭曾名扬海内。蟒河、历山等保护区，生长有猕猴、大鲵等稀有动物，素有山西“生物资源宝库”之称。晋城古称建兴、建州、泽州与泽州府。高都、塔水河、下川、和村、八里坪遗址出土的文物表明，据今两万年前，今晋城丹河与沁河流域即有人类繁衍生息的足迹。

二、晋城行政沿革

表 10－1　晋城行政沿革一览表

时间	晋城隶属
尧舜时期	今晋城全境属冀州之域
夏商时期	今晋城全境属冀州畿内地
周武王十三年（前 1122 年）	武王封其幼弟于原国（今沁水西北有原城）

续表

时间	晋城隶属
周襄王十三年（前 639 年）	晋文公攻占原国，迁原伯贯于翼
春秋初期	居住于今晋城丹河与沁河两岸的，是四个戎狄部落
晋景公七年（前 593 年）	晋国将军“士会”平定境内四部落，改置为高都、获泽、泫氏、端氏四邑，正式划归晋国版图
周安王二十六年（前 376 年）	魏武侯，韩哀侯，赵敬侯废晋静公为庶民，迁于端氏邑（今沁水），而后三分晋地
周显王二十年（前 349 年）	赵肃侯攻占晋静公所居住的端氏邑，并将晋静公迁于屯留
战国初期	境内高都、玄氏、端氏、获泽四邑为韩上党郡地，后分属赵魏两国
秦始皇统一六国（前 221 年）	立郡县制，分全国为 36 郡，于今晋城西部置获泽、端氏两县属河东郡，今晋城东部置高都、玄氏两县属上党郡
东汉灵帝中平五年（188 年）	划全国各郡为 13 州，今晋城全境分属并州上党郡、司州河东郡。同时分高都县西设阳阿县，属上党郡。境内形成高都、阳阿、玄氏、端氏、获泽 5 县
三国	曹魏统一北方，今晋城全境分属并州上党郡，及司州平阳郡（分河东郡北部 10 县置）。高都、阳阿、玄氏 3 县属上党郡，端氏、获泽 2 县属平阳郡。西晋统一全国后基本沿袭之，至永嘉之乱后，先后沦为十六国之前赵、后赵及前秦所占据

续表

时间	晋城隶属
东晋太元十一年（386 年）	前燕慕容永于淝水之战后率众从长安东迁，于今山西建西燕，设置新八郡。分平阳与上党两郡，置建兴郡（郡治高都，辖高都、阳阿、获泽、端氏、泫氏五县）。建兴郡便是今晋城设郡的开始
北魏永安二年（529 年）	改建兴郡，为建州，州治高都县，内置高都、长平、安平、泰宁四郡。（高都郡辖高都、阳阿二县，长平郡辖高平、泫氏二县，安平郡辖获泽、端氏二县，泰宁郡辖东永安、西河、西获泽、高延四县）
北齐天保七年（556 年）	改建州道行台，治高都县，辖高都、长平、安平三郡。（高都郡辖高都县、阳阿县省入，长平郡辖高平县、泫氏县省入，安平郡辖获泽、端氏二县、西获泽县省入，泰宁郡废为永宁县改属安平郡）
北周建德三年（574 年）	复建州，州治高都县，辖高平、安平二郡。（并高都长平二郡为高平郡，辖高都、高平二县，安平郡辖获泽、端氏、永宁三县）
隋开皇三年（583 年）	文帝废天下郡，实行州县二级管理制，改建州为泽州，依境内获泽河为名，同时废高平郡、安平郡入泽州。泽州直辖五县，即高都、高平、获泽、端氏、永宁，州治高都。（开皇十六年分高平置陵川县，十八年改高都为丹川县，改永宁为沁水县）
隋大业三年（607 年）	炀帝复改州制为郡制，改泽州为长平郡，义宁二年，复为泽州

续表

时间	晋城隶属
唐武德初年（618 年）	分泽州置建州、盖州、泽州三州。贞观元年，盖、建、泽三州复并入泽州。泽州辖县六，即晋城、高平、获泽、陵川、端氏、沁水，州治晋城
唐贞观元年（627 年）	依山川形便，分全国为十道，于今山西置河东道，泽州隶于河东道，辖域不变
唐天宝元年（742 年）	改泽州为高平郡，乾元元年，复为泽州，时泽州仍辖六县，即晋城、高平、阳城、陵川、端氏、沁水，州治晋城
唐至德元年（756 年）	改道制为节度使制，泽州始隶于昭义节度使，会昌三年刘稹辖昭义泽、潞、邢、洺、磁五州叛，李德裕率军讨伐，大胜之，四年割泽州于河阳节度使，天复元年泽州复隶于昭义军
五代时期	军阀混战，为后梁、后唐、后晋、后汉、后周互为角逐之地，泽州其名不改
北宋太平兴国四年（979 年）	宋军北伐，讨伐北汉，泽州赐名高平郡，乃归入宋朝版图
北宋至道三年（997 年）	宋分全国为十五路，于今山西置河东路，泽州高平郡隶河东路，时泽州高平郡辖六县，即晋城、高平、阳城、陵川、端氏、沁水，州治或郡治于晋城
金天会五年（1127 年）	金兵南下攻打北宋，占领宋朝河东路（今山西省），析宋河东路为南、北两路。于今山西南部置河东南路，辖 2 府 10 州 68 县，驻地在平阳府临汾县，泽州为其所辖刺史州之一，辖域不变

续表

时间	晋城隶属
金天会六年（1128年）	泽州因与北京路泽州（今河北平泉）同名，改为南泽州，南泽州辖六县，即晋城、高平、阳城、陵川、端氏、沁水，州治晋城
金天德三年（1151年）	南泽州，复改为泽州，仍辖六县，辖域不变
金元光二年（1223年）	升泽州为忠昌军节度，节度军驻晋城，辖五县一州三镇，忠昌军所辖五县即：晋城（驻地）、高平、陵川、端氏、沁水，一州即勣州（阳城），三镇即巴公、周村、星轺驿
元中统元年（1260年）	于泽州置司侯司，属平阳路，隶河东山西道，为腹里。泽州司侯司辖县六，即晋城、高平、阳城、陵川、端氏、沁水，司侯司驻晋城
元至元三年（1266年）	复为泽州，仍隶于平阳路，泽州辖五县，即晋城、高平、阳城、陵川、沁水（并端氏入沁水县），州治晋城
元大德九年（1305年）	因地震改平阳路为晋宁路，时泽州仍辖五县，隶属晋宁路
明洪武二年（1369年）	置山西行省，同时升泽州直隶州，直隶于山西行省，时泽州辖县四，即高平、阳城、陵川、沁水，州治晋城县省入泽州
明洪武九年（1376年）	山西行省改为山西承宣布政使司，泽州直隶州仍辖四县，直隶于山西承宣布政使司
清雍正六年（1728年）	升为山西省泽州府，于附郭置凤台县，泽州府辖五县，即凤台、高平、阳城、陵川、沁水，府治凤台城

续表

时间	晋城隶属
1913 年	对清代建制改革，废府存县，裁撤泽州府，五县归山西省直辖；次年，附郭凤台县改为晋城县，同年 5 月，山西设置雁门、河东、冀宁 3 道，均隶属于冀宁道（道驻阳曲）
1930 年	山西省冀宁道撤销，原泽州府五县直属山西省，后属山西省第五行政督察区
抗日战争时期	八路军挺进晋东南，于晋冀鲁豫边区成立抗日民主政府，晋城、高平、阳城、沁水、陵川五县划归晋冀鲁豫边区太岳第二、四及太行第八区行署领导。1945 年 6 月，今晋城地区全境陆续解放
1948 年 9 月	解放战争时期，边区建制撤销，成立华北人民政府。1948 年 10 月，析晋城县城关区，置晋城，和晋、高、阳、陵、沁五县一起划归华北人民政府太岳、太行区行署
1949 年 4 月	山西全省解放。9 月，成立了山西省人民政府，晋城复并入晋城县，晋高阳陵沁五县复隶于山西省
1949 年 10 月	新中国成立后，山西省设置八个专区作为省政府派出机构，督导管理各县，今晋城各地隶属山西省晋东南专区（1967 年改为晋东南地区）领导
1983 年 7 月	复设山西省辖县级晋城，由晋东南地区代管

续表

时间	晋城隶属
1985 年 4 月	经国务院批准，撤销晋东南地区，实行市管县体制，县级晋城升为地级晋城，直属山西省。原县级晋城分为晋城城区、郊区。将原晋东南地区所辖阳城、高平、陵川、沁水四县划归地级晋城领导，为所属行政区，晋城管辖范围 4 县 2 区，其管辖范围与古建兴郡、建州、泽州及泽州府版图基本一致
1993 年 5 月	高平县升为县级高平市，由地级晋城代管
1996 年 8 月	晋城郊区改名为泽州县，仍由晋城领导

第二节　晋城泽州县概况

一、晋城泽州县自然地理环境

泽州，古代州名，是今山西晋城在隋、唐、五代、宋之称，是古代对今晋城的雅称。泽州，历史悠久，史称“河东屏翰”“三晋门户”“太行首冲”“东洛藩垣”“河朔咽喉、两淮腹眼”。《泽州府志》更形象的记载为“泽界在晋南压太行，形胜名天下”。泽州，由于其险要的地理位置，在军事上一直长期备受重视，且地处晋豫接壤之要冲，为山西南下中原的门户，所以，一直保持着一个地方性的政治经济文化活动中心地位。从春秋战国到明清时期，干戈迭起，硝烟不散，为兵家必争之地。

泽州西北至晋州 205 公里，北至潞州 95 公里，西至绛州

225 公里，东至卫州 205 公里，南至怀州 60 公里，西南至东都洛州 140 公里，东北至相州 160 公里。历史上有无数名人踏上了这片土地，自唐以来，就有三位皇族任泽州刺史，分别是密王李元晓、韩王李元嘉、宁王李成器，还有开国元勋长孙敬德。李隆基曾在此写下《早登太行山言志》一诗。唐代大诗人陈子昂曾写下《登泽州城北楼宴》，明代开国皇帝朱元璋的孙子隰川王和宣宁王迁于此，建有隰川王府和宣宁王府，于谦在此写下了《到泽州》。

相传古时晋城区北约 10 公里处有一王姓人家，其子善射，被众人举为王，其练武台称为王台（今为矿务局王台铺矿）。一日，王子见一只色彩艳丽的大鸟从空中飞过，便紧紧追赶。追至一河边，王子照着大鸟的翅膀拉弓搭箭，但射中的却是一位姑娘的手臂。王子将姑娘扶回家疗伤治疾，后结为夫妇，男耕女织，相敬如宾。忽一日，电闪雷鸣，天兵骤至。原来这姑娘是瑶池的金凤凰下界，见天兵到来，姑娘又变作凤凰带着王子西飞。金凤凰中箭后，落在二人初次相会的小河边。见雷电将劈向王子，金凤凰便抖动翅膀，盖住了王子。只见金凤凰的身子变得越来越大，铺天盖地，覆盖了小河两岸，化作了山脉、河流。从此，晋城大地就有了凤凰山，有了丹河、沁河。王台铺、凤凰山等皆因此而得名。神鸟凤凰降临泽州的传说，反映了当地人民向往美好生活的愿望。

古泽州地区，包括今天晋城的城区、高平市、阳城县、陵川县、沁水县、泽州县，共 1 市 4 县 1 区。政区的设置，最早可追溯到西燕时期的建兴郡。此后历经变化，但管辖范围大体一致。

二、晋城泽州县行政沿革

表 10－2　晋城泽州县行政沿革一览表

时间	晋城泽州县隶属
尧、舜时期	天下分九州，泽州属冀州，且属“帝都畿内”
春秋初期	韩、赵、魏三家置晋静公，于境内端氏邑（今沁水）祭祀，后迁晋静公于高都邑（今晋城城区与郊区）为食客，而后三家分晋，即在于此
战国初期	秦国率军于境内长平邑（今高平西北）攻打赵军，爆发赫赫有名的长平之战，秦国的昭襄王曾亲自到此，尽征河内十五岁以上男子从军
东晋孝武帝十一年（383 年）	西燕慕容永称帝，分河东上党二郡置建兴郡于此，治高都。北魏拓跋宏、北齐高欢皆视建兴为京畿属郡，视为重郡，自此以后近一千六百年，形成一完整的行政单元
北魏永安二年（529 年）	罢建兴郡，置建州（辖高都、长平、安平、泰宁四郡）于此，治高都城（今晋城城区）
北齐天保七年（556 年）	改设建州道行台，北周建德三年，仍为建州，领高平、安平二郡（北齐北周曾实行两次并郡）
隋开皇三年（583 年）	文帝废天下诸郡，改建州为泽州，依境内获泽水为名，隋炀帝大业三年改泽州为长平郡，隋义宁二年复称泽州
唐武德元年（618 年）	分泽州为盖、建、泽三州，唐贞观元年，三州复并为泽州，隶河东道
唐天宝初（742 年）	泽州改称高平郡

续表

时间	晋城泽州县隶属
乾元初年（758年）	复称泽州
唐安史之乱	史思明之子史朝义派兵围泽州，刺史李抱玉被困，代国公郭子仪派兵救援，破史朝义于泽州城
五代时期	依其险要的地理位置，泽州先后成为后梁、后晋、后汉、后周争夺的战场。后梁太祖朱温、后周太祖郭威与河东节度使李克用、晋王李存勖、北汉高祖刘之远往往角逐于此
北宋太平兴国（979年）	宋师北征，泽州高平郡，归入宋朝版图
北宋至道三年（995年）	宋分天下为十五路，泽州高平郡，隶河东路
宋元时期	泽州为金元和宋朝对峙的前沿阵地，需要高超的冶炼业做军事后盾，本境又因冶炼业发达而闻名于世，诞生了“九头十八匠”为主的诸多地名
金代	金人为和北京泽州区分改泽州为南泽州，后又升为忠昌军节度
元中统元年（1260年）	忽必烈统一全国，改置泽州司侯司，属中书省所直辖的腹里地区
明洪武二年（1369年）	升泽州直隶州，直属山西承宣布政使司
清雍正六年（1728年）	清政府允许福公司在境内修筑道泽铁路
1913年	山西泽州府归顺民国，1914年（民国3年），泽州府撤销

三、西黄头村自然环境

西黄头村是山西省晋城泽州县山河镇下辖的社区。位于泽州县山河镇北部，距晋城区 30 公里，距山河镇政府驻地 4 公里。3 个村民小组，有 217 户，530 口人，劳动力 270 个，党员 27 名。村域总面积 2.5 平方公里，其中耕地面积 990 亩，人均耕地 1.8 亩。

2020 年西黄头与祁街村合并而组成新的西黄头村，设 4 个村民小组，有 309 户，733 口人，劳动力 360 个，党员 39 名。村域总面积 5 平方公里，其中耕地面积 1500 亩，人均耕地 2 亩。原西黄头村的地势北低南高，高低差约 400 米。村地形极像一条头朝南、尾朝北的鱼，东部、西部大部分是深沟。

村落森林覆盖率高。东南部为凤凰山，山上覆盖着茂密的槲树、松树；南部为南谷堆，覆盖着松树、槲树、槐树等；中部先地、后河等地生长着洋槐和灌木林；北部河谷最低处海拔 700 米左右，覆盖着大片的橿树林和灌木林。西黄头村有三条河流，所有河流流出数里即已不见河水。它们是发源于东南部向北流淌的大、小东河，发源于村前向西流淌的黄水河、玉帝河，还有发源于村中部向西流淌的王井河，它是西黄头村人赖以生存的水源。

西黄头村交通发达，现 208 国道从村南部经过。古泽州地区，通往中原地区道路之一的古清化二道，就从村北界的低谷蜿蜒曲折直到村南界的出口。优越的地理位置使西黄头村辐射面广，村党支部成为土河乡最早建立的 12 个党支部之一，西黄头村与马街村、来岭村、追山村、富庄村、东黄头村、田街村、柳树街村、常沟村、瓦窑河村、洞八岭村、西尧村、石河村、月湖泉村、西南岭村、衙道村、凰岭东村、碾槽洼村、伏坪村、陈家庄村、东庄村、闫李庄村、白河村、畜粮掌村、时街村、凰岭西村、道宝河村、刘坪村、前西洼村、青龛村、龙门村、堆金洼村、圪节底村、核桃园村、西狄河村、龙口村、窑河村、竹林沟村、东土河村、后街村、西土河村、前李河村、西山村、王庄村、祁街村、洪水村、东谷坨村、东背村、下坪村、毛街村、官家庄村、万杴村相邻，对周边村庄影响很大。

四、西黄头村——凤凰山西侧之村

西黄头村位于凤凰山的西侧而得名，也叫西凰头村，历史上也短时叫过西凤头村，约建村于元末明初。西黄头凤凰山位于村东南，因形似凤凰而得名，村人也叫老谷堆或凤凰谷堆，海拔 1088 米，为周边最大的原始生态林，山上覆盖着茂密的柞树以及槲树等，山内还含有丰富的煤炭资源。

山上山岭成丁字形，山上又有一小山，村人叫朝阳谷堆。朝阳谷堆东有一小庙，曰“虫王庙”，旁边还有打虎洞遗址，还有抗战时期遗留的战壕沟。

凤凰山岭北部有一个观景的地方。南部山岭上有一圆形平顶，在晴朗的天气，可随着南部的仙神河远望到黄河水。传说，上古时期，太行山生长着许多凤凰鸟，经常到南部的黄河找水喝。其中一只雌凤凰在到黄河饮水时，发生早产，不得已产出凤凰蛋，演变成现在山河镇追山村的锥锥山。雌凤凰演变成一座山峰，就是现在的西黄头村的凤凰山。

五、西黄头村——泽州“二程”后裔之村

西黄头村家户主姓以程姓为主，经考究，程姓祖先千百年前由河南嵩县程村迁徙而来，与河南嵩县的程村为同宗同姓之村。

经过查询《河南嵩邑程氏宗族谱》《河南程氏统宗谱略》《河南程氏正宗谱》《中华姓氏谱程姓》等各种文献，得在程氏谱派的目录中就有关于山西泽州西黄头派、始祖子河公的记录。其后裔程氏，各谱书中统称为程氏西黄头派或泽州派。据《中华姓氏谱程姓》中记载，程氏西黄头派是明清时期程氏山西地区十六派别之一，是古泽州地区明清时期程氏两个著名派别之一，总人口带分支达千余人。因此，西黄头程姓有别于其他村程姓，它是“二程”正宗后裔在山西泽州的一支族。

二程，指的是程颢、程颐嫡亲兄弟俩，二人同为宋代的哲学家、思想家、教育家，是宋明理学的奠基人，历史上并称为“二程”。在今日的河南嵩县“二程故里”廉政家风教育基地还有一副醒目的对联，上联“国学国魂国荣昌”，下联“家风家训家幸福”，横批“家国天下”，道出了宋代理学大家程颢、程颐的家国情怀。

程颢（1032—1085 年），字伯淳，世称明道先生，1067 年曾任晋城县令。现在的晋城城区古书院村就是因程颢在那里办学而得名。

程颐（1033—1107 年），字正叔，世称伊川先生，西黄头村程姓是他的十三世子河公后裔，各种程氏谱上都有详细记载。

在清乾隆年间的《河南程氏统宗谱略》《河南嵩邑程氏宗族谱》二书中，详细记载：“子河，山西泽州知州下户，西南向七十里西黄头居住。”

从书中可知，西黄头派子河祖第五世以后的后十几世名讳，与西黄头后续的宗派次序字辈总体相对应，可知西黄头程氏与二程后世、嵩县程村后世曾经联系过。据考证知，子河公

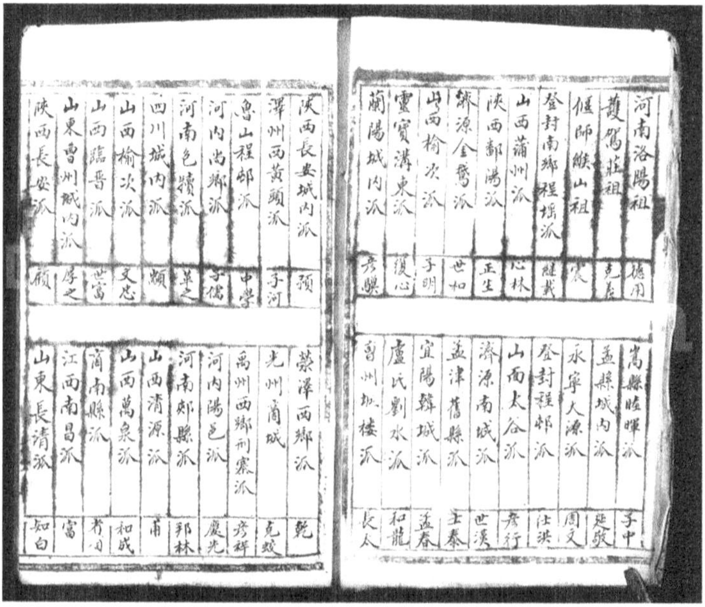

图 10－1　程式谱派中“泽州西黄头派”目录页

大约生于明朝洪武年后期，河南夏邑程大庄村，排行第四。1435 年左右，子河祖随弟兄们先到河南偃师。后又北上太行，沿泽州的清化二大道九里口段来到西黄头村下户并居住，现村人口约 540 人，程姓为主，程姓家户人数占全村总人数的 98%。在漫长岁月中，西黄头程氏已发展壮大，并有外迁至西尧村的程氏支族及其分支和柿树庄的程氏分支。

六、西黄头村——清化古道上的乡村

古清化二道是山西古泽州明清时期的一条重要商道，是南太行山中一条行人来往交流、行走穿梭的山道，是晋豫两省人民通商往来，转运地方货物、粮食、牲畜，来往交易的重要

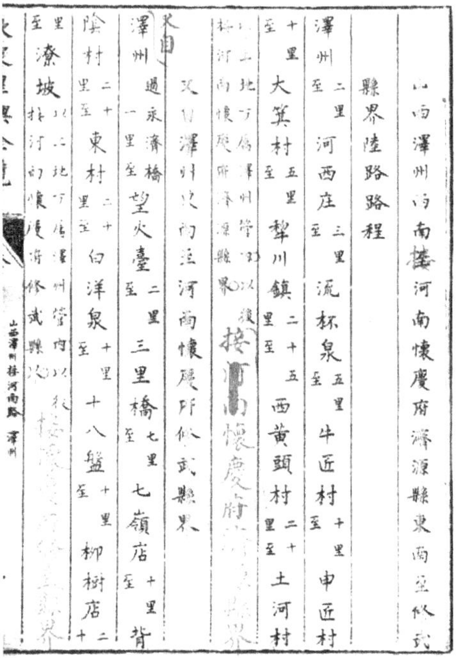

山西澤州府南接河南懷慶府濟源縣東南至修武
縣界陸路路程
澤州二里至河西庄三里至流杯泉五里至牛匠村十里至申匠村
十里至大箕村五里至犁川鎮二十五里至西黃頭村二十里至土河村
又自澤州往河至河南懷慶府修武縣界
澤州過永濟橋一里至望火臺二里至三里橋七里至七嶺店十里至背
陰村二十里至東村二十里至白洋泉十里至十八盤十里至柳樹店二十
里至澇坡以上地方係澤州管內以
山西澤州接河南路 澤州

图 10－2　有关山西泽州西黄头派迁徙的部分记录页

通道。

古道形状蜿蜒曲折，时而上坡，时而下沟。因其山高路险，行走困难，车辆无法通行，故通行来往只能以人员肩挑背驮，牲口骡马牛羊驮运为主。许多乡村的兴起都与此道有或多或少的联系。

西黄头处在古清化二道旁，清康熙《钦定方舆路程考略》记载：“泽州南接河南怀庆府界陆路路程：泽州，二里至河西庄，三里至流杯泉，五里至牛匠村，十里至申匠村，十里至大箕村，五里至犁川镇，二十五里至西黄头村，二十里至土河村，接怀庆府济源县界。”清化二大道经过西黄头后，可分别通过其南部的猴儿愁口（又名猴儿沟口、愁儿沟口）、白涧口、新大路、仙神口、九里口、云阳口等诸多出口，到达济源、沁阳…… 可见，西黄头村是清化古道上承上启下的重要地点。

西黄头村北部的“温头起”石道上，以前就有多条修缮这条古道的石刻记载，有的已漫漶不清。从较清晰的石刻上可知，古道曾经修缮于明朝万历三十年（1602 年），后修缮于清朝康熙四十六年（1707 年）。后西黄头村修路，这些记载被破坏，不复存在。

依靠“清化二大道”，来往通行的人们经常在西黄头村里休息。于是世代生息在这里的人们，利用空闲的房舍兼开小客栈、骡马店。甚至还开办了自己的油坊、染坊以及杂货铺，后来还有一家开当铺的。西黄头村的油坊院即由此而来。为了便于管理，历代县政府在西凰头村设有关卡（即派出所），有巡官及巡警若干个，威震一方。清化二大道部分路段至今完好无损，20 世纪 90 年代这条古道还有骡马行走，随后即趋于冷清。

七、西黄头村——省级非遗高跷顶桩之村

西黄头村文化特色浓厚，早就有“西黄头靠谷堆，砍了槲树买行头（戏服），瓢格喽①当斗斗（小鼓），柳木骨碌②当鼓槌”的传说。西黄头村传统文化丰富，戏曲文化、上党八音会盛行，最有名的是省级非物质文化遗产高跷顶桩。2012 年

① 瓢格喽，泽州方言，当地把剖成两半用来取水的半个葫芦称为瓢，格喽是葫芦的意思。

② 骨碌，泽州方言，这里指柳木棍。

12 月，西黄头村高跷顶桩入选山西省晋城第四批非物质文化遗产名录；2017 年 5 月，入选山西省第五批非物质文化遗产名录。

西黄头高跷顶桩是一种综合性的高跷舞蹈。它是集脚下踩高跷、顶桩、高跷顶人、高跷抬阁、高跷走兽抬人为一体的表演形式，是西黄头村特有的一种文化遗产，表演形式具有独特的地域性，全国少有。

第三节　高跷顶桩的原生性传承

一、高跷顶桩

西黄头村程姓家户祖先千百年前由河南嵩县程村迁徙而来，多有文化传承往来。据西黄头村老辈人传可知，清朝中期，西黄头程氏回河南嵩县二程故里祭拜祖先，访学得“高跷顶桩”绝技，本村的高跷顶桩故事就源于此。高跷顶桩原叫高桩顶桩故事，后来通俗称为高跷顶桩，流传至今。

西黄头顶桩的形式是踩跷人边踩跷边用肩扛铁制的道具，道具之上再固定一个小孩。全国有很多种这样的表演形式，叫法也不同。如山西叫背棍和扛桩，河南叫托桩或肘阁，其他地方也有叫背桩的，等等。西黄头高跷走兽是由两人踩跷共同抬一个人的高跷表演，将人物形象与动物巧妙组合、精心装扮的表演；西黄头抬阁是由多人踩跷抬起特制的纺花车形式的转动式木质道具的同时，在纺花车上面再固定多个小孩击打乐器玩乐的表演。

高跷顶桩每支桩最少需要五个人护理。其中，有两个人手中拿一根四米长，前边 V 字形铁叉样的长杆，前后各一个来护卫小孩；另两个人护卫踩高跷的人，另外一人打道开路以防路边行人。

演出装扮时，踩高跷人和所顶的小孩必须一起化装，然后踩高跷者坐到事先摆好的桌子上，腿上捆扎上高跷，背上捆上铁质桩支，然后再穿上所装扮人物的戏服。而小孩也要穿上戏服，骑坐在铁桩上，再用布条将小孩的腰和铁棍紧紧捆在一起，形成一个整体。然后将小孩插于踩高跷者背后的铁棍上。

起步时，护卫小孩的人用棍叉着小孩腰部，护踩高跷人拉着踩高跷人的手一起将踩高跷者拉起，然后一干人就可以缓慢前进。

行走中，上面的小孩有的还要做动作。一走就可走两三公里路，无论是走平地、上坡或者上台阶。如果太远，就在中途放桌子将小孩取下来，休息片刻，然后再插上继续前行。

为了演出安全，高跷顶桩前有两个人抬的“连体高跷”“大象桩”，上坐小孩拉象鼻开道；后有四个人抬的“转桩”，上坐四个小孩敲乐器垫后；中间有两个人抬的“穿心国”，上坐一个小孩扇扇，来回穿梭渲染气氛。

从西黄头村高跷顶桩可以看出，数千年来高跷表演形式在多样化发展。全国其他地方这些形式表演，也都是各项单项演出，表演形式单一。唯独西黄头“高跷顶桩”故事既要踩高跷表演，又要踩高跷顶人或抬人表演，这样的表演形式全国唯一。

二、高跷顶桩的桩支

西黄头村高跷顶桩共有十支桩，每支桩都蕴含浓厚的文化特点，并通过合时宜的故事情节表达，具有神秘的民俗观赏性，带给人们吉祥、美好、和谐、圆满、从善、尚美的神圣韵味。每个桩支构造由 2—3 部分组成，踩跷艺人背或肩部的顶桩以精铁打制而成，根据桩支的不同，故事情节着意不同形态，与踩跷艺人的抬桩合为一体，共同演绎生动的形象。每一支桩的造型设计与打造，都离不开西黄头村人的精思妙想与心灵手巧。西黄头村高跷顶桩故事有大小十支桩组成，其中，六支顶单人桩、一支顶双人桩、一支抬人桩、一支走兽桩、一支抬多人转桩，共十支桩，都是以踩高跷的形式表演。

1. 第一支桩："大象桩"

象，在世界各国都有不同的文化意味。在日本，民众尊崇象为财神，也代表了夫妇圆满之神；在印度教及印度神话中，犍尼萨被称作"象头神"，象征着智慧之神、破除障碍之神；在藏传佛教中，象被称作自在天、欢喜天、圣天，是守护神；在泰国，有象头神财天的膜拜；在西藏密宗，红象头为财神，也叫红财神。象，因其憨态可掬、诚实忠厚的形象成为全世界的吉祥物，而在中国传统文化里，"象"与"祥"字谐音，故象被赋予了更多吉祥的寓意。古人云"太平有象"，寓意"吉祥如意"和"出将入相"。又因大象的寿命较长，最长可达八十年，是长寿的象征，所以大象又寓意着健康长寿。大象自古便有"象神""吉象送财"等美称。大象体态肥硕，步伐稳健，预示着事业根基稳固、可有序发展之意。少数民族的傣族人民历来把大象看成是吉祥、力量的象征。几千年来，人们与大象结下了不解之缘，人们不仅喜欢大象，而且崇拜大象。

“大象桩”以大象为形象，是使用木材、竹子、纱布等材料仿制大象形状制作的连体桩。象鼻子和象身各为一体，通过表演艺人的装扮与穿戴可以使象鼻子和象身连接在一起，形成大象的整体形象。两名艺人一边脚踩高跷一边抬动大象身体，他们不露面掩盖在象身中，象身上面坐一小孩，小孩根据故事情节配合踩跷艺人的步伐节奏，用手拉动象鼻子进行上下左右多种方向的灵活摆动表演。同时，大象前后各有一个踩跷艺人，一人赶象，一人牵象，前后与里外配合。5 名艺人互相配合，通过灵动活泼的大象形象，表现中国南部藩属小国向古代中国进贡的场面。老百姓对这一装扮非常喜爱，每次社火游行，大象桩的四周都是围满了观演的观众，无不叫好。所以，“大象桩”是高跷顶桩故事的开路桩，也叫领头桩（见图 10－3）。

图 10－3　高跷顶桩的“大象桩”

2. 第二支桩："穿心国"

"穿心国"又叫穿胸国。《山海经》中记载了一个神秘的古代部族，部族人员的胸口均有个大洞。《淮南子》中有同样的记载："穿胸民，胸前穿孔达背。"《异域志》更是把这种描述立体化："穿胸国，在盛海东，胸有窍，尊者去衣，令卑者以竹木贯胸抬之。"看了简直令人毛骨悚然。就是说，穿胸国尊者出门都不带打车的，他们胸前有一个大洞，直接让仆人在洞里穿一根竹木杠子抬着他们走，就相当于我们古代的轿子。《三国志》里有关于此的解释：在我国南方百越一带曾经流传着一种风俗，这里的青年男子，会把胸前的皮肉拉起来，然后在上面挖一个洞，再穿一根麻绳，以此彰显自己的男子气概。鲁迅对《山海经》有过评价，他认为书中很多地方其实描写的都是巫术。经过查证，中国百越地区的一个较为古老的民族，流传着巫师"上神"给胸口打洞的习俗。巫师通过一些咒语将人催眠，让鬼神附体，他们把这种体验叫作上神。被上神的人失去意识，任凭胸口打洞。随着社会的发展，这种巫术就慢慢失传了，人们把信奉"胸口穿大棍"百越地区的这个部民叫作"穿胸民"。

"穿心国"桩，由2名踩跷艺人肩扛长木杠顶桩组成，长木杠约4米长，通过一种特殊的穿戴绑技法形成长木杠穿过小孩胸部，长木杠中部下凹的形状，模拟"穿心国"的"穿胸民"形态。另外，"穿心国"桩旁边有两名独立踩跷行进人员，主要负责维护场面。该桩借以讽刺庸俗不科学的巫术陋习，表现人们与时俱进，勇于开拓新生活的积极面貌（见图10－4）。

图 10－4　高跷顶桩的"穿心国桩"

3. 第三支桩："刘金定回山"

宋代女将刘金定，又称刘金锭。地方志记载，刘金定系北宋卫国武烈王高琼的夫人。周显德四年（957 年），青年将军高琼奉命自寿州（今安徽寿县）去京师汴京（今河南开封市）搬取援军，途经双锁山，与刘金定交战，为刘金定武艺超群所感。经过了解，互相爱慕，两人结为恩爱夫妻。刘金定随高琼发山寨兵马数千，渡过淮河攻南唐军，在八公山、寿州一带，横刀立马，气夺重关，大败南唐军固守的唐高关和八公山区，遂解宋军之围。

"刘金定回山"桩是单人踩高跷顶单人的形式。桩体上部由小孩站立式装扮刀马旦形象，一手拿马鞭，一手拿长刀并扛在肩上；桩体下部顶桩人扮囚徒形象踩跷前行。本桩表现我国北宋巾帼英雄刘金定下南唐，得胜归来，押解俘虏回山的场面，借以表现中华民族向来不畏艰难险阻，当代中国人民有战胜任何挑战的坚定意志和能力（见图 10－5）。

图 10－5　高跷顶桩的“刘金定回山桩”

4. 第四支桩：“刘海戏金蟾”

“刘海戏金蟾”典故出自道教，是古老的中国民间传说故事。讲述的故事内容是：古常德城内多古井，著名的丝瓜井井口直径五尺有余，深约三丈多，上口小，下腹大，似缸倒置，井水清冽，冬暖夏凉，久旱不竭。丝瓜井里有金蟾，是一只三足青蛙，经常在夜里从井口吐出一道白光，直冲云霄，有道之人乘此白光可升入仙。住在井旁的青年刘海，家贫如洗，为人厚道，事母至孝。他经常到附近的山里砍柴，卖柴买米，与母亲相依为命。一天，山林中有只狐狸修炼成精，幻化成美丽俊俏的姑娘胡秀英，拦住刘海的归路，要求与之成亲。婚后，胡秀英欲济刘海登天，口吐一粒白珠，给刘海做饵子，垂钓于丝瓜井中。那金蟾咬钓而起，刘海乘势骑上蟾背，纵身一跃，羽化登仙而去。后人为纪念刘海行孝得道，在丝瓜井旁修建蟾泉寺，供有刘海神像。

“刘海戏金蟾”桩是单人踩高跷顶单人的形式。桩体上部由小孩站立式装扮刘海形象，桩体下部顶桩人扮金蟾形象踩跷前行，表现刘海为得道，戏弄金蟾的场面，寓意财源兴旺，幸福美好（见图 10－6）。

5. 第五支桩：“河蚌桩”

“河蚌桩”取自于明代古典小说《西游记》《封神演义》中的神话故事“哪吒闹海”。哪吒又作那吒，源于元代《三教搜神大全》，是道教护法神。元代神话典籍《三教搜神大全》记载中，哪吒是玉皇大帝派下凡降魔的伟大战神，他乃天生神力、法力广大的屠龙勇士，年幼时曾脚踏东海龙宫，杀九龙，又将东海龙王打死于天门外，还诛杀了妖族首领大魔头石矶，降伏各种孽龙和鬼怪，后来降群魔有功，回归天庭，被玉帝和如来加封神位，永镇天门和天下妖怪。

“河蚌桩”是单人踩高跷顶单人的形式。桩体上部由小孩站立式装扮河蚌形象，煽动蚌盖，固定一条腿，另外一条腿随着蚌盖的开合摆动；桩体下部顶桩人扮哪吒形象踩跷前行。整

图 10－6　高跷顶桩的“刘海戏金蟾桩”

体形象天真烂漫，表现了哪吒不畏强权的精神，备受人们喜爱（见图 10－7）。

6. 第六支桩：“白蛇桩”

“白蛇桩”出自《白蛇传》的神话传说“盗仙草”部分，故事内容是：许仙听信法海的谗言，在白娘子的酒中偷偷掺入雄黄，使白素贞酒后现了白蛇原形，许仙看到后受了惊吓而昏死过去。白娘子为救活丈夫，驾云飞到昆仑山上去偷可以起死

图 10-7　高跷顶桩的“河蚌桩”

回生的仙草——灵芝。看守灵芝仙草的白鹤，展开大翅膀，伸出长喙要啄着白娘子的时候，白娘子被南极仙翁救下。她哭诉央求：“给我一棵灵芝仙草，救救我的官人吧！”南极仙翁念及其对丈夫情真意切便答应了。随后，白娘子把灵芝仙草熬成药汁，灌进许仙嘴里，过一会，许仙就活转过来了。

“白蛇桩”桩支设计巧妙。桩体向上分出两部分顶桩，分别代表 2 个人物形象，左边小孩扮演白鹤，右边为寿星老人（即南极仙翁），左真右假形象结合演绎；桩体下部顶桩人扮戏曲形象中的旦角，服装以白衣为主。整体情感浓烈，令人动容（见图10－8）。

图10－8　高跷顶桩的“白蛇桩”

7. 第七支桩：“黑蛇桩”

“黑蛇桩”出自《白蛇传》的神话传说“水淹金山寺”部分，故事内容是：和尚法海骗为蛇痴迷的许仙至镇江金山寺，逼迫白蛇和青蛇来到金山寺相救，白蛇与法海语言央求，沟通无果之后，白蛇和青蛇同时施展妖法，引来漫天洪水，水淹金山寺，翻江倒海，巨浪滔天的故事。

“黑蛇桩”桩上形成一个蛇形，小孩扮演法海和尚坐在蛇形桩上，桩体下部装扮戏曲形象中的旦角，服装以黑衣为主。整体形象具有观赏性和思想性，动作风格鲜明，令人目不暇接，赞不绝口（见图10－9）。

图10－9　高跷顶桩的“黑蛇桩”

8. 第八支桩：“双人桩”

“双人桩”源于“张果老柴王爷试桥”的故事。关于赵州桥，河北民歌《小放牛》这样唱道：“赵州桥是鲁班爷修，玉石栏杆圣人留。张果老骑驴桥上走，柴王爷推车轧了一道沟。”这首家喻户晓的民歌唱出了关于赵州桥的一个神奇传说——张果老柴王爷试桥。

传说鲁班修建了赵州桥之后，自信地对乡亲父老们说这座桥坚固无比，可以承受千斤重物。八仙之一张果老和柴王爷听到之后提出验证桥的承重能力的想法，鲁班应允。于是，张果老使用仙术让自己重达数百吨，骑驴桥上走，柴王爷推着满载五岳大山的独轮车紧随其后，二人同时考验此桥。在二人多次施展仙术试桥的过程中，赵州桥开始有些许晃动，鲁班在觉察到桥身晃动的时候，不顾性命地跑到桥墩下用自己的双手撑住大桥，当张果老和柴王爷看到鲁班为了大桥竟有如此行为，便撤回仙术，保全了赵州桥的完整性。时至今日，赵州桥上还能找到毛驴的蹄印、车道沟及桥身下鲁班的手托痕迹。专家研究发现，鲁班手托痕迹处，正是全桥的重心和力点所在处。

“双人桩”表演依据了“张果老柴王爷试桥”的惊险故事，演绎桩上顶两个人，桩体下部单人踩高跷的形式，也是所有桩支中最惊险的一支。顶桩处需要一个平衡板，板上左右各顶 1 名小孩，对于桩体下部踩高跷的人的要求极高，对 2 名小孩的遴选很严格，需要控制体重与身高，保证 3 人整体的协调配合，对平衡性要求极高。整体表演是形式与技术技巧的高度融合，常常引来观众的喝彩叫好（见图 10－10）。

9. 第九支桩：“莲花盆桩”

“莲花盆桩”出自古典名著《西游记》中“祈雨凤仙郡”的故事。唐僧、孙悟空、猪八戒、沙和尚师徒四人来到天竺外

图 10－10　高跷顶桩的“双人桩”

郡凤仙郡，竟见民事荒凉、街衢冷落。原是玉帝不满凤仙郡郡主对自己不敬，不给凤仙郡下雨，在披香殿设置了米山、面山和一根铁链，什么时候鸡能吃完米山，狗舔完面山，油灯烧断铁链，郡侯诚心悔过向善了，才给凤仙郡下雨。唐僧师徒为救凤仙郡百姓，念经诵文，并在赤脚大仙的指引下，为凤仙郡祈雨的故事。

“莲花盆桩”造型奇特。桩体顶桩部分分三岔，左边为母鸡造型，右边为灯烛造型，中部坐小孩戴五佛冠模拟唐僧形象；桩体下部为仙人造型。整体再现“祈雨凤仙郡”的场景，生动形象，出神入化，让人不禁感叹（见图 10－11）。

图 10－11　高跷顶桩的“莲花盆桩”

10. 第十支桩：“转桩”

“转桩”的表演布局排列最少需要 8 人。桩前、桩后各 2 名踩跷抬桩者，桩上挂抬可以旋转的纺花车，纺花车上坐挂 4 名小孩，4 名小孩手持不同乐器，在踩跷过程中边演奏乐器边转动，整体构造奇特、庞大。一方面表现乡村小孩天真烂漫、戏耍玩闹的欢快场面，另一方面呈现老少两代人之间其乐融融的圆满幸福场景，意喻百子千孙，子孙兴旺，是高跷顶桩中的最后一支桩，称作“压后桩”。“转桩”是现代时期，民间艺人不断反思与开发的表现形式，蕴含着民间艺人高度的智慧和艺术创新性（见图 10－12）。

图 10－12　高跷顶桩的“转桩”

三、传承谱系

百年来西黄头村的高跷顶桩之所以得以流传，能持续演出，离不开西黄头村人对它的热爱，更离不开西黄头村人对高跷顶桩的特殊管理。早在数百年前，西黄头村人祖上即将各支桩支分别下发于西黄头村的几个程姓大家族管理。家族内进行分户保管，集中参与选择顶桩和上桩的小孩。每逢演出，管理家族集体装饰、修缮桩支，演出时参与保护桩支上人员的安全等。政府的轮换，村头人的更替，也没有改变这一管理方法，其对于西黄头村高跷顶桩的保护与传承发挥了很好的作用。

西黄头“高跷顶桩”桩支的保护管理形式有别于其他非物质文化遗产，其保护方式独特。其利用村落皆是同一姓氏家族的基础，有每一支族中一个特别热心公益事业的人做主要保管，其余族内人集中互助的形式来传承保护这一特别的遗产。其保护特征如下：保管者首先必须特别热爱和喜欢“高跷顶桩”，热心参与集体事宜；保管者得有一定的彩扎修饰功底，能积极配合村庄修缮和保管桩支。

保管者有组织与号召力，能够寻找顶桩人、坐桩小孩，并组织家族人参与演出中的安全维护。如有移居他地，或族内人员稀少的，可移交相邻族人或街人保管。全村人大力支持，无论是踩跷顶桩者还是管理维护者，只要村内或本族内需要人员，全村一定出人出力，全力以赴。

在桩支的保管中，虽然也出现过变动的情况，但对桩支的保管没有影响。现在可知新中国成立后每支桩的保管家族如下：“大象”桩支，原由村南道程开舟家族保管，后由南道三舟家族保管，现在为程吉林家族保管；“穿心国”桩支，原由村下街西边院程宽元家族保管，后由侄儿程文娱保管，现在为本家族内程前亮保管；“回山”桩支，原由村下街东院程恩贵家族保管，现在为本家族内程静斌保管；“刘海戏金蟾”桩支，由上街新院程富荣家族保管至今，已有三代以上，现在还是由其后代保管；“河蚌桩”桩支，由上街时候院程小廷家族保管至今；“白蛇桩”桩支，原由村下街下院程新亮家族保管，后由后谷洞程万良家族保管至今；“黑蛇桩”桩支，由西头院程宽荣家族保管至今；“双人桩”桩支，原由底下院程理牛家族保管，后由程虎魁家族保管，现在由下院程小铁保管至今；“莲花盆桩”桩支，由后院程际善家族保管至今，已有三代以上；“转桩”桩支，由上街程小根家族保管至今，已达三代以上。

共用的目标，热心的村民为西黄头高跷顶桩的传承保护起了很大作用，有的家族已经保护桩支不知多少代了，现在还在继续。

四、当代传承与发展

表演高跷走桩的民间艺人的年龄在 5 至 70 岁之间，所踩跷体高在 1.1 至 1.5 米之间，步伐最大可迈到 1.5 米。

西黄头村家家户户都会踩跷，民间艺人程国林先生回忆说：“从孩童记事起，会走路就敢上跷踩，会跑就能踩跷走顺溜了…… 小时候，看着周围小朋友和大人踩跷走来走去，就会嚷嚷着学样儿绑跷走，一点也不害怕……”民间艺人程中孝先生对此说法表示赞同，并且补充说道：“西黄头村的大人小孩，好像天生就会踩跷，也不害怕摔跤，想踩了，绑了跷腿就走起来，来回走两圈，不一会儿就踩顺溜了……”

西黄头村有家喻户晓的俗语：“喝了黄头水，踩起高跷，来回走；吃了黄头饭，踩起高跷，来回串……”

西黄头村高跷顶桩数百年的发展，只是在附近的乡镇有名望。之所以外人知之甚少，一方面，与西黄头村人不善于推销和经营有关，另一方面，其特有的高难度，既增加了它的可观性，也增加了它的危险性。曾经以凤台县十大悬观而遭到官府的禁演。

21 世纪的今天，由于传统文化与现代文化存在审美意识的冲突，本该加以保护、宣传和发展的高跷顶桩，遇到传承困难的问题。大家认为，表演者踩跷演出带有一定的风险性，而且是无偿表演，大部分人慢慢地不愿意参加演出，常年务工在外。

第四节　神农高跷的生存环境

一、晋城高平市自然地理环境

晋城高平市，别称泫氏、长平，因其四面群山环绕、中部相对平坦得名。东与陵川县接壤，西与沁水县为邻，南与泽州县毗连，北与长治市上党区、长子县相接，总面积 946 平方公里。考古发现，最迟于旧石器晚期，高平就已有人类聚居。高平市是尧封丹朱、神农播种、蚩尤冶铁等神话发源地。高平境内现有长平之战遗址群、炎帝陵、羊头山石窟等古迹多处，是汉代名将陈龟、晋代医学家王叔和、元代水利家贾鲁等历史名人的故里。

表 10－3　晋城高平市行政沿革一览表

时间	高平市隶属
陶唐时期	此为冀州之域，隶属帝都畿内
舜建虞朝	肇启天下为十二州，隶属冀州

续表

时间	高平市隶属
夏代	十二州复合为九州，隶属冀州
殷商	隶属畿内地
春秋	隶属晋，始称泫氏城
战国	泫氏改为长平邑
周安王二十六年（前376年）	长平邑隶属于韩
周安王五十三年（前262年）	长平地为赵所有
周赧王五十五年（前260年）	长平地为秦所据
秦统一天下后	置高都县，产品隶属上党郡
西汉、东汉、三国、魏、两晋	高都县改为泫氏县，属上党郡
东晋太元十一年（386年）	泫氏县改属建兴郡
北魏永安二年（529年）	建兴郡改为建州，长平郡隶属于建州，领泫氏、高平2县，高平之名始于此。
北齐天保七年（556年）	高平改平高县
北齐末	平高又改为高平县，此后只称高平不再称泫氏，改属高都郡，隶建州
北周	高平县隶高平郡，属建州
隋开皇三年（583年）	高平县隶属泽州
隋大业三年（607年）	高平县隶属于长平郡
隋义宁二年（617年）	高平县复隶属于泽州
唐武德元年（618年）	高平置盖州
贞观元年（627年）	盖州废，高平入泽州
金天会六年（1128年）	高平县属泽州
金元光二年（1123年）	高平县隶忠昌军节度

续表

时间	高平市隶属
元中统元年（1260年）	高平隶泽州司侯司
元三年（1267年）	高平县复隶于泽州
明洪武二年（1369年）	高平县为泽州直隶州所辖，属山西布政使司
清雍正六年（1728年）	高平隶属泽州府，属山西省布政使司
1914年	高平改属山西省冀宁道
1934年	高平县属山西省直辖
1937年	高平属山西省第五行政区
1941年	高平抗日民主政府成立，归太岳区管辖
1943年	高平东南部划归为陵高县，其余部分仍为高平县
1945年6月	高平解放，仍划归高平县
1948年	属太岳三专区
1958年	高平县成立高平人民公社
1961年	高平县先后为晋东南专区（地区）所辖
1985年	高平县归晋城所辖
1993年	经国务院批准，高平撤县设市，成为省辖县级市，由晋城代管

二、晋城高平市神农镇自然地理环境

神农镇，位于山西省晋城高平市东北部，距市区10公里，原为团池乡，2000年改现名。神农镇自古就是泽、潞两郡的分界地，因神农故里命名。神农镇东有虎头山和狗王山，西有郎公山，北有羊头山，三面环山，东仓河、西仓河从北向南流经全境。境内地势复杂，沟壑纵横，平地较少，大部属丘陵和半山区。

神农镇属温带大陆性气候，年平均气温 9—10℃，最高气温 34℃，最低气温 -18℃。年平均降雨量 550 毫米，主要集中在 7—9 月，无霜期 170 天。镇东连陈区镇，南邻三甲镇，西接永录乡，北与长治、长子两县搭界，东西长约 10 公里，南北宽约 6.5 公里，略呈半圆形，总面积 50.2 平方公里，辖 33 个村民委员会（46 个自然村），总户数 6651 户，总人口 2.4 万人。耕地面积 2.21 万亩，农业人口 2.35 万人，人均耕地 0.94 亩，人口自然增长率为 7‰。

神农镇文化底蕴深厚，区位优势显著，发展潜力巨大。2021 年，在镇党委的坚强领导下，全镇上下勠力同心、砥砺奋进，聚焦基础设施提升和产业项目发展，用好用活了炎帝故里这张深色底牌，叫响叫亮了全国特色小镇这张金字招牌，呈现出一幅党建更强、乡村更美、产业更优的乡村振兴图景。

三、晋城高平市神农镇文化

羊头山，神农镇境内的羊头山是炎帝神农氏开创中华农耕文明的发祥地，是泽、潞两郡（今晋城、长治市）的分界地，有“岭限二郡，麓跨三邑（即长治、长子、高平）”之称。这里山峰挺拔，怪石嶙峋，夕阳西下，残阳映照，群山霞光万道，宛如天上仙境。羊头夕照是国家级风景名胜区，有羊头山炎帝文化风景名胜区 1 个（3A 景区），国家级重点文物保护单位2处。位于李家庄村北的羊头山遗址，是距今约2.6万年至1.4万年间的旧石器晚期的文化遗址，具有重要的考古和研究价值。

炎帝故里，这里是华夏始祖炎帝神农氏开创中国农耕文明的发祥地。在以羊头山为中心的区域内，现存有神农井、神农庙、神农城、神农泉、五谷畦、神农洞等许多遗迹遗址，并存以炎帝陵为中心的炎帝中庙、炎帝行宫、神农祠等一系列独特的炎帝文化古建筑群落。传说称，炎帝在这里种五谷、尝百草、制耒耜、兴医药、制陶器。与炎帝有关的民间传说、神话故事、风俗习惯和记载炎帝功德的碑文石刻十分丰富，形成了一个炎帝神农氏从生产、生活到安葬以及后人祭祀等完整的炎帝文化体系。

羊头山北齐天保二年（551年）的石碑就刻有“神农圣灵所托”等字样。唐天授二年（691年）所立的《泽州高平县羊头山清化寺碑》，碑文有“此山炎帝之所居也”，炎帝“遍陟群山，备尝庶草，届斯一所，获五谷焉”的明确记载。在炎帝陵前，现存一块明万历三十九年（1611年）所立的刻有“炎帝陵”三个大字的石碑。可以说，神农镇作为中华文明史发源地之一，是中国农耕文明和医药文明的源，是华夏民族和全球华人的根。

四、神农镇中庙村

中庙村，山西省高平市神农镇下辖村。2018年12月，中庙村被列入第五批中国传统村落名录。地势平坦，交通便利，有8个村民生产小组，耕地面积1801亩，荒山面积72.9亩。在神农镇党委政府的正确领导下，支村两委班子带领村民大力推进新农村建设，取得了较大的进展。中庙村呈现出社会稳定，经济发展，文化繁荣，环境优美的新格局。

第五节 神农高跷的原生性传承

神农高跷流行于山西省长治市高平市神农镇中庙村，迄今已有 100 余年的历史。中庙村之前叫下台村，高跷名为下台高跷，后来村民更替为中庙村，加之当地炎帝文化的发扬光大，高跷后来更名为神农高跷。在时代的不断进步发展中，神农高跷的表演体制也有了创新性。

笔者走访了神农高跷传承人王太平老师，了解到王太平老师成立了一个高跷艺术团。团里有专门表演高跷的艺人和其他民间舞蹈类演员，有关神农高跷表演必需的服装、舞蹈动作、节目编排、伴奏器乐、人员数量、表演时间都有详细的统筹安排。高跷艺术团的整体运营和发展，迎合当前神农镇党委政府领导的文化旅游乡村建设规划方略，积极开拓高跷表演的业务，使神农高跷的表演机会增多。除了每年盛大神农炎帝民间文化庙会之外，他们也会被邀请去神农镇、高平市、长治市、太原市演出，在当地名声显赫，传播性比较强。

一、神农高跷的表演形式

神农高跷目前有 4 支高跷队，中庙村的东大队、西大队、南大队、北大队各有 1 支高跷表演队伍。多数情况下，在中庙村村领导的支持下，由创承人王太平老师自觉组织和排演。参演人员有男性和女性，女性表演文高跷内容，男性表演武高跷内容，分工明确，风格各异。文武高跷形式同时表演，形式丰富，让人不禁称赞。文高跷表演时，女性脚踩木跷，手持彩扇，边踩边扭，可以是独立的高跷队伍表演舞段，也可以配合男性武高跷表演做简单的队形串场。多是把男性武高跷表演围起来走圈，或是把表演场地给了男性武高跷表演者，其余高跷多是保持队形原地踩跷，来充当背景。男性武高跷表演时，先是跟随女性文高跷绕场，之后回到舞台中间，表演相关的技术技巧动作。整体风格一文一武，对比鲜明。

二、神农高跷的代表性节目

1. 乡老送闺女

扮演的人物形象有老头、老妇、小舅子、伴娘、新娘和轿夫，演绎山西地方嫁闺女的风土习俗故事，以逗乐情绪为主。表演队伍的人员分配是固定的。第一是音乐伴奏队伍，他们不踩跷，走在队伍最前方，常用的曲调配器是当地有名的八音会形式；第二是开道者，单独踩跷者 1 人，主要是引领队伍和报告路况，如果遇到不平整的路面时，开道者会喊“石头瓦子……”，后面高跷队伍人员则回“是啦……”；第三是老头、老妇们，他们扮演乡村父老、亲戚好友的角色，踩着跷挑着扁担，扁担中放置新婚嫁妆之类的物品；第四是伴娘，伴娘手持彩扇，随节奏扭动；第五是小舅子，脚踩高跷应和表演；第六是 4 名轿夫身着彩衣，足蹬三米多的高高跷，一边踩跷一边抬着新娘子。整个送亲队伍边扭边跳并伴有语言逗趣，气氛欢乐无比。王太平老师经常会男扮女装扮演新娘子的角色，王老师娇羞的媚态加之娴熟的踩跷功底，常常博得阵阵掌声，深受群众的喜爱。

2. 十二妖仙

主要是武高跷的内容，展示各种技术技巧，表现 12 个妖仙飞上仙界的意思。高跷高度约 80 至 150 厘米，根据演员的实际身高来调整跷腿的高度，在保证动作安全的情况下表演技巧，表演者有男性，有女性。12 名演员主要表演的技巧有翻跟头、小飞人、大飞人、大空翻、小空翻、倒空翻 6 种。进行翻跟头技巧的表演时，因为演员会真实地头朝地做翻跟头动作，一般会在表演前选择一块地方，把地面做成碎土样式，不至于头接触地面的时候，地面太硬。小飞人一般由四人表演，其中一人是起到支撑作用，由男性表演。其左右两臂各挽一名女演员，另一名女演员坐骑在正中间男演员的脖颈上，整体形成一个小飞人的造型，然后跟随急促的鼓点变化为原地踏步或是原地转圈的似飞翔场面。大飞人一般是由 10 人组成，在小飞人的基础上增加表演难度和阶梯层次，需要三名男演员一字排开做支撑，左右两臂各挽一名女演员。第一层是 5 名演员。第二层由两名女演员坐骑在正中间三名男演员的脖颈上，左右两臂各挽一名女演员，共 4 名演员。第三层正上方中间再坐骑一名女演员，这名女演员一般体重较轻，瘦小一些。大飞人踩着急促的鼓点儿开始原地转圈，此时两侧身轻如燕的女演员便顺势“飞了”起来，场面煞是壮观。大空翻、小空翻、倒空翻 3 个技术技巧，难度最大，对表演者要求也比较高，多是 20 多岁的年轻小伙，一般需要具有一定专业舞蹈艺术功底的演员来进行表演，多是舞蹈童子功演员。十二妖仙的节目形式，以炫技为主，演员在不断飞天、空中翻滚的过程中，赢得观众们的连连拍手叫好，是神农高跷中最精彩的节目。

3. 王婆戏耍烟袋

这个节目是一人表演的独立节目，表演者扮演王婆形象，一袭黑衣，脚踩两尺多高的跷，属于文丑，头顶竖着小辫，风趣诙谐、憨态可掬，手持烟袋，边踩跷边扭身姿，还摇头晃脑，在转场过程中时不时地与观众互动，挑逗观众，引来观众一片笑声。

神农高跷在王太平老师的经营和指导下，表演形式、跷腿装扮、表演场合都有了新的发展。

表演形式，迎合当前年轻人的审美方向。高跷表演动作在文、武高跷原有的动作基础上，大胆融合街舞动作，发展变化了更多的动律舞姿，丰富了高跷演员们的上肢表现；同时，高跷队伍在长期表演的过程中，遇到过因为雨雪天气而路面打滑的情况，尤其是入了深冬腊月，地面会积雪成冰，高跷表演在此路面情况下就会受到很大的局限。王太平老师经过深思，自创出了一种铁质跷腿套，这个铁套高约 6 厘米，直径 4 厘米，一面呈锯齿状（见图 10－13），套在跷腿上，增加木跷腿接触地面的阻力，锯齿状的铁套面可以很好地扎在地面上。这一创新性发明，在高跷表演的实践中得到了认可，大大解决了因为天气原因而不能表演的困惑，加大了神农高跷表演的机会。目前，神农高跷的表演还扩大范围至日常百姓家的结婚喜事、孩子满月、孩子十二岁生日、商场或企业开业庆典、农贸物资交流会等场合。周边百姓对此评价极高，认为神农高跷是“非遗尖兵”。相关文化爱好者还以剪纸和书法的形式创作了相关作品，表示赞扬（见图 10－14）。

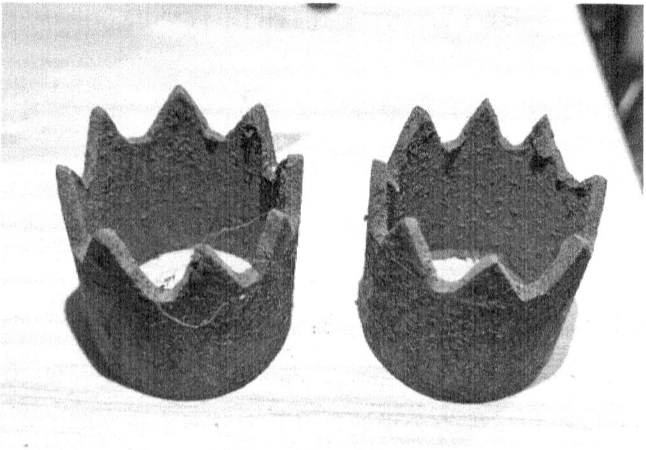

图 10－13　神农高跷的锯齿状跷腿铁套

图 10－14　神农高跷好评剪纸、书法画

第六节　元王高跷的生存环境

一、长治沁县自然地理环境

山西省长治市沁县，现地处晋东南地区北部、太行、太岳两山之间，位于上党盆地北部，是千里海河的发源地。全县地处北纬36°与37°之间，是农业生产的黄金纬度，气候属于暖温带半湿润大陆性季风气候，非常适合农作物生长，盛产沁州黄小米，被誉为“中国名米”。全县拥有耕地面积60万亩，约占总面积1318平方公里的20%，是华夏农耕文明的重要发祥地，沁县自古就有“冀州门户”“潞泽咽喉”等美誉，曾被确定为第二批中国特色农产品优势区。

沁县属黄土丘陵山区，县境地貌多属黄土高原丘陵区，全境地形丘陵起伏，中部低平，整个地势西北高、东南低，平均海拔1000米，最高点为位于西部的棋盘山，主峰海拔1745.5米，最低点为南池乡的二神口，海拔高度为916米。同时，沁县境内水资源极其丰富，可以说是“夏无酷暑，冬无严寒”，主要河流有浊漳河、段柳河、庶纪河、迎春河、圪芦河、白玉河、徐阳河、涅水河8条，呈井字形分布，有大小支流126条，湖泊湿地62处。在沁县境内，河湖纵横，千泉喷涌，百湖竞秀，发源于北部漳河村的浊漳河为境内主要河流，自北向南出境流入襄垣县，沁县号称“千泉之县”。

二、长治沁县行政沿革

长治沁县是我国早期行政建制县之一，迄今已有2524年的建制史。

表 10－4 长治沁县行政沿革一览表

时间	沁县隶属
西汉	古城村置铜昭县，属上党郡
北魏	改属乡郡
建义元年（528 年）	属襄垣郡
隋	属沁州、潞州
唐	先后属沁、韩、潞州
宋太平兴国二年	属威胜军
金天会六年（1128 年）	属沁州
元光二年（1223 年）	属义胜军
元初	属沁州
明洪武间	属隶州
1912 年	降为沁县
1946 年	沁县解放
1949 年	属长治专区
1958 年	与襄垣县合并为襄沁县，不久沁源县并入，称沁县，属晋东南专区
1959 年	恢复 3 县原建制，隶属不改
1967 年	属晋东南地区
1985 年	属长治市

截至 2018 年，沁县辖 6 镇——定昌镇、新店镇、漳源镇、郭村镇、故县镇、册村镇，7 乡——段柳乡、松村乡、南里乡、次村乡、牛寺乡、南泉乡、杨安乡，306 个行政村，总人

口 18 万。2008 年以来，县委、县政府深入挖掘县域水、土、人文优势，提出了“北方水城、中国沁州”的战略目标，“以水为魂、以土为根、依（以）托周边、以人为本”的“四以”发展战略，“修路、栽树、治水、兴教”的“八字”工作方针，致力打造文化旅游胜地。沁县先后荣获“中国生态文明先进县”“中国最具特色魅力县”“中国小米之乡”等荣誉称号。

三、长治沁县元王村概况

长治沁县郭村镇元王村位于沁县西北。元王村在山西省长治市沁县郭村镇，位于郭村镇往北 6 公里处。元王村原名赵村，宋朝曾屯兵于此，取名兀土，传说北方民族三进中原，进攻宋朝，均取道于此。又传说有炎帝与黄帝的故事，炎帝的两个宠物安歇于此，元王村西有伏牛山、白鹿寺。伏牛山山下聚水成池，池名澄清池，池旁建庙名曰奶奶庙。元王村位于美丽的伏牛山脚下，县道漳石线穿村而过，交通便利。全村 500 户 1490 口人，2952 亩耕地，现有 38 名党员，6 个村民小组，元王村民友好好客，人勤物丰，山清水秀，物产丰富。

元王村及组织活动场所选址位于元王村东沿路，近年来活动场所进行了绿化配套，体育器材齐全，成为村民休闲娱乐健身的景点。元王村党支部以建设全县一流园林村为目标，着力改善基础设施，环境卫生提档升级，壮大种植产业，立足打造全县最大的小杂粮基地、蔬菜种植基地，在新农村建设方面取得了显著成效，在创先争优现场会上受到了各级领导的肯定。环境卫生方面，对村内道路两侧房屋进行了白化、亮化，刷新标语。加上 2011 年对村内道路进行了硬化，村庄面貌更是焕然一新。特别是 2012 年元王村新建蔬菜大棚、鱼塘，元王村在平稳较快地向前发展，村容村貌和人民群众的生活水平发生了很大变化，这都得益于党的政策。

元王村东朝迎春水库，西马大山与沁源相邻，北近漳源而达平遥，南为郭村、漫水，四围几十公里不见工厂，不见煤矿，天然生态环境保存良好，蓝天、绿水、地肥、牛羊壮，空气湿润清新，是天然氧吧。元王村村西有多个泉眼，山涧水从地下汩汩而出，甚至田地中都有清水冒出，慢慢流淌，汇聚成溪、成河，流入迎春水库，穿过沁县而入后湾水库，有山而壮，有水而幽，加之村民朴实，民风敦厚，在当今社会，不失为一方福地。

四、长治沁县郭村概况

郭村属于山西省长治市沁县，山清水秀，英才辈出，空气好。郭村与郭村镇、郭家庄村相邻。郭村系镇政府所在地，相传元末明初郭氏在此建庄，故名“郭村”，是沁县第一大村。

村中有一处全国重点文物保护单位大云院。始建于北魏太和年间（477—499 年），北宋重建，金大定十二年（1180 年）重修时买到空名院额一道，题名大云禅院。金崇庆元年（1212 年）正式敕用。元明清时期屡有修葺。寺院坐北向南，共有两进院落，中轴线上依次有山门、前殿、后殿，两侧有朵殿、配殿、廊房。现仅存前殿、后殿等主体建筑。四周民舍毗邻，林木掩映。殿前存重修碑及金代敕赐寺名碑两通，记载了金崇庆元年重修寺院与敕赐寺名之详情。

郭村境内有九连山、鳖山，传说均与阿舜战恶龙的故事有关。相传上古时，沁县本是一个大湖，人称沁阳湖。湖里常年住着条恶龙，经常兴风作浪，残害百姓，湖边村民屡遭毒害，非常懊恼，村民阿舜决心除恶龙造福百姓，非常勇猛，与恶龙经历了几番争斗，但恶龙狡猾阿舜不能取胜。后在尧王的帮助下，方以利剑将恶龙斩为九截，现在的九连山即为九截恶龙尸体变成，鳖山也为沁阳湖干涸后湖底的大鳖所遗变而成。

郭村东有村曰开村，东北3公里有村名池头和仁胜村。郭村境内有多处泉眼，山涧水从地下汩汩而出，汇聚成溪，清澈委婉。水润泽了郭村的民俗文化，郭村高跷在这样浓厚的乡村文明下应运而生。

第七节 元王高跷的原生性传承

长治沁县多个村庄都有踩高跷的传统，是沁县境内一种常见的民间艺术形式，主要流传在西乡太岳山麓的郭村镇一带。郭村镇自古就有“高跷之乡”的美誉。同时，定昌镇西渠上村、段柳乡长胜村、故县镇南仁等地也曾有过踩高跷的历史，但是传承表演的时间较短。以郭村镇为中心的郭村、元王、任胜、开村、南沟等多数村庄踩高跷习俗一直延续，百姓们对此民间艺术形式极为喜爱，尤以郭村、元王两村的高跷著名，郭村高跷属文高跷，元王高跷属武高跷。

长治沁县元王高跷历史悠久，早在北魏至北宋年间沁县就有踩高跷的习俗。元王高跷流传于郭村镇元王村周边一带，后传于定昌镇西渠上村、段柳、长胜村及郭村的开村、南沟村等。2011年，元王高跷入选山西省第三批省级非物质文化遗产名录。

一、元王高跷的历史渊源

踩高跷这一民间舞蹈，在沁县境内历史悠久。据沁县文化服务中心主任、非物质文化遗产专家组组长魏应忠介绍，沁县南涅水石刻馆展厅陈列着一块特殊的南涅水石刻造像（石塔），该造像塔的四面都刻有图案，其中有一面便是一幅百戏图，图中雕刻有踩高跷等民间杂耍。1957 年，在沁县南涅水村出土了一个南涅水石刻，经过专家考证，确认该石刻属于北魏至北宋六百年间的石刻造像作品，这说明沁县踩高跷习俗早在北魏到北宋年间就已经广为流传。《沁县志》关于传统舞蹈内容的记载中有这样一段话："高跷，沿传已久，郭村、元王较有名气……"由此可见，踩高跷习俗在长治沁县的历史比较久远，已有 1500 多年历史。

元王高跷被称为武高跷。与郭村高跷不同，其注重技术技巧的展示。2022 年 2 月 11 日，通过走访元王村的党支部书记卫剑刚，民间老艺人卫天元、龙高翔、卫明元，以及长治市市级非物质文化遗产代表性高跷传承人王亮清和卫来贵先生，听他们讲解元王高跷的内容，对元王村踩高跷的历史基本上有了时间界定。据党支部书记卫剑刚介绍，村中卫德富先生算是一位踩高跷的元老，他是在山西青年抗敌决死纵队当兵时学会的踩高跷，并经常和驻扎在村里的决死纵队文艺兵们在一起踩高跷，大约是 1938—1939 年期间。对于这个时间段，龙高翔、卫天元等老人也表示赞同。据龙高翔老人回忆，1955 年元王村正式组建高跷队，次年的元宵节高跷队就到县城演出过，深受好评，村中的高跷艺人们受到极大的鼓舞，每年春节、正月十五元宵节都会组织高跷表演在元王村里、镇或县城表演，渐渐地高跷活动成为常态。元王村踩高跷，约在 19 世纪 30 年代就已形成习俗。

综上所述，元王高跷的发端稍晚于郭村高跷，而且二者表现形式也有着鲜明的特色，形成对比，在周边区域的名声很大，都是当地人民心中不可或缺的民俗艺术。

二、元王高跷的功用演变

元王村东边有一座古老的建筑群，三进大院，有大殿、献厅等，牌楼一座，门楼三个，房屋46间，始建于清乾隆年间（见图10－15、图10－16）。该建筑群曾是村民卫家祠堂（见图10－17），本村卫姓人居多，而后闹义和团，闹革命，以及办学校，赶会唱戏等，都在此举行。特别是1937年10月，抗日决死

图10－15　元王村现存“三进大院”遗址，正面图

纵队成立一周年，纪念会就在此祠堂戏台后面开的。现在，此祠堂改为烈士陵园，存有“抗战英灵”纪念碑1个（见图10－18），“翻身纪念碑”1个（见图10－19），“壮士流芳”纪念碑2个（见图10－20、图10－21）。1947年，沁县独立团政委肖文玉和长治沁县武委会主任刘子伟（化名马龙）两位领导为了纪念革命先烈，分别赠予石刻牌匾（见图10－22、图10－23），现存于元王村烈士陵园。当前，元王村烈士陵园是红色教育基地，经常会有不同团体来此进行红色革命事迹的参观与学习。

图10－16　元王村现存“三进大院”遗址，背面图

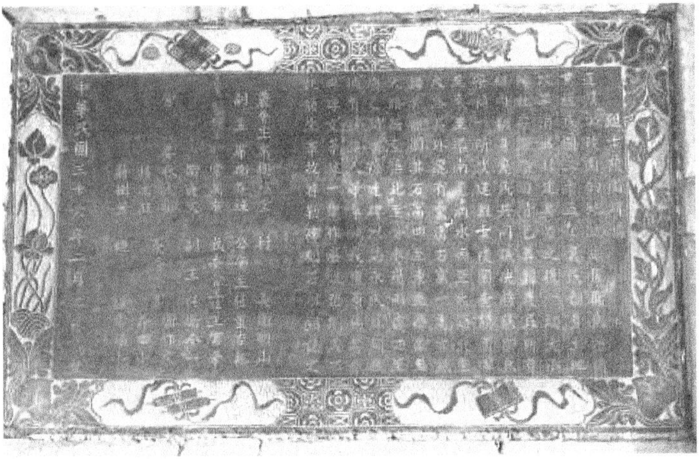

图 10 - 17　元王村卫家祠堂石碑

图 10 - 18　元王村烈士陵园“抗战英灵”纪念碑

图 10 - 19　元王村烈士陵园“翻身”纪念碑

图 10－20　元王村烈士陵园“壮士流芳”纪念碑一

图 10－21　元王村烈士陵园“壮士流芳”纪念碑二

图 10－22　肖文玉赠予石刻的牌匾

图 10－23　刘子伟（化名马龙）赠予石刻的牌匾

庆典会上，决死一纵队宣传队和话剧团都进行了踩高跷表演。村中老人回忆，在抗日战争时期，1936 年左右，共产党曾在此驻扎，每次开会、商讨时，为了提高隐秘性，在门外会专门安排民间踩高跷的队伍进行表演，人们踩跷扭腰，敲锣打鼓，引来很多人在此围观，形成门外踩高跷表演、院内进行革命事宜的双场面。当时，踩高跷表演是放哨，也是为革命打掩护，具有一定意义的革命政治性。放哨者在踩高跷的队伍中一边踩跷一边观察周边人群情况，随时注意日本人的动向，以此保护院中革命事宜的顺利进行。伴随新中国成立和时代的发展，踩高跷表演依然在村中盛行，是人们生活、农闲、节日中不可缺少的娱乐活动，表演功用也发生了转变，多以宣传、赞扬人们幸福美好生活为主。

三、元王高跷的服饰、扮演角色

元王高跷一般以舞蹈队的形式表演，也称高跷队，多是表现具有高难度的技术技巧动作。因为动作技术要求高，具有一定的惊险性，故高跷人数一般都在 20 人至 40 人之间。高跷表演的舞者一般着戏曲行头，舞者常用道具有扇子、手绢、木棍、刀枪等，大家对舞者服饰与人物角色形象是否一致的要求比较低，常常是有什么样的戏曲服饰就穿什么样的服饰，看着好看就行。高跷舞者扮演的人物角色是与时俱进，不断发展变化的。一是古代神话传说或历史故事中的角色形象，以戏剧白蛇传、西游记、三国人物扮相为主；二是全国大唱样板戏时期，装扮工农商学兵，以《红灯记》《沙家浜》《智取威虎山》等人物扮相为主；三是新时代新农村面貌发展时期，有宣传党和国家新形势、新任务的新编内容，也有民间广为流传的传统内容，如《五哥放羊》等。扮演的人物角色比较多，都深受老百姓的喜爱，至今仍有部分人物角色在继续表演。

传承人卫来贵老师回忆，他的父亲是一位心思缜密的高人，总会给高跷表演的人们提供最专业的技术和亮丽的服装造型，例如，《白蛇传》里英俊倜傥的许仙、年轻貌美的白娘子和《西游记》里手拿金箍棒的孙悟空、挑着行李的沙和尚、大腹便便的猪八戒等，惹得路人开怀大笑。作为元王高跷的传承人，卫来贵老师始终认为自己应该是庆幸的，不仅亲身经历了元王高跷声名远扬的辉煌，而且只要提起往事，整个人仿佛也变得格外精神。他说，踩高跷是王元村人的最爱，每年春节的正月初二一走完亲戚，村里人就迫不及待地准备起来，到正月十五高跷队走村串乡，规模浩大，气势壮观，元王高跷已彻底融进了他的生命，成为不可分割的一部分，无论走到哪里，元王高跷都是浓浓的乡音和乡情。

四、元王高跷的八音会伴奏

元王高跷的音乐伴奏乐器，以打击乐器为主，使用鼓、大锣、小锣、大镲、中镲、小镲。元王高跷的音乐伴奏曲调丰富，老百姓也称为八音会。元王高跷的音乐曲牌特点是：鼓点明快，节奏紧凑，唱腔独特，古老唱腔音乐跳跃性较强，音域跨度较大，演唱难度较高，现在很少使用。近年来的高跷演唱曲牌多采用民间圪圈圈秧歌曲牌，或八音会曲牌，常用的曲牌有《绣牡丹》《十绣》《十二月花》等。

元王高跷的八音会伴奏形式在某种程度上受上党八音会影响，是群众自发组织起来以自娱自乐为目的的乐社组织活动。

上党八音会自明末清初形成，迄今已有600余年的发展历程，在山西晋城、长治地区非常流行，元王高跷的八音会伴奏整体吸取了上党八音会鼓、吹、乐的演奏形式与音乐特点，吹打并重，吹打轮番，文武和唱，互为激励，相呼相应。从元王高跷伴奏乐器来看，其属于上党八音会的武场形式。武场突出鼓、锣、镲，不仅要掌握演奏的节奏情绪，而且击鼓花样需变化多样，让观众在听奏过程中不禁激动和心动。锣、镲不仅要节奏有致、嘹亮利落，而且要上下翻动、金光闪耀，演奏至表演的高潮部分，还会将手中锣、镲抛向数米高空，再随手接来，继续按节奏敲打，引得观众鼓掌喝彩。可见，元王高跷的八音会吹打乐给人以听觉与视觉的双重美感。

五、元王高跷的伴唱

元王高跷表演过程伴有演唱，演唱时除了鼓、大锣、小锣、大镲、中镲、小镲打击乐之外，还有管、笙等乐器跟腔伴奏。高跷队表演过程会伴有演唱环节，演唱的内容多以自编自演为主，更有即兴发挥、现编现唱的形式。同时，高跷队伍的演唱表演也会根据所处的地理位置，就地取景来现编现唱。例如：高跷队伍到了药店门前，就会唱治病救人的内容；高跷队伍到了商店门前，就会唱诚实守信的内容。例如：

元王村，高跷队，来在咱的村
要宣传，当前事，大家来听……
老婆老汉喜洋洋，初一吃饺子，初二……

又如：

喜迎十九大

十九大　气高歌　共产党好
忆五年　大发展　成果丰硕
县政府　六战略　扶贫攻坚
镇政府　举措好　脱贫势高
撸袖子　加油干　不辱使命
老百姓　获得感　民富国强
习书记　带领咱　飞奔小康
国复兴　中国梦　不懈奋斗

六、元王高跷的技术技巧

元王高跷有五六十厘米高的，也有七八十厘米高的，根据人的真实身高和技术掌握程度量身定制高跷的高度。龙高翔老人回忆说，元王高跷传至西渠上村时，新做的拐子（跷根）高度达到了一米，对于他来说，拐子越高，越容易跳过桌子。元王高跷在其发展历程中，曾经启用过短拐子，其高度为正常拐子的一半高，即 30 至 50 厘米不等，民间也称小拐、短拐或低拐。高跷拐子演变为短拐或低拐，高度大约为 30 厘米，这种短拐又被人们称为寸跷，踩寸跷的多为儿童。

元王高跷的舞蹈表演主要是通过高难度的技术技巧来表现，有过断桥、跳桌子、跳高凳、跌八叉、下八叉、过双桥、骑大象等，踩跷步伐有走八字、正步踩、倒步踩，不同步伐配合表演多种舞蹈队形，常见的是走圆场、穿八字、扭蒜瓣、穿插队、剪子股、蛇脱皮、穿剪箍等。技术技巧特别好的艺人表演跳桌子时，能跳三张桌子、三个板凳，能表演各种高难度动作。例如，两梯扣搭在一起，左上右下，或右上左下，用凳子相连过桥，三四个高桌垒起来过高桌、劈叉、卧地起立等动作。扮演丑角的常常是一些技艺的高手，其动作诙谐幽默。例如，手持彩蝶、骑假驴等都是妙趣横生的表演。因此，元王高跷以表演高难度动作闻名晋中、长治一带。20 世纪 90 年代末，郭村、元王、开村、南沟四村组成的百人高跷舞蹈队，曾两次代表沁县赴长治市参加元宵节街头文艺展演，博得好评。

传承人卫来贵老师在其父亲的影响下，很早就学会了“跳高凳”“跌八叉”等绝活，至今也是高跷队伍表演中的领军人物，每次表演都是指挥和组织者，在一次次的高跷表演中赢得观众的连声喝彩。元王高跷在发展过程中，也会吸收外地高跷表演的一些技巧。近年来，元王高跷在保持原有舞蹈技术技巧的基础上，增加了许多高难度的杂技类技巧，并融进很多情节，用独特的艺术魅力和现场爆发力去感染在场的每一个观众，表现出上党人民那种坚韧不拔、乐观向上的精神。在这个过程中，卫来贵和他的前辈们都付出了常人难以想象的艰辛。

第八节　郭村高跷的原生性传承

郭村高跷，被称为文高跷。2022 年 2 月 13 日，通过实地考察，走访郭村副支书刘高鹏，村民姚国伟以及姚进荣、姚栓柱、姚银柱等老人，听他们口述郭村高跷的内容，又经查阅了《姚氏西门家谱》《沁县非物质文化遗产郭村高跷》等文字资料，发现郭村高跷形成于明初年间。郭村高跷，原名叫桥则上高跷。郭村姚姓家族（一世祖勤学）于明万历八年（1580

年）到达郭村定居。五世姚应谷外出闯荡，返乡带回一副高跷，族人觉得好奇，姚应谷就开始教族人踩高跷，从此踩高跷习俗在族内代代相传，高跷成为姚氏家族的娱乐形式，高跷这一民间艺术在郭村的姚氏家族里扎下了根。姚氏家族逢年过节，特别是春节、元宵节都组织踩高跷活动，带领村民们踩跷自娱自乐、庆贺节日，村民们非常崇尚高跷形式，其久而久之成为大家心目中不可或缺的一种民俗文化。由于姚氏家族住郭村桥则上①，故人们又称郭村姚氏家族的高跷为桥则上高跷。随着社会的发展，郭村其他姓氏也渐渐参与高跷活动，村中踩跷的人越来越多，村委干部也会经常组织高跷队活动在村中自娱自乐，或是代表郭村外出表演参加县、镇、市文娱活动，“桥则上高跷”渐渐更名为郭村高跷，而且名声远扬。在传承表演高跷的过程中，老百姓自己不断地揣摩并发掘新的表演形式，不少艺人还形成了各自独有的祖传技术，通过子承父踩、三代同踩的方式一代又一代传承下去，生生不息，至今仍有一些七十多岁的老人还在踩高跷。

郭村高跷的音乐伴奏乐器，以打击乐器为主，使用鼓、大锣、小锣、大镲、中镲、小镲和掌锣。郭村高跷表演过程伴有演唱，演唱时只有打击乐伴奏，以突显演唱者的声调和音色，便于人们听唱词。郭村高跷的音乐曲牌以唱曲为主，其音乐节奏较为平稳，唱腔以当地干板秧歌曲牌为主，分中板、慢板两种板式。这门古老的音乐艺术形式丰富了人民群众的文化生活，提高了人民群众的文化素质，是极其珍贵的文化遗产。根据郭村高跷音乐伴奏乐器的类别来分析，其属于上党八音会的

① 桥则上：是郭村村里的地名。人们常把村名地名连起来叫作郭村桥则上。

武场，不仅要求吹奏者对于各类打击技巧都能运用自如，而且还能表现喜、怒、哀、怨等丰富的感情。

郭村高跷属于文高跷，舞者注重通过扭踩身姿来刻画人物形象的表演。郭村高跷的高度从脚踏板以下开始计算，一般为70至80厘米。高跷艺人离开地面，踩上拐子，锣鼓声响彻云霄，围观民众掌声雷动，欢呼声四起，仰头观演高跷艺人的表演起舞，尽显舞蹈之美，远远望去，仿佛空中芭蕾。

第九节　元王高跷和郭村高跷的传承现状与保护建议

一、表演高跷的村落、队伍增多

郭村高跷和元王高跷历史久远，自形成以来，发展态势较好，广大民众对二者的评价极高。这两家高跷精湛的表演技艺深受老百姓喜爱，激发了他们学习高跷艺术的兴趣和动力，更多的人纷纷模仿，加入高跷表演的队伍中，久而久之形成了高跷艺术表演的常态化风气。新中国成立后，逐步发展到定昌镇西渠上村、段柳、长胜村及郭村的开村、南沟村等，多个村也组建了高跷队。逢年过节，各村高跷队走村串乡，扭踩和表演惊险技术技巧，丰富了广大老百姓的生活，提高了村落民间艺术的整体氛围。

郭村有一姚进荣老人，他在长治沁县农修厂上班期间，闲暇时自己踩高跷消磨时间，引起厂里更多工人的好奇和学习的兴趣，于是姚进荣老人利用下班时间教大家踩高跷，就这样把郭村高跷的表演技艺传到农修厂。在他的组织带领下农修厂也组建了高跷队，持续数年参加长治沁县的元宵节文艺会演。元王村有一卫天元老人，在太原做工期间也曾带领元王高跷队在榆次表演过，惊险的武高跷形式一举成名，轰动一时。卫天元老人因此被邀请在榆次传授踩高跷技术，并组建了新的高跷队。每年正月期间，郭村和元王村的高跷都会被邀请到沁源县的郭道、活凤、城关等地演出。每逢集会，高村高跷和元王高跷也会被邀请前去助兴演出。

2009 年，沁县举办端午民俗文化节，元王高跷和郭村高跷被邀请到县城定点表演，且深受四方宾朋青睐，后来连续几年都会去参演端午民俗文化节。慢慢地，高跷表演成为端午节的一项重要民俗。

二、高跷进学校

元王村龙高翔老人曾在定昌镇西渠上村教书，任职期间在学校组建了一支学生高跷队，从此元王高跷传到了西渠上村。由于学生的个子低，加之为了让低年级的小学生也可以学习这门民间舞蹈艺术，故西渠上村大队专门为学校学生制作了短小的拐子，大约 20 厘米。小学生就开始学习踩拐子，而且还将这种小拐子表演搬上了舞台，山西省电视台还在该村录制了学校儿童的寸跷表演。

21 世纪初，寸跷舞蹈艺术走进长治沁县中学。沁县文化局大力扶持，帮助制作了 100 副寸跷，同时安排专业的舞蹈教师王芳去中学指导，主要是指导初一学生学习寸跷舞蹈艺术。2005 年，沁县中学的百人寸跷舞蹈队成立，同学们训练有素，技艺娴熟。曾代表沁县赴长治市参加全市元宵节街头文艺节目展演，因其展示了浓厚的民俗文化特色，形式独特，动作表演精湛，瞬间吸引了众多摄影师、记者进入表演队伍中拍摄、报道。寸跷舞夺人眼球的表演可谓是轰动了全市。

三、高跷传承现状

首先，当前农村的踩高跷娱乐活动多是在正月放假时间组织、排演和开展，其他时间高跷艺人还需要外出工作或者忙地里农活，组织活动难度很大。其次，早期高跷活动表演，大家都是凭爱好和兴趣，无偿表演，重在取乐和参与。随着物质生活的重要性发展，人们对待高跷表演的思想意识也在发生改变，逐渐提出有偿表演的意见。因为表演经费的难解决，故参演人员数量大大下降。最后，元王高跷作为武高跷，很多动作都有极高的技术技巧难度，出于安全考虑，好多人都不敢随意踩高跷。郭村高跷主要为扭踩的舞姿表演，但是很多人依然认为脚绑跷棍存在一定的危险，故愿意扎绑跷腿表演的年轻人很少。这三种现象的存在极大地影响着高跷传统艺术的保护和传承，民间舞蹈高跷这门传统艺术正在面临失传的严重危机。

另外，在日益发展的新文化环境下，传统的民俗文化日益淡化，丰富多彩的现代艺术冲击，让人们有了更多的娱乐活动内容。同时，一些踩跷技艺高超的老艺人年事已高或相继离世，愿意传承传统艺术的年轻人越来越少，元王高跷和郭村高跷这些古老的民间舞蹈艺术都面临着没有年轻人传承而濒临失传的危机。传承人卫来贵老师也表示：“我最多能再表演个三五年，元王高跷后继无人的现状不改变，这项民间技艺很可能就要失传了。”

四、高跷的保护建议

非物质文化遗产作为文化遗产中的活态部分，凝结、保留和传递着一个民族共同的记忆情感和经验智慧，是构成民族精神家园不可或缺的重要源泉。近年来，元王村村支书卫剑刚为保护元王高跷不遗余力，甚至卖了自家的玉米支持村民恢复高跷活动。将老一代艺人卫一章等老艺人重新请出山，经过传帮带，目前村中已有三十多人能踩高跷，似乎又重现了当年的辉煌，重现了昔日的风采。

但是，孤行者难举，众行者易趋。传承人卫来贵老师认为，非遗的传承不能单靠少数人的力量，更需要全社会，尤其是年轻人的共同参与。他希望元王高跷能走进校园，培养孩子们传承祖宗技艺的文化自觉意识，这样不仅可以提升文化自信心，也可以强身健体。他觉得，非物质文化遗产是祖先留给我们的宝贵财富，守护好这片中国人的精神家园，把老祖宗的传统传承下去，这不仅仅是为了自己，更是为了子孙后代，传承和保护非物质文化遗产是我们每个人义不容辞的责任和义务。

关于加强对高跷传统艺术的保护和传承工作，结合近年来沁县高跷的发展状况，提供以下几点建议予以借鉴。

1. 政府主导、积极参与

几年以前，长治沁县政府每年元宵节都会组织各类传统艺术和民间社火到县城会演，各乡镇、村委每逢腊月就开始积极筹划元宵节系列活动，踩高跷作为重头戏备受关注。在准备节目的过程中，高跷技艺不仅得到了恢复，而且还会有进一步的提升，参与踩高跷的年轻人数量也在逐渐递增。因此，建议县、乡两级政府坚持春节、元宵节、端午节高跷活动不间断。

2. 加大投入、扶持发展

高跷民俗活动和其他文化娱乐活动形式一样，需要一定的经费保障，在县、乡财政有限的条件下要追加文化活动经费，为高跷艺术的传承和保护提供经费保障。

3. 转变观念、增强意识

要采取形式多样的教育手段，不断加大人们对高跷艺术的兴趣培养和增强传承文化的责任感，以进一步提高人们参与高跷活动的自觉性和主动性。

4. 社会参与、企业引领

要充分调动民营企业家和个体老板高跷爱好者的积极性，鼓励他们投资搞活动，拿出一定的资金资助文化活动，支持高跷传统艺术的传承、培训和表演工作。

5. 高跷传承、儿童抓起

建议在中小学的传统文化课程内增加高跷或寸跷舞蹈项目，让高跷或寸跷舞进入学校，成为常规化学习内容，逐步形成儿童学习寸跷艺术、青少年学习高跷艺术的良好机制。

第十一章　山西社火高跷的传承现状

联合国教科文组织的《保护非物质文化遗产公约》定义，非物质文化遗产是指被各社区群体，有时为个人视为其文化遗产组成部分的各种社会实践、观念表达、表现形式、知识、技能及相关的工具、实物、手工艺品和文化场所。这种非物质文化遗产世代相传，在各社区和群体适应周围环境以及与自然和历史的互动中被不断地再创造，为这些社区和群众提供持续的认同感，从而增强对文化多样性和人类创造力的尊重。由于每个国家的民族、历史、文化乃至国情发展都不甚相同。因此，每个国家对于非物质文化遗产的具体分类并非完全一致。在中国，对于非物质文化遗产的分类较多被认可的是王文章在其《非物质文化遗产概论》中提出的13类分法。非物质文化遗产是一项重大课题，它直接关系人民群众对高质量、有特色文化需求的满足程度，也关系中华民族的文化传承，包括民族性格、民族认同、民族亲和力和民族凝聚力等精神生活及其鲜活历史的展示。其具有历史、文学、艺术、科学的价值。对非物质文化遗产应采取传承、传播等措施予以保护。

第一节 “非遗”的总体传承现状

“十四五”时期到2035年，我国的社会文明得到新的提高与发展，公共文化服务体系和文化产业体系更加健全，我们应传承弘扬中华优秀传统文化，使中华文化影响力进一步提升，“加强文物古籍保护、研究、利用，强化重要文化和自然遗产、非物质文化遗产系统性保护，加强各民族优秀传统手工艺保护和传承”。《中共中央关于制定国民经济和社会发展第十四个五年规划和二〇三五年远景目标的建议》要求对非物质文化遗产加强系统性保护。“系统性保护”就是要把习近平总书记对中华优秀传统文化，包括非物质文化遗产进行“保护传承和开发利用”的要求在规划纲要编制中具体落实。非物质文化遗产保护是新兴的研究领域，其中传承与传播是这片新的学术空间中的研究热点。特别是在大规模的非遗名录申报热潮之后，如何促进非遗的传承与传播是“后申遗时代”的重大课题。非遗的传承与传播、研究，不论是从构建非物质文化遗产学的学术需要出发，还是从非遗保护的社会实践需求出发，都需要多学科的积极参与和多视角的研究。

联合国教科文组织《保护非物质文化遗产公约》在开篇即明确指出，“承认全球化和社会转型过程中在为各群体之间开展新的对话创造条件的同时，也与不容忍现象一样，使非物质文化遗产面临损坏、消失和破坏的严重威胁，在缺乏保护资源的情况下，这种威胁尤为严重”。全球化与现代化所带来的社会转型和文化变迁综合影响、威胁着非遗的当代存续，使非遗陷入生存困境中。而非遗的生存困境根本上体现为传统传承方式式微所导致的传承困境。

习近平总书记强调，“要让活态的乡土文化传承下去，深入挖掘民间艺术、戏曲曲艺、手工技艺、民族服饰、民俗活动等非物质文化遗产”。这里的乡土文化是中国悠久的农耕文明的具体体现，农耕文化构成了非物质文化遗产产生和发展的主要文化环境，我国丰富的非物质文化遗产是几千年农耕社会的积累，正是费孝通先生所说的典型的“土地里长出来的文化”。非遗实际上就是以农耕文化为主的前工业时代的人们的生活方式。所有的文化都随着历史的发展而变迁，文化通过变迁来适应不断改变着的社会环境，非物质文化遗产历经农耕社会的各个阶段，随着社会环境的变化而不断地调适自身，从而获得强大的生命力，传承不息。然而，随着现代社会的到来，中国社会正将自己从“土地”里拔出来，当今社会变化之快常常使人们用“翻天覆地”加以形容，持续千年的农耕文化以前所未有的速度发生变迁，而以农耕文化作为生长土壤的非物质文化遗产遭遇了现代化和全球化的双重冲击。

现如今，我国文化建设发展进入现代化进程，意味着科技发展、农业进步、工业化和城市化。科技的飞速发展，极大地改变了人们的生产生活方式，特别是在数字和网络技术的推动下我们进入知识爆炸时代，传统的知识和技能让位于不断被创造出来的新的知识和技能；在科学技术进步的推动下，传统农业向现代农业过渡，机械化的耕作与收获、科学的管理和运作、市场化的组织和经营、商品化的农业正在逐渐代替传统的生存型农业；工业化是现代化的核心内容，大规模的机械化、自动化的高效率生产造成手工技能的边缘化。在新文化方式逐渐取代旧文化方式的过程中，作为非遗产生和发展土壤的农耕社会文化环境正在逐渐消逝，非物质文化遗产成为“在已经逝去的文化环境”中形成的传统。

全球一体化，是社会的现代化进程中出现的现象与过程，强调了全球范围内经济、政治、文化、社会的交流、联系与影响的增加而呈现出世界联结为一个整体的趋势。汤普林森提出，“全球化是指现代世界的复杂联结，一种相互联系和相互依存的现代社会生活的特征，尤其是快速发展、不断密集的相互联系和互相依存的网络系统”。全球化肇始于经济领域。在经济全球化的推动下，到20世纪90年代，全球化的影响开始深入政治、文化、社会等多个层面，尤其是文化全球化趋势的加强引起了人们的关注。特别是进入21世纪以来，文化全球化成为最重要的文化现象之一。文化全球化对世界文化特别是发展中国家的文化正在产生不可忽视的影响，它是当代民族文化生存与发展的外部大环境的重要构成因素。全球化对世界文化的最大影响在于增强了文化的交流与融合，全球化为不同国家、不同民族和不同地区的文化提供了在世界范围内进行广泛的交流与融合的平台。在这个世界平台上，一方面，我们可以“美人之美”（费孝通先生语），通过吸收、借鉴世界其他国家和民族文化中的先进因素取长补短，以保持民族文化的生命力与创新力；另一方面，我们必须清醒地认识到，全球化是强势文化的全球化，对于弱势文化，特别是发展中国家来说，现在的全球化不是平等的全球化，而是以西方文化特别是美国文化为主导和中心的全球化。在国际文化交流中，西方文化对发展中国家文化形成巨大的“文化逆差”，导致“传统社会中相对的文化自主性和原生的单纯性遭到威胁，取而代之的是越来越多的外来文化在本土语境中的‘旅行’”。以强大的经济实力为后盾、以发达的传媒和文化产业为载体，西方文化在潜移默化之中融入人们的生活，以“前卫”“时尚”“酷”为标签的西方大众文化得到众多年轻人的追捧。正如学者们所指出的，“强势的外来文化会被一些人视为时尚，而时尚久而久之会改变越来越多的人的价值观”。这在一定程度上，对我们的民族和传统文化，包括非物质文化遗产在内，形成了冲击与威胁，“更为严重的是，民族文化在受到外来文化的冲击时，由于民众在外来文化的冲击下，传承和融合外来文化的不同或者进度上的差别，极易造成大众中文化认同的缺失，难以形成一个系统的文化体系”，以致于削弱民族的凝聚力与向心力。

实际上，现代化与全球化是交织在一起的一个硬币的两面，现代化催生了全球化，全球化是全球的现代化，它们一起构成了当代社会最重要的文化背景，也构成了非物质文化遗产在当下的主要生存环境。而世界范围内非物质文化遗产保护运用的兴起正是由于人们意识到了非遗在现代化与全球化的冲击之下的生存困境。对非物质文化遗产的保护意识的觉醒和保护运动的兴起，是人们在纵向的时代变迁（现代化）和横向的文化交流（全球化）的交叉影响下，对传统文化和本土文化的一种文化自觉。

传承是非遗保护的措施，也是非遗保护的出发点，发展是非遗传承的终极目标，也是非遗保护、传承的落脚点。如何看待三者的关系，如何井然有序地进行，如何破除困境将三者有机结合起来，是学术界重点关注的问题。

第二节 “非遗”传统舞蹈的传承现状

非遗项目中不乏“阳春白雪”，如古琴、昆曲，但非遗保护给予了民间文化、弱势文化以极大的尊重。这些曾经被忽视的“下里巴人”文化，同样是构成全球文化多样性的重要内容。包括传统舞蹈在内的非遗是具有共享性的文化遗产，是中华民族想象力、创造力和生命力的体现，也是全人类文明的瑰宝，其保护、传承的责任不应限于某一部门。现代经济的冲击、专业传承人才的紧缺、保护资金落实的困难、推广方式的局限性等一系列的真实问题成为我们去保护、传承、发展的一道道坎儿，因此需要坚守“政府主导、社会参与，明确职责，形成合力”的工作原则，让传统舞蹈花一般绽放，让“非遗”延绵不断。所以，“抢救性保护”“生产性保护”“整体性保护”等举措相继出台。也有学者认为，“非遗”应当进入民众的日常生活，让生活之活水滋润传统文化，且使之具有旺盛的生命力。

我们先要了解的是何为传统舞蹈？一是属于文化遗产范畴中的舞蹈；二是活态传承至今，且根脉清晰、传承谱系明确的舞蹈；三是有代表性传承人，且延续百年以上的舞蹈。天津音乐学院舞蹈系主任王鸿昀教授，将该院在传承内容方面的选取原则总结为兼顾典型与活态。典型，即为百年以上具有鲜明的地域风格和特色，蕴含本土文化和人文情感，具有代表性意义的传统舞蹈；活态，即在濒危舞种中，尚有传承人在世，且能够进行表演的传统舞蹈。

就我国“非遗”名下的传统舞蹈而言，主要是各民族的传统民间舞蹈。在当下，传统民间舞蹈被不同的主体，在不同的语域（语言领域）中，以不同的语式（语言方式）所表述。在我看来，主要有原生形态民间舞蹈、再生形态民间舞蹈、创生形态民间舞蹈、衍生形态民间舞蹈和作品形态民间舞蹈等几种。其实，严格意义上的原生形态民间舞蹈早已不复存在，现指相对于课堂民间舞蹈和舞台表演民间舞蹈，未经艺术家加工、改编，与民俗仪式或民俗活动结合在一起，依旧按照传统方式进行的，由民众传承和表述的民间舞蹈。与原生形态民间舞蹈相近的有再生形态民间舞蹈，指的是曾经有过的形态在过往的传承过程中要么一度中断，要么只剩残存。经由文化操持者和文化工作者合作，依据历史记忆修复的，且由民众表述的传统民间舞蹈形态，为文化复活或修复形态。当下中国诸多民族的传统舞蹈中大多是再生形态。创生形态民间舞蹈指的是原本不存在的，由一些舞蹈文化工作者借用传统文化元素及与舞蹈相关的手段，模仿传统民间舞蹈的样式，新近编创而成的民间舞蹈形态，即“今人做出来的传统民间舞蹈”。衍生形态民间舞蹈是指由职业舞蹈工作者经过收集、整理、提炼、加工而成的，用于舞蹈教学中的民间舞蹈，其目的是向学生传授艺术化了的民间舞蹈，为表演民间舞蹈作品奠定基础，以及在民众中为了自娱自乐或为了健身而普及的民间舞蹈形态。作品形态民间舞蹈是由职业或非职业舞蹈工作者，从原生态民间舞蹈或课堂民间舞蹈中获取素材，且以此为主要手段，改编成舞台表演或创作成表现、反映一定内容的舞蹈作品，可谓作品形态民间舞蹈，也称“舞台民间舞蹈”。

“非遗”语境下，要保护的是原生形态和再生形态传统民间舞蹈，亦即传统宫廷舞蹈、传统原生形态和再生形态民间舞蹈。那么，具体要传承传统舞蹈的什么？在笔者看来，是传承传统舞蹈的规矩、知识、精神。如跳舞的时间、地点、人员、服装、道具、乐队等方面的传统舞蹈规矩；再如跳舞的程序、跳舞的基本要求，以及道具的制作和使用等方面的传统舞蹈知识；还如凝结于传统舞蹈形态中的民族的思想、感情；等等。这些规矩、知识、精神即为传统舞蹈历史文化的积淀，是民族或民间的“地方性知识”，是我们需要保护和传承“非遗”的重点内容。

第三节　山西社火高跷的传承困境解读

山西是华夏文明的发源地，还是农耕文化的发祥地，以高跷这种方式欢庆丰收有其社会基础。在山西榆社县出土的北魏石棺上有高跷、杂技的图画，这足以证明，不仅尧舜时期在山西这块土地上诞生了高跷舞，而且，在后来其也得到了传承和发展。特别是今天山西高跷舞分布的广泛性和种类的多样性，更证明了高跷舞文化在这里具有极强的生命力。

伴随着时代的发展，山西民间舞已经生成了诸多形式的舞种，在老一辈传承人的推动作用下，山西民间舞蹈文化在山西民间艺术文化宝库中熠熠生辉，成为山西省传统文化领域当中的瑰宝。然而现代化社会的发展，亦在同时不断对山西民间舞形成冲击力，山西民间舞由此面临着一系列严峻的挑战，主要表现为继承者逐渐衰退，文化传承保障不足，加之山西民间舞在整个发展过程中呈现出了重形式而轻内容的状况，即重在强调舞蹈的形式，忽略民间舞的内容意象，故山西民间舞的文化内涵有所缺失。鉴于社会发展有着必然的趋势，对于山西民间舞文化的传承责任则需要由青年人来担。然而，对于当前的青年群体来说，往往更乐于走在时代前端去接受新生事物，山西民间舞作为传统文化，在很大程度上经受着现代多元文化的冲击而难以获得当代青年群体的重视，由此山西民间舞的发展呈现出当前的边缘化局面。

开发利用不足。山西省运城地区高校的教育资金有限，在舞蹈专业上的投入较少，导致舞蹈专业相关的基础设施不完善，忽视了晋南民间舞蹈中含有的大量教学资源，没有进行合理利用，缺乏对晋南民间舞蹈开发利用的意识。并且，高校相关课程教学资源开发团队建设不足，现有的工作人员专业能力与职业精神相对较为欠缺，导致很多有利于高校舞蹈教学发展及人才培养的丰富资源被忽视，没有开拓崭新的舞蹈教学道路，浪费了晋南民间舞蹈的教学资源，没有体现晋南民间舞蹈的优势及积极作用。

无人继承弘扬。民族舞蹈的传承与高校的教育有直接关系。目前，晋南民间舞蹈的传承似乎已经陷入窘境，缺少接班人与传承者。随着我国越来越开放，西方文化涌入国内，导致很多大学生更倾向于现代舞、街舞，对民间舞蹈的重视不足，对自身所肩负的责任缺乏深刻全面的认知，使民间舞蹈开始陷入无人继承、弘扬的困境中。

舞蹈学科缺少相关科目的渗透。山西省运城地区高校舞蹈专业虽然是独立的学科，但并不意味着舞蹈知识也是独立的。舞蹈专业是综合性较强的学科，高校应明确这一点，将其他相关联的课程知识融入舞蹈教学当中，拓展学生的知识面，丰富学生专业知识理论内涵，提升学生的舞蹈技能。但目前一些高校只是完成大纲中要求的教学内容以及舞蹈训练，高校舞蹈教师并没有综合深入分析舞蹈，在教学中没有拓展相应紧密联系的学习单元，也没有在教学时穿插更多的专业知识。这种教学模式导致学生已经完全熟悉并能预知教师的授课顺序，对舞蹈专业的学习失去了兴趣，对教师的教学方式及课堂氛围产生厌烦心理，这对学生将来的发展以及教学质量都会产生不良影响。

高跷作为一种民间艺术，广泛流传于我国的各个地区，虽然起源基本相似，但在各地传承过程中还是会随着当地的文化而发生相应的改变，使之充分体现出当地地方特色和艺术价值。社火高跷如今的发展，国家、政府和社会的有识之士都给予极大的支持，但发展并不乐观，人员上青黄不接，技能上绝活难以施展，外来、网络文化的冲击导致对于传统的东西失去兴趣等，面对这样的现状，这群年纪较大的高跷老艺人使出了浑身解数，想把这门技艺传承下去就简直是难上加难。当然，他们并不因为这样的不良现象而气馁，会制定培养传承人的目标，又借着大量的演出来为高跷艺术做宣传，但所做的还远远达不到他们的期望目标，来报名的人寥寥无几，宣传在社会中起不到反响。

第十二章　山西社火高跷的当代发展

第一节　文旅融合下山西社火高跷的当代发展模式

文化建设是一个国家精神面貌和聪明才智的重要体现，是彰显国家软实力的主要形式。非遗舞蹈是记录生命延续的文化载体，承载着历史价值，具有时代意义。旅游是一种特定的具有综合性特征的文化形态，在铸牢中华民族共同体意识和全面复兴中华民族优秀传统文化的发展中，凸显了文化建设的科学性、创新性、民族性。

一、文旅融合的含义

文旅融合是指在文化产业、旅游行业和有关要素之间彼此渗透、交叉汇合重组，并逐渐冲破原来的行业界限或要素领域，相互交融而产生出新的文化共生体的现状和过程。中国文化与旅行之间有着天生的内在联系，就如同中国古代所谓的“读万卷书，行万里路”。中国文化与旅行是不能割裂的，中国文化是旅行的魂魄，而旅行又是中国文化的主要载体。二者得以有机融合是中国文化与旅行相互促进共荣的客观真实需求，更是中国文化教育事业与旅游开发的必然规律。文旅融合发展是中国文化教育事业和旅游服务行业高质量、快速发展的实际抉择，是为更好地适应社会民众日益增长的美好生活需求。推进文化旅游业深度融合，赋给文化产业发展以新生、丰富文化旅游业以内容，就可以在不断蓬勃发展变化的国内外经济和文化市场竞争中抓住机遇，推陈出新，为传统文化继承与创新、旅游服务业态调整与优化提供新动能，为社会主义精神文明建设不断创造新精神食粮。

当前，我国旅游业和文化产业不断发展，并形成了文旅融合的发展模式。推动旅游产业与文化产业融合发展，是推动两个产业转型升级、提质增效的重要途径，不仅能够满足人民群众“美好生活的需要”，同样对进一步推动优秀的民族文化产业与旅游产业的发展有重要的意义。融入文化元素的旅游业可以使人饱览各地自然风光的同时，感受当地的优秀传统文化，增强生活的幸福感。

二、文旅融合下山西社火高跷的当代发展模式

2019 年 4 月 1 日，传统文化发展与旅行部颁布了《有关推进我国旅游表演蓬勃发展的引导若干意见》，其精神为推进表演业态模式的不断创新。着力推进我国旅游表演实现转型升级、提质增效，进一步发挥我国旅游表演成为中国文化与旅行融合主要载体的新功能。同时无独有偶，十四五规划第三十六章的“完善国家现代文化发展管理体系”中的第二单元推进中国文化与旅行融合，这一板块提到强调以文塑旅、以旅彰文，建设独特吸引力的中华文化旅行体验。进一步实现中国文化与旅行深化融合，不断创新蓬勃发展，进一步巩固中国文化

优势互补叠加、双生共赢的良好局面。中央对于传统文化与旅游行业融合的各种决策部署，是继承与发扬世界非遗传统舞蹈文化的重要机遇，助力了非遗舞蹈的活态化传播。

原生态旅游文化是对现代文明审视的一次革命，其中的核心点“非遗舞蹈”以其厚重的历史背景与朴素、直观的舞蹈语汇，撞击着每一位游客的内心。当人们抛开功利、科技、潮流、程式化等的所有外在固化系统以后，人们便将视野由“出”移至“返”，回归大自然，回归现实，回归“禽兽可系羁而游，乌鹊之巢可攀援而窥”的生存状态。非遗传统舞蹈是现代人审美心理需要所发出的文化警钟和对传统文化需求所发出的文化信号。

例如，山西省运城市盐湖区稷山县清河镇的阳城高跷走兽至今已有300多年的历史，2006年经国务院批准，得到中华人民共和国文化部认可，被列入第一批国家级非物质文化遗产名录（序号Ⅲ－9）。阳城高跷走兽是其民俗文化活动中一种“无人不知，无人不晓”的表演形式，被当地群众视为艺术瑰宝，尽管经过近百年的发展与演化，但它却一直坚持着使用面具、舞蹈等具体表现形式来进行演出，而在此过程中，一边拍手叫好的观众和游客逐渐融入高跷表演，成为逗乐的对象，故多出现在庙会庆典、稷王庙祭祀、河东文化展演、世界民俗文化展演等活动中。

貘、麒麟、豺狼、独角兽、鳌、黑狸虎、梅花鹿等“走兽”踩着两米多高的高跷迎面走来，一路上观众前扑后拥围绕在“兽”的周围，或者抚摸“兽身”，或者与踩跷艺人聊天搭讪，或者模仿“兽”形走路即兴搞怪，场面不亦乐乎。踩跷艺人情绪更是热情高涨，跷步时快时慢，引得观众快速追赶

博山西”是走在山西文化传播研究前沿的典型代表。它在创作更好的优秀作品的同时，也为展露地方文化特色带来了新的机遇，为山西文化的传播营造了新的环境氛围。

文化传播“互联网+”让文化馆、博物馆、民俗馆等陈列已久的文物再一次出现在观众的视线内，打破足不出户的空间限制，让人们在网络上就能观看、感受到惊骇之大潮。因此，山西“非遗”社火高跷传承、保护、发展“三位一体”的结合可以乘着“互联网+”与公众号的传播方式，将社火高跷的历史衍变通过舞蹈表演、诉说主题故事等展示在观众面前，使山西“非遗”社火高跷多元化发展。

参考文献

一、学术书籍

［1］常建华：《中华文化通志·第四典·制度文化·宗族志》，上海人民出版社 1998 年版。

［2］陈少峰：《中华文化通志·第五典·教化与礼仪·德育志》，上海人民出版社 1998 年版。

［3］陈旭光：《艺术的意蕴》，中国人民大学出版社 1999 年版。

［4］陈祖武、汪学群：《中华文化通志·第一典·历代文化沿革·清文化志》，上海人民出版社 1998 年版。

［5］成复旺：《中华文化通志·第八典·艺文·艺文理论志》，上海人民出版社 1998 年版。

［6］从书编委会：《中国礼仪文化》，外文出版社 2010 年版。

［7］董锡玖：《缤纷舞蹈文化之路》，敦煌文艺出版社 2005 年版。

［8］董锡玖、刘俊骧、秦序：《中华文化通志·第八典·艺文·乐舞志》，上海人民出版社 1998 年版。

［9］冯双白：《新中国舞蹈史》，湖南美术出版社 2002 年版。

[10] 傅克辉:《中国设计艺术史》，重庆大学出版社2008年版。

[11] 高丙中:《中华文化通志·第九典·宗教与民俗·民间风俗志》，上海人民出版社1999年版。

[12] 葛荃:《中华文化通志·第五典·教化与礼仪·政德志》，上海人民出版社1998年版。

[13] 郝博文:《教育理论基础知识辅导》，北岳文艺出版社2004年版。

[14] 胡戟:《中华文化通志·第五典·教化与礼仪·礼仪志》，上海人民出版社1998年版。

[15] 金元浦总主编，金元浦、王军、邢建昌主编:《美学与艺术鉴赏》，首都师范出版社1999年版。

[16] 瞿林东:《中华文化通志·第六典·学术·史学志》，上海人民出版社1998年版。

[17] [德] 库尔特·萨克斯:《世界舞蹈史》，郭明达译，上海音乐出版社2014年版。

[18] 李存山、邝柏林、郑家栋:《中华文化通志·第六典·学术·哲学志》，上海人民出版社1998年版。

[19] 李军:《中华文化通志·第六典·学术·教育学志》，上海人民出版社1998年版。

[20] 李翔德:《美的哲学（上下卷)》，山西人民出版社2007年版。

[21] 李泽厚:《美学三书》，商务印书馆2006年版。

[22] 李泽厚:《中国思想史论三部曲：古代、近代、现代》，天津社会科学院出版社2007年版。

[23] 林惠祥:《文化人类学》，商务印书馆2011年版。

［24］刘建：《宗教与舞蹈》，民族出版社 2005 年版。

［25］刘青弋：《现代舞蹈的身体语言》，上海音乐出版社 2004 年版。

［26］刘锡诚：《非物质文化遗产：理论与实践》，学苑出版社 2009 年版。

［27］隆荫培、徐尔充、欧建平：《舞蹈知识手册》，上海音乐出版社 2001 年版。

［28］隆荫培、徐尔充：《舞蹈艺术概论》，上海音乐出版社 1997 年版。

［29］隆荫培、徐尔充：《舞蹈艺术概论（修订版）》，上海音乐出版社 2009 年版。

［30］吕艺生、毛毳：《舞蹈学研究》，上海音乐出版社 2012 年版。

［31］马保春：《晋国历史地理研究》，文物出版社 2007 年版。

［32］马盛德、金娟：《中国民舞》，古吴轩出版社 2010 年版。

［33］孟抗美：《文学艺术教育》，人民出版社 2002 年版。

［34］［德］莫里茨·盖格尔：《艺术的意味》，译林出版社 2012 年版。

［35］欧建平：《世界艺术史·舞蹈卷》，东方出版社 2003 年版。

［36］坡底村志编纂委员会：《坡底村志（垣曲县地方志丛书之十）》，内部资料，2013 年。

［37］乔志强、李书吉：《中华文化通志·第二典·地域文化·晋文化志》，上海人民出版社 1998 年版。

［38］邱明正、于文杰：《中华文化通志·第五典·教化与礼仪·美育志》，上海人民出版社 1998 年版。

[39] 单远慕：《中华文化通志·第二典·地域文化·中原文化志》，上海人民出版社 1998 年版。

[40] 申小龙：《中华文化通志·第六典·学术·语言文字学志》，上海人民出版社 1998 年版。

[41] 田彩凤：《山西舞蹈史话》，北岳文艺出版社 2004 年版。

[42] 田昌五：《中华文化通志·第一典·历代文化沿革·中华文化起源志》，上海人民出版社 1998 年版。

[43] 王克芬：《中国舞蹈发展史》，上海人民出版社 2014 年版。

[44] 王铭、孙元巩、仝立功编著：《山西山河志》，山西科学技术出版社 1994 年版。

[45] 王尚义：《晋商商贸活动的历史地理研究》，科学出版社 2004 年版。

[46] 王文章：《非物质文化遗产保护研究》，文化艺术出版社 2013 年版。

[47] 王文章：《非物质文化遗产概论》，教育科学出版社 2008 年版。

[48] 王霄冰：《仪式与信仰：当代文化人类学新视野》，民族出版社 2008 年版。

[49] 乌丙安：《民俗学原理》，辽宁教育出版社 2001 年版。

[50] 巫允明：《中国原生态舞蹈文化》，上海音乐出版社 2010 年版。

[51] 吴存东、吴琼：《文化创意产业概论》，高等教育出版社 2010 年版。

[52] 吴晓邦：《新舞蹈艺术概论》，中国戏剧出版社 1982 年版。

［53］务必胡、刘筱娟：《中华文化通志·第八典·艺文·景观志》，上海人民出版社 1998 年版。

［54］向云驹：《解读非物质文化遗产》，宁夏人民出版社 2009 年版。

［55］谢冬冰：《表现性的符号形式——“卡西尔－朗格美学”的一种解读》，学林出版社 2008 年版。

［56］于平：《风姿流韵——舞蹈文化与舞蹈审美》，中国人民大学出版社 1999 年版。

［57］于亚平：《艺术文化学》，文化艺术出版社 1997 年版。

［58］袁禾：《中国古代舞蹈史教程》，上海音乐出版社 2004 年版。

［59］袁行霈主编：《中国文学史》（第二版）（第一卷），高等教育出版社 2006 年版。

［60］［美］约翰·马丁：《舞蹈概论》，欧建平译，文化艺术出版社 2005 年版。

［61］张建新：《木跷上的歌舞——细说定襄高跷秧歌》，忻州市民间文艺家协会定襄县民间文艺研究会，2020 年。

［62］中国民族民间舞蹈集成编辑委员会：《中国民族民间舞蹈集成》，文化部民族民间文艺发展中心 2003 年版。

［63］中共中央党校（国家行政学院）课题组研创、林振义主编、董小君执行主编：《黄河流域高质量发展及大治理研究报告（2021）》，社会科学文献出版社 2021 年版。

［64］钟敬文：《民俗学概论》，高等教育出版社 2010 年版，第二版。

［65］邹逸麟：《中国历史人文地理》，科学出版社 2001 年版。

二、网络网页资料

[1] 安泽县，搜狗百科，https://baike.sogou.com/v90071.htm.

[2] 保护非物质文化遗产公约（2003）[EB/OL].[2003-12-08] http://www.Ihchina.cn/zhengce_details/11668.

[3] 定襄县，搜狗百科，https://baike.sogou.com/v89572.htm.

[4] 高平，搜狗百科，https://baike.sogou.com/v67884918.htm.

[5] 稷山县，搜狗百科，https://baike.sogou.com/v89491.htm.

[6] 沁水县，搜狗百科，https://baike.sogou.com/v74965039.htm.

[7] 沁县，搜狗百科，https://baike.sogou.com/v80657.htm.

[8] 清徐县，搜狗百科，https://baike.sogou.com/v168337.htm.

[9] 太原，搜狗百科，https://baike.sogou.com/v8721.htm.

[10] 隰县，搜狗百科，https://baike.sogou.com/v47082.htm.

[11] 忻州，搜狗百科，https://baike.sogou.com/v80595.htm.

[12] 迎泽区，搜狗百科，https://baike.sogou.com/v168056.htm.

[13] 垣曲县，搜狗百科，https://baike.sogou.com/v89546.htm.

［14］泽州县，搜狗百科，https://baike.sogou.com/v80663.htm.

［15］中华人民共和国非物质文化遗产法（中华人民共和国主席令第四十二号）［EB/OL］.［2011－02－08］http://www.ihchina.cn/zhengce_details/11569.html.

三、学术刊物

［1］陈丽：《定襄高跷秧歌田野调查》，《黄河之声》2014年第20期。

［2］陈丽：《定襄高跷艺术特征研究》，山西大学硕士论文，2015年。

［3］陈少峰：《非物质文化遗产的动漫化传承与传播研究》，山东大学博士论文，2014年。

［4］陈叶坪、李赣中、李武斌：《杨店高龙高跷运动的生态文化传承与研究》，《湖北工程学院学报》2017年第3期。

［5］丁元竹：《“十四五”时期非物质文化遗产系统性保护相关政策措施研究》，《管理世界》2020年第11期。

［6］冯晋瑶：《微信公众号的山西文化传播研究》，山西大学硕士论文，2021年。

［7］郭懿：《山西高跷舞分布、种类及其审美价值》，《太原师范学院学报》（社会科学版）2011年第5期。

［8］郭永平、行晓荣：《晋陕豫黄河流域高质量发展中非物质文化遗产的传承创新》，《云南民族大学学报》（哲学社会科学版）2022年第2期。

［9］吉琳玄、马知遥、刘益曦：《新媒体时代非物质文化遗产的传播与传承》，《民族艺术研究》2020年第4期。

［10］纪明明：《戏曲类非遗传承发展的现实困境与未来走向》，《理论月刊》2022 年第 3 期。

［11］蒋燕君：《文旅融合背景下高校民族民间舞蹈教学研究——以菏泽学院为例》，《菏泽学院学报》2021 年第 6 期。

［12］金秋：《国家级“非遗”舞蹈的内涵与外延》，《广西师范学院学报（哲学社会科学版）》2017 年第 4 期。

［13］李巍、贺占哲：《文博新媒体矩阵在全媒体时代的发展与机遇》，《中国博物馆》2020 年第 4 期。

［14］廖燕飞：《传承：将过去送给未来——记第二届非遗传统舞蹈保护研讨会》，《当代舞蹈艺术研究》2021 年第 1 期。

［15］罗婉红：《寻根传舞：非物质文化遗产视角下传统舞蹈学术史的回顾与评述》，《民族艺术研究》2018 年第 2 期。

［16］朴永光：《传承“非遗”之我见——以传统舞蹈为例》，《舞蹈》2018 年第 4 期。

［17］桑郁琦：《完善非物质文化遗产的知识产权保护》，上海师范大学硕士论文，2018 年。

［18］唐冠珍：《非物质文化遗产中民间舞蹈的特点与表现形态解读》，《戏剧之家》2016 年第 7 期。

［19］唐冠珍：《积极心理暗示法在高校舞蹈教学实践中的融入》，《通俗歌曲》2016 年第 2 期。

［20］唐冠珍：《基于非物质文化遗产保护语境下的民间舞蹈文化传承研究》，《戏剧之家》2016 年第 6 期。

［21］唐冠珍：《接受美学视角下的高校舞蹈课堂教学研究》，《音乐时空》2016 年第 7 期。

［22］唐冠珍：《山西非遗垣曲武高跷的历史衍变》，《当代音乐》2021 年第 4 期。

［23］唐冠珍：《〈踏歌〉的画面之美——论述审美意识在个体中的体现》，《音乐大观》2014 年第 21 期。

［24］唐冠珍：《舞剧〈雷和雨〉印象》，《音乐时空》2015 年第 24 期。

［25］唐冠珍：《阳城高跷走兽的舞蹈表演内容研究》，《北方音乐》2017 年第 17 期。

［26］唐冠珍：《有意味的“扭”——浅析舞蹈作品〈一个扭秧歌的人〉》，《北方音乐》2015 年第 19 期。

［27］田奋颖：《非遗传统舞蹈“凤秧歌”的传承现状及数字化保护优势》，《戏剧之家》2021 年第 20 期。

［28］王武民：《河东“高跷走兽”的体育价值研究》，《山西师大体育学院学报》2011 年第 2 期。

［29］王瑛：《非遗传承的现实困境及创新模式》，《文化产业》2022 年第 1 期。

［30］邢娜：《山西太原庙前高跷的传承研究》，山西师范大学硕士论文，2014 年。

［31］邢仁让、张松林、史丙生、刘燕青：《定襄高跷秧歌叙谈》，《山西文史资料》1994 年第 1 期。

［32］杨程：《供需视角下非遗的现代生存空间与活态保护策略研究》，《非遗传承研究》2021 年第 2 期。

［33］杨信：《非遗生产性保护中文化认同的缺失与重塑——以土家织锦为例》，《云南民族大学学报》（哲学社会科学版）2022 年第 3 期。

［34］于琼芳：《河南浚县庙会中“踩高跷”的调查与研究》，河南师范大学硕士论文，2013 年。

［35］岳慧洁：《文化空间视野下晋中社火踩高跷的文化

价值及传承研究》，山东体育学院硕士论文，2017 年。

［36］张鹜：《现代传媒语境下“非遗”的保护与传承——以安新县增庄邵氏高跷为例》，《衡水学院学报》2018 年第 1 期。

［37］张丹、赵金龙：《文教融合中地方高校推动区域非遗传承的实践——以武汉纺织大学为例》，《服饰导刊》2020 年第 6 期。

［38］张帆：《北京顺义大胡营村高跷会调查报告》，中国音乐学院硕士论文，2010 年。

［39］张彤：《山西定襄高跷秧歌与东北海城高跷秧歌的比较研究》，山西大学硕士论文，2021 年。

［40］章莉莉、刁秋宇：《非物质文化遗产活态传承的生态建设》，《民族艺术研究》2021 年第 3 期。

［41］赵丽：《晋南民间舞在山西地方高校的传承实践研究》，《中国文艺家》2021 年第 5 期。

［42］赵丽：《山西民间舞的发展现状与传承建议》，《黄河之声》2016 年第 6 期。

［43］赵丽：《原生态民间舞与学院派民间舞的创新融合探析》，《艺术家》2021 年第 7 期。

［44］周敏、王萌：《从价值本位到文化本位——浅议央视文博类节目的发展特点》，《当代电视》2019 年第 12 期。

［45］周爽：《甘肃苦水高高跷研究》，西北师范大学硕士论文，2014 年。

［46］宗学良、李琦：《“文旅融合”语境下非遗舞蹈的活态化传承探究》，《中国文艺家》2021 年第 12 期。

后 记

2014 年主持运城学院河东文化项目，以国家级非物质文化遗产项目“高跷走兽”为研究内容，是我入职以来研究的第一个课题，奠定了我关注非物质文化遗产中传统舞蹈内容的学术研究基础。2018 年主持运城学院河东文化项目，以山西省非物质文化遗产“垣曲武高跷”为研究内容，加强了我持续性关注非物质文化遗产社火高跷内容的研究兴趣。此后，打开学术视野，潜心学习，面向黄河流域山西省各区域非物质文化遗产社火高跷项目进行研究，伴随着 2021 年山西省黄河文化生态研究院项目的成功立项，今天终于成稿，可以写后记了。

黄河流域山西段区域的传统舞蹈是中华舞蹈文化中形式多样、内涵深邃的舞蹈样式，社火高跷更是这传统黄河文化中精彩的一部分。为了探寻这一部分的内容，我和项目组成员杨高鸽、张提振、肖瑞芬一起，深入三十多个市、县、镇、村，对山西省国家级、省级非物质文化遗产高跷走兽、定襄高跷秧歌、太原庙前高跷、集义高跷、飞岭高跷、响铃高跷、浮山高跷、垣曲武高跷、西黄头高跷顶桩、神农高跷、元王高跷 11 个项目进行访谈、考察、调研、拍摄工作，之后运城学院舞蹈教师高雨、樊炳男加入研究，共同整理书稿，最终呈现了这 24 万字左右的文稿。望着手中的文稿，往日无限孤寂的画面浮现在眼前，虽然字数不算多，却是我科研之路的一次蜕变。

成稿之日，感恩之时。感谢高跷走兽项目传承人段铁成、吉丙山、王成林先生，定襄高跷秧歌资深研究者张建新先生，忻州师范学院舞蹈系主任刘晓伟教授、舞蹈老师徐鹏，太原庙前高跷传承人赵维勇先生，集义高跷传承人代明生先生，山西省非物质文化遗产保护中心吴改萍主任，飞岭高跷传承人尚庆年先生，临汾市安泽县飞岭村委，安泽县文化馆申丽女士，响铃高跷传承人杨志明先生，浮山高跷传承人陈亚辉先生，浮山高跷资深研究者乔文阁先生，垣曲武高跷传承人张小宝先生，垣曲武高跷资深老艺人卫恒志先生，运城市垣曲县文化馆馆长董俊高先生，西黄头高跷顶桩传承人程中孝、程国林先生，神农高跷传承人王太平先生，元王高跷传承人卫来贵先生，元王高跷资深研究者魏钰坤先生，以及众多的高跷艺人们，感谢大家提供的文字资料、视频、音频和答疑访谈、实地调查中的配合与无私帮助。感谢运城学院中文系系主任李文教授、袁少冲博士，运城学院音乐系系主任杨永兵教授，他们对我的课题申报、书稿写作多次把关，提出宝贵意见。感谢运城学院音乐系音乐学专业、舞蹈学专业部分学生，提供实地考察的路线和大量文献下载、归类整理的帮助。由于笔者学术水平有限，书中内容难免有文字表述不恰当之处，还请各位读者多多海涵。

唐冠珍

2022 年 6 月 27 日晚 23 时 46 分　星空　微风